CB140751

INTRODUÇÃO À METODOLOGIA EXPERIMENTAL

CONSELHO EDITORIAL
André Luiz V. da Costa e Silva
Cecilia Consolo
Dijon De Moraes
Jarbas Vargas Nascimento
Luís Augusto Barbosa Cortez
Marco Aurélio Cremasco
Rogerio Lerner

Blucher

Wladimir G. Gramacho

INTRODUÇÃO À METODOLOGIA EXPERIMENTAL

Introdução à metodologia experimental
© 2023 Wladimir G. Gramacho
Editora Edgard Blücher Ltda.

Publisher Edgard Blücher
Editor Eduardo Blücher
Coordenação editorial Jonatas Eliakim
Produção editorial Lidiane Pedroso Gonçalves
Preparação de texto Ana Lúcia dos Santos
Diagramação Guilherme Henrique
Revisão de texto Mauricío Katayama
Capa Leandro Cunha
Imagem da capa iStockphoto

Blucher

Rua Pedroso Alvarenga, 1245, 4° andar
04531-934 – São Paulo – SP – Brasil
Tel.: 55 11 3078-5366
contato@blucher.com.br
www.blucher.com.br

Segundo o Novo Acordo Ortográfico, conforme 6. ed. do *Vocabulário Ortográfico da Língua Portuguesa*, Academia Brasileira de Letras, julho de 2021.

É proibida a reprodução total ou parcial por quaisquer meios sem autorização escrita da editora.

Todos os direitos reservados pela Editora Edgard Blucher Ltda.

Dados Internacionais de Catalogação na Publicação (CIP)
Angélica Ilacqua CRB-8/7057

Gramacho, Wladimir G

Introdução à metodologia experimental / Wladimir G. Gramacho. – São Paulo : Blucher, 2023.

216 p.

Bibliografia

ISBN 978-65-5506-430-8

1. Pesquisa – Metodologia 2. Metodologia científica I. Título

22-4518 CDD 001.42

Índice para catálogo sistemático:
1. Pesquisa – Metodologia

Dedicatória

Aos que vieram antes, em especial
ao meu pai, Amilcar,
e à minha mãe, Carmen.

E aos que estão vindo depois, em especial
às minhas filhas, Raíssa e Anna,
e ao meu filho, Wladimir.

Prefácio

Você já percebeu que às vésperas de feriados importantes, como Carnaval, Páscoa e Natal, surgem campanhas governamentais de prevenção a acidentes no trânsito? No início de dezembro de 2013, a equipe de publicidade da Secretaria de Comunicação da Presidência da República me pediu para testar um dos vídeos da campanha anual que iria ao ar dias depois, antes das festas de fim de ano. Naquele período, eu coordenava a área de pesquisa de opinião pública da Secretaria.

A peça elaborada pela agência de propaganda mostrava um jovem acompanhando o trabalho de bombeiros, policiais e paramédicos no resgate a uma família vítima de acidente fatal numa estrada de Minas Gerais. Homens jovens são os principais responsáveis por acidentes de transporte no país, que matam dezenas de milhares de pessoas a cada ano. A seleção do rapaz como testemunha das dores de um acidente desse tipo buscava persuadir homens jovens a serem mais cuidadosos nos deslocamentos para as festas daquele ano.

Em vez de simplesmente ouvirmos a opinião de pessoas sobre o vídeo, como de hábito nessa área, nossa equipe decidiu fazer um teste diferente – à moda de um experimento. Gravamos um capítulo da novela de maior audiência à época e inserimos a peça como se fosse uma propaganda no intervalo comercial dessa gravação. Além disso, fizemos outra versão desse conteúdo, com a mesma novela e os mesmos comerciais do intervalo. Mas, nessa versão, em vez do vídeo trágico sobre o resgate, usamos outra peça, mais bem-humorada, que mostrava outro jovem sendo elogiado após uma "balada" porque não havia bebido para dar carona, em segurança, a amigos e amigas.

Feito o teste, os resultados sugeriram que a peça sobre o trágico resgate tinha menor impacto entre homens jovens. Eles demonstraram maior atenção e memorização diante do vídeo bem-humorado sobre a "balada". Ainda assim, foi ao ar o vídeo sobre o resgate na estrada mineira, porque ele havia acabado de ser produzido com um respeitável investimento em equipamentos e helicóptero para captação de imagens.

Quantas vezes, no nosso dia a dia, temos que escolher entre duas ou mais alternativas e decidimos simplesmente por instinto ou motivos arbitrários? Quantas decisões importantes tomamos sem qualquer base empírica que nos dê segurança de que a opção escolhida produzirá melhores resultados? Como estabelecer relações de causa e efeito que transformem decisões difíceis em escolhas fáceis?

Perguntas como essas me acompanharam nos anos seguintes e ganharam um espaço importante na minha agenda profissional desde 6 de agosto de 2014, quando retomei minhas atividades acadêmicas – interrompidas depois do doutorado em Ciência Política na Universidade de Salamanca (Espanha) para atuar em uma consultoria no setor privado. Desde então, como professor da Faculdade de Comunicação da Universidade de Brasília, tive a oportunidade de aprofundar estudos, pesquisas e o ensino de metodologia experimental. Nos últimos anos, apresentei e discuti conceitos sobre metodologia experimental a cerca de 1.000 estudantes na disciplina "Comunicação e Sociedade". A orientação de jovens pesquisadoras(es) perspicazes na elaboração de seus Trabalhos de Conclusão de Curso (TCC) me ofereceu também uma excelente oportunidade para compreender a natureza de muitas de suas dificuldades e me incentivou a adotar, neste livro, uma abordagem mais gradual e baseada em exemplos ao introduzir conceitos e apresentar desenhos de pesquisa experimental.

Se, em educação, gradualismo parece ser uma estratégia muito adequada, na vida precisamos com frequência fazer escolhas categóricas. Muitas dessas resoluções, no entanto, não podem ser resolvidas com experimentos. Decisões sobre seguir esta ou aquela profissão, morar nesta ou naquela cidade, casar-se com esta ou aquela pessoa, e ter ou não ter filhas(os) devem ser tomadas com outros critérios, afetivos, instintivos ou racionais. Ainda assim, tantas outras escolhas podem ser tomadas com o auxílio de experimentos. Por exemplo, sobre que vídeo utilizar numa campanha de prevenção a acidentes no trânsito, com que vacina enfrentar uma pandemia ou com que imagem ilustrar a capa de um livro didático... Sim, a escolha da foto de capa deste livro foi feita com base em um experimento. Depois de ler este livro, você provavelmente também verá possíveis experimentos em todas as partes e, se o aprendizado for útil, poderá executá-los com precisão.

Boa leitura!

Agradecimentos

A elaboração deste livro contou com contribuições muito valiosas em diferentes etapas. Grande parte da organização do conteúdo foi resultado de reuniões e trocas de mensagens com Mathieu Turgeon, com quem tenho a alegria e o privilégio de manter uma amizade de mais de dez anos. Tanto como colega na Universidade de Brasília como depois, quando se transferiu para a *Western University*, no Canadá, Mathieu teve um papel muito importante em várias decisões, oferecendo sempre de forma generosa sugestões inteligentes, precisas e bem-humoradas. As conversas com ele também foram cruciais para a escolha da linguagem mais adequada a uma obra dedicada não só a estudantes de graduação, mas também a pós-graduandas(os) e a pesquisadoras(es).

Enquanto era escrito, este livro se beneficiou muito da cuidadosa leitura e dos afiados comentários de Álvaro Pereira (*Western University*), Victor Gomes (*Centro de Pesquisa em Comunicação Política e Saúde Pública – CPS*) e Alessandro Freire (*Instituto Brasileiro de Ensino, Desenvolvimento e Pesquisa – IDP*). Esses jovens pesquisadores também contribuíram com a recomendação de alguns estudos a serem descritos e redigiram, eles próprios, boxes explicativos, ilustrativos ou complementares em diversos capítulos. Além disso, Victor e Álvaro propuseram uma bateria de exercícios, que depois foi revista e ampliada.

Quando a primeira versão completa do livro ficou pronta, uma nova rodada de revisões recebeu comentários muito úteis e instigantes feitos por Lorena G. Barberia (Universidade de São Paulo), Frederico Bertholini (Universidade de Brasília), Pedro Santos Mundim (Universidade Federal de Goiás), Robert Vidigal (*NYU's Center for Social Media and Politics*), Emerson Cervi (*Universidade Federal do Paraná*) e Jackeline Saori Teixeira (*Centro de Pesquisa em Comunicação Política e Saúde Pública – CPS*).

Na Editora Blucher, os contatos com Jonatas Eliakim foram sempre muito animadores e me fizeram acreditar que este livro poderia ocupar um espaço relevante no mercado editorial dedicado à formação científica de estudantes de diferentes áreas do conhecimento. Durante o processo de edição e editoração na editora, Lidiane Pedroso Gonçalves cuidou para que nossa comunicação fosse sempre clara e objetiva, dando forma final à obra em pouco tempo. Nesta etapa, Anna Ganzelevitch elaborou três opções de capa para este livro, que foram testadas em um experimento com mais de 4.000 participantes, cujo estudo foi conduzido pelo Instituto Brasileiro de Pesquisa e Análise de Dados (IBPAD).

Se muitos acertos neste livro devem ser atribuídos à contribuição dessas pessoas, eventuais erros remanescentes são só de minha responsabilidade.

Um livro, no entanto, não é feito apenas de letras e números. Nasce também com lágrimas e risos, que não ficam impressas no papel. Isabel Ribeiro foi a companheira presente e entusiasta deste projeto desde a redação das primeiras páginas até a escrita da última linha. Em 3 de março de 2020, aterrissamos juntos em London, no Canadá, para um semestre de trabalho que marcaria o início da elaboração deste livro. Mas, apenas dez dias após nossa chegada, a pandemia de Covid-19 nos encerrou por seis meses ininterruptos em casa, no número 207 da *Grand Avenue*. Nesse período, a criatividade, o bom-humor e a alegria inatas da Bel me trouxeram aconchego, descanso e saúde mental. E assim foi, até junho de 2022, quando as últimas revisões eram feitas. Com amor: obrigado, sempre!

Conteúdo

Figuras

Tabelas

Introdução

POR QUE UTILIZAR METODOLOGIA EXPERIMENTAL?

O objetivo deste livro é oferecer a estudantes e pesquisadores uma introdução simples à lógica, aos conceitos e à aplicação da metodologia experimental. A narrativa, portanto, vai evitar, sempre que possível, o uso de notações matemáticas e estatísticas, a fim de tornar sua leitura mais fácil e acessível, inclusive para aqueles que – como o autor – já sofreram de alguma ansiedade ou frustração diante de equações complexas e símbolos enigmáticos. A leitura deste livro não requer nenhuma formação específica além da necessária para se acompanhar um curso universitário; e tanto estudantes como pesquisadores mais avançados poderão se beneficiar de revisões conceituais ou capítulos específicos do texto. As dezenas de exemplos que mostram como utilizar a metodologia experimental basearam-se em pesquisas feitas em diferentes áreas do conhecimento, como saúde, comunicação, ciência política, psicologia, marketing, pedagogia e economia. Vários exemplos tocam temas transversais e importantes na agenda social e política, como questões de gênero, de raça e de desigualdade econômica. Em muitos desses casos, o que conseguimos medir são intenções de comportamento, que nem sempre correspondem ao comportamento observado. Ainda assim, a estrutura e os conceitos do livro são comuns às necessidades de estudantes e pesquisadoras de qualquer área que desejem conhecer melhor e aplicar a metodologia experimental em suas pesquisas.

Ensaios normativos e estudos empíricos

O conhecimento acadêmico que você encontra na biblioteca da sua universidade poderia estar organizado essencialmente em duas grandes salas. Uma delas estaria repleta de *ensaios normativos*, orientados a responder à seguinte pergunta: "Como o mundo *deveria ser*?". Por mais especulativo ou doutrinário que possa parecer, o estudo normativo é importante para o avanço da ciência porque levanta novas questões de pesquisa, introduz perspectivas originais ao debate existente e ajuda a apontar falhas nas teorias existentes. As reflexões sobre filosofia moral, por exemplo, são um guia importante para qualquer esforço intelectual, pois tendem a orientar nosso olhar em busca de um conhecimento que aumente o bem-estar, reduza desigualdades e busque preservar a paz.

Já a outra grande sala seria ocupada por livros e artigos resultantes de pesquisas empíricas,[1] que não tentam descrever ou explicar "como o mundo *deveria ser*", mas "como o mundo *de fato é*". Como você deve imaginar, essa também não é uma tarefa fácil. Quem se dispuser a responder a perguntas empíricas deverá saber logo que dificilmente o fará de modo perfeito e definitivo. A melhor resposta possível sempre enfrentará limitações e tenderá a ser provisória. Entretanto, as conclusões de estudos empíricos podem ajudar a ampliar nosso conhecimento sobre problemas urgentes e relevantes para a sociedade. Por exemplo: "Tentar desmentir *fake news* reduz ou aumenta os efeitos da desinformação?"; "Vacinas são eficazes para as crianças?"; "A divisão das elites políticas também divide a opinião pública e dificulta a implementação de políticas públicas?"; "Mensagens com conteúdo emocional, se comparadas a mensagens sem conteúdo emocional, aumentam a atenção individual aos riscos de contágio de uma nova doença?"; "Propagandas que relatam risco à vida de motoristas aumentam o uso de cinto de segurança?". São questões desse tipo que normalmente guiam a ciência empírica.

Nessa segunda grande sala, em que os trabalhos se ocupam de descrever e tentar explicar o mundo como é, os pesquisadores seriam divididos, novamente, entre *observacionalistas* e *experimentalistas*. Os primeiros, usualmente, baseiam seu trabalho em técnicas nas quais quem pesquisa apenas *observa* seu objeto de estudo em "estado natural", coleta e analisa dados com baixa intervenção, interpreta e reporta seus resultados. Ainda que nesses casos a intenção seja fazer inferências descritivas e causais, são normalmente mais robustas as conclusões descritivas do que as imputações de causalidade. Já os experimentalistas baseiam seu trabalho, naturalmente, em experimentos, nos quais quem pesquisa "manipula" um certo

1 Em geral, baseada em dados e em um processo lógico-indutivo, ou seja, parte de observações em casos específicos para a formulação de regras gerais.

fator de interesse, ou variável independente,[2] e analisa os efeitos causados por essa intervenção na variável dependente.[3]

Muitos dos fenômenos de interesse científico envolvem perguntas do tipo "E se?": "E se aquele candidato tivesse sido denunciado por corrupção na semana da eleição, ele teria conseguido se reeleger?"; "E se a escola tivesse adotado um plano pedagógico diferente, os resultados dos estudantes teriam sido melhores?"; "E se a dosagem da medicação utilizada em um paciente fosse maior, ele teria sobrevivido à doença?". Entretanto, nós não observamos esses cenários hipotéticos, mas apenas a realidade que se impôs. Somente observamos o candidato sendo eleito sem ter sido denunciado por corrupção, o desempenho dos estudantes em provas de avaliação, a superação (ou não) de uma doença grave e tantos outros cenários factuais que podem influenciar as nossas vidas. Sem poder observar essa outra realidade simultaneamente, tampouco podemos chegar à conclusão de que o candidato se elegeu porque não foi denunciado ou de que os estudantes não obtiveram notas mais altas porque a escola não optou por um plano pedagógico diferente, ou de que o paciente em estado grave não sobreviveu porque recebeu uma dosagem baixa de um medicamento eficiente. Para se elucidar esses dilemas, só mesmo tendo controle sobre a ocorrência do evento que achamos que possa ser causa dos efeitos observados.

Um dilema para enfrentar a pandemia

Um exemplo pode ajudar a entender melhor como os experimentalistas contribuem para a construção de conhecimento. Imagine que você é ministro da Saúde quando uma pandemia toma conta do planeta e ameaça chegar ao seu país em algumas semanas. Entre as várias ações urgentes sobre as quais você precisa decidir, está a escolha de um porta-voz para uma campanha de comunicação sobre o vírus e os cuidados a serem tomados acerca dele. O objetivo dessa campanha é recomendar às pessoas que mantenham um distanciamento físico mínimo e cuidadoso em relação às demais, para evitar a proliferação de um novo vírus. Sua equipe de epidemiologistas já identificou que a doença é especialmente perigosa para a população mais idosa. A assessoria de comunicação do Ministério da Saúde, então, pede a duas pesquisadoras – uma *observacionalista* e uma *experimentalista*[4] – que avaliem duas opções

2 Uma variável (normalmente representada pela letra x) cuja variação não depende de outra variável. A variável independente é aquela que causa – ou acreditamos que causa – um certo efeito. Por exemplo, o consumo de cigarro aumenta o risco de câncer. Nesse caso, o consumo do cigarro é a variável independente.

3 Uma variável (normalmente representada pela letra *y*) cuja variação depende de outra variável. Ou seja, a variável dependente sofre o efeito da variável independente. No caso do exemplo da nota anterior, o risco de ter câncer é a variável dependente, que é influenciada pelo consumo de cigarro.

4 Os termos *observacionalista* e *experimentalista* são neologismos em língua portuguesa, derivados do uso mais frequente desses conceitos em inglês (*observationalist* e *experimentalist*).

de porta-vozes para a campanha, que será especialmente dirigida aos mais velhos: um ex-jogador de futebol e uma atriz aposentada. Dias depois, você recebe as duas pesquisadoras em uma reunião em seu gabinete, para avaliar as recomendações e decidir qual porta-voz é mais eficiente para protagonizar a campanha, incentivar o comportamento cooperativo da população e ajudar a salvar milhares de vidas.

A pesquisadora *observacionalista* inicia sua apresentação descrevendo um *survey*[5] realizado com uma amostra probabilística, que representa a população mais idosa do país. Ela mostra que o ex-jogador é mais conhecido que a atriz, tem melhor imagem (sobretudo entre os entrevistados de gênero masculino) e é percebido como mais saudável. Além disso, os dados revelaram que as pessoas que mais admiram o ex-jogador são as que demonstram uma atitude mais favorável ao distanciamento social como forma de combate à pandemia. A *observacionalista* recomenda fortemente o ex-jogador como o porta-voz mais eficiente para protagonizar a campanha.

Surpresa, a pesquisadora *experimentalista* inicia sua apresentação descrevendo um estudo aplicado a uma amostra não representativa da população idosa no país, mas em que cada indivíduo foi aleatoriamente sorteado para receber uma de duas versões de um panfleto. Os impressos eram idênticos em cor, tamanho, texto e outras características, exceto no porta-voz. Uma versão era protagonizada pelo ex-jogador de futebol, e a outra, pela atriz aposentada. Depois de lerem os panfletos, os idosos responderam a um questionário sobre sua concordância com medidas de distanciamento social para conter a pandemia. Somadas as respostas em cada um dos grupos, a *experimentalista* descobriu que aqueles que leram a versão ilustrada pela atriz concordaram mais em aderir à política de afastamento, como também em recomendar esse comportamento aos seus familiares, incluindo filhos e netos. Sem vacilar, a pesquisadora experimentalista recomenda fortemente a atriz aposentada como porta-voz mais eficiente para protagonizar a campanha.

Desconcertadas, as duas pesquisadoras tratariam de defender suas recomendações: "Meus resultados estão baseados em uma pesquisa com amostra representativa da população idosa do país, e não em um estudo com poucos participantes", diria a *observacionalista*. "Mas meus resultados mostram uma relação de causa e efeito, pois só havia uma diferença entre os panfletos, em vez de basearem-se em uma interpretação de dados que parecem estar associados", diria a *experimentalista*.

Convidadas a buscarem os aspectos convergentes das duas pesquisas, ambas poderiam concordar que, de fato, o ex-jogador de futebol parece ser uma figura mais admirada entre idosos e que as pessoas que mais o admiram são também as mais favoráveis ao distanciamento social. Afinal, os dados foram extraídos de

5 Um *survey* é uma técnica de pesquisa em que se aplicam questionários com perguntas estruturadas, normalmente a amostras representativas de uma população de interesse.

uma pesquisa com amostra representativa da população. Entretanto, a *observacionalista* reconheceria que não é possível dizer que os idosos são mais favoráveis às medidas porque admiram o ex-atleta ou porque acreditam que ele seja mais saudável. Ou seja, não é possível relatar uma prova de causa e efeito.

Além disso, as duas concordariam que o estudo experimental parece mostrar que a atriz aposentada foi mais efetiva entre os idosos que participaram do estudo. Afinal, os dois grupos foram formados por sorteio dos indivíduos participantes, e o grupo que leu o panfleto da atriz relatou maior apoio e engajamento com a política de afastamento social. Contudo, a *experimentalista* provavelmente admitiria que sua amostra não era representativa e que, portanto, talvez tivesse chegado a um resultado válido apenas para aquele grupo de pessoas.

Diante desse dilema, o que você faria? Decidiria com base na sua intuição? Optaria pela sugestão da pesquisadora mais eloquente e persuasiva? Ou simplesmente lançaria uma moeda ao ar e deixaria que a aleatoriedade do *cara ou coroa* resolvesse o problema? Até recentemente, essas seriam as opções metodológicas à disposição de pesquisadores e o dilema dos tomadores de decisão – pontos subótimos e acompanhados de incertezas.

A revolução experimental

Por outro lado, nas últimas décadas, uma revolução metodológica tem ocorrido em áreas do conhecimento como a economia, a ciência política e – mais recentemente – a comunicação. Os típicos estudos laboratoriais de pequena escala, como o descrito, têm sido substituídos por pesquisas com avanços metodológicos e técnicas mais robustas, que aliam o poder da determinação causal dos experimentos à representatividade e ao realismo de estudos observacionais.

Desenhos de pesquisa baseados em experimentos de campo ou experimentos embutidos em *surveys* têm conseguido generalizar para populações maiores a descoberta de relações causais, solucionando antigas limitações de experimentos laboratoriais. O potencial dessas (novas) técnicas experimentais é tão promissor que alguns autores chegam a considerar que estudos não experimentais deveriam ser abandonados e que imaginar que seja possível ampliar o conhecimento com pesquisas observacionais é uma ilusão (Gerber *et al.*, 2014) – o que certamente é um exagero, pois as técnicas observacionais têm contribuições importantes na descrição de objetos de estudo e também avançaram na imputação de causalidade com inovações que serão mencionadas no último capítulo deste livro.

De qualquer modo, é fato que a pesquisa experimental aplicada tem ganhado maior reconhecimento também fora dos espaços acadêmicos. Em 2019, o Prêmio Nobel de Economia foi concedido a Esther Duflo e Abhijit Banerjee, ambos do Massachusetts Institute of Technology (MIT), e a Michael Kremer, de Harvard, por seus "estudos experimentais cuidadosamente desenhados", que ajudaram a delinear políticas públicas mais efetivas para populações pobres em diferentes partes do mundo (*The Prize in Economic Sciences*, 2019). No caso específico da pesquisa premiada, o estudo conseguiu medir mudanças de comportamento, em vez de apenas mensurar intenções de comportamento, o que tem sido cada vez mais possível e valioso em trabalhos científicos aplicados a problemas sociais.

Ainda que este livro pretenda ajudar a difundir o uso da metodologia experimental no Brasil e seu autor compartilhe o entusiasmo de muitos grupos de pesquisa no mundo sobre o potencial desses estudos, é importante dizer que os experimentos não são uma panaceia; ou seja, eles não são *necessariamente* a melhor resposta ou solução para todos os tipos de objeto de pesquisa. Mesmo assim, estudos experimentais representam – até aqui – o melhor método científico para se identificarem relações de causa e efeito, para se orientarem escolhas eficientes, como a de um porta-voz diante de uma pandemia, e para ajudar a transformar o mundo *como ele é* em um lugar mais parecido com o mundo *como ele deveria ser*.

A organização do livro

O livro está organizado em oito capítulos, que abordam desde os conceitos mais básicos na metodologia experimental até as melhores práticas em sua aplicação. O objetivo principal é oferecer uma visão ampla e intuitiva dos experimentos para estudantes interessadas em aplicar essa técnica em suas pesquisas, ou simplesmente que os estudantes aprendam mais sobre essa metodologia, a fim de entenderem a literatura científica. Por isso, todos os capítulos contêm exemplos práticos que buscam incentivar os leitores a realizarem suas próprias pesquisas e incluem uma lista de exercícios para avaliação do aprendizado.

- O Capítulo 1 descreve com mais detalhes o que é um experimento e quais são as vantagens e desvantagens de utilizá-lo. Também busca familiarizar o leitor com o vocabulário básico dos estudos experimentais.
- O Capítulo 2 apresenta os principais contextos de desenvolvimento de experimentos. O laboratório é o mais tradicional deles, difundido a princípio pelas ciências naturais, mas já bastante comum nas ciências sociais. Há outros dois contextos para o desenho de experimentos que talvez ainda sejam menos conhecidos ou utilizados no Brasil: os experimentos inseridos em *survey* e os experimentos de campo. Cada um deles tem suas vantagens e, nos últimos anos, importantes inovações têm surgido para lidar com algumas de suas desvantagens.
- O Capítulo 3 revela um amplo panorama com diversos desenhos de pesquisa experimental e, dentre esses, contrapõe a estratégia mais comum (o desenho entressujeitos) a uma das mais potentes (o desenho intrassujeito).

Na primeira opção, os indivíduos são separados em grupos experimentais, e o efeito médio é estimado pela diferença entre os grupos. Já na segunda, o mesmo sujeito é exposto ao tratamento em duas ou mais oportunidades.

- O Capítulo 4 descreve como medimos os fenômenos de interesse em experimentos e que tipos de variáveis usamos para isso. Ao medirmos, usamos variáveis nominais, ordinais ou discretas, entre outras. Ao explicarmos um fenômeno com um modelo de análise, usamos variáveis dependentes, independentes e covariáveis, entre outras.
- O Capítulo 5 está dedicado a descrever a implementação dos experimentos e seus desafios operacionais desde o recrutamento e a comunicação com participantes, a formação dos grupos experimentais e os cuidados com a integridade do estudo nessa etapa crucial de obtenção dos dados.
- O Capítulo 6 retoma alguns desses tópicos e ocupa-se de indicar recursos e procedimentos que tendem a aumentar a qualidade dos experimentos, seja em uma etapa muito preliminar, com os pré-testes e testes-piloto, seja na checagem de que os indivíduos estiveram atentos ao experimento e foram – de fato – tratados (caso tenham sido sorteados para grupos tratados), ou ainda na etapa de análise dos dados.
- O Capítulo 7 trata dos limites éticos da pesquisa experimental e conta como três dos piores experimentos já realizados na história científica estabeleceram marcos importantes para que hoje os estudos com seres humanos tenham seus riscos potenciais avaliados e aprovados previamente por comitês de ética em pesquisa. O capítulo também traz informações e sugestões que podem melhorar os experimentos realizados no Brasil, ao zelar de modo mais amplo pela saúde física, psíquica e emocional de participantes das pesquisas.
- O Capítulo 8 faz um amplo resumo das contribuições estruturais deste livro, volta a indicar algumas das principais áreas de conhecimento em que essa metodologia pode ser utilizada e aponta tópicos mais avançados para leitoras(es) interessadas(os) em ir além a partir desta introdução.

Um convite à curiosidade e à igualdade

A narrativa do livro busca manter um convite permanente à curiosidade científica de estudantes, seja enfatizando aspectos interessantes no desenho de vários experimentos, seja selecionando estudos com grande relevância social, humana e moral, entre eles trabalhos que investigam os efeitos da desinformação na sociedade atual, a incivilidade no debate entre as elites políticas, a mensuração de atitudes preconceituosas ou até mesmo as estratégias para inibir a cola em provas, uma fraude acadêmica comum, mas não a única. Há também professores cujas fraudes são descobertas por alunos, como será visto mais adiante.

Uma decisão narrativa a ser salientada foi a escolha do gênero feminino em passagens ou exemplos que citam "as pesquisadoras", e do gênero masculino quando é necessário mencionar "os participantes" ou "os sujeitos" dos experimentos. Segundo o *Mapa do Ensino Superior*, as mulheres são maioria entre estudantes de graduação (Peduzzi, 2020) e pós-graduação (Righetti e Gamba, 2021), mas ainda são minoria entre docentes (Brasil/Inep, 2022) e titulares de bolsas de produtividade em pesquisa (Guedes *et al.*, 2015; Oliveira *et al.*, 2021). Ainda que tenha um efeito modesto, essa decisão narrativa pretende criar um incentivo adicional para que, também entre docentes e titulares de bolsas de pesquisa por produtividade, as mulheres estejam representadas de modo mais justo.

Bem-vindas, bem-vindos e boa leitura!

CAPÍTULO

1

Conceitos básicos

Este capítulo conta os episódios centrais na história da pesquisa experimental e introduz os conceitos essenciais para se compreender como essa metodologia funciona e por que a designação aleatória dos participantes faz com que os experimentos sejam considerados, hoje, uma estratégia poderosa nos estudos de relações causais. Não é por outra razão que experimentos são cada vez mais utilizados, em escalas cada vez maiores, e influenciam os demais métodos de pesquisa, na busca da inferência de causalidade. Este capítulo também introduz os temas da validade interna e da validade externa dos experimentos, discute suas principais utilidades práticas e científicas, aponta vantagens e desvantagens no uso dessa metodologia e distingue os experimentos verdadeiros de outras metodologias similares, como os quase experimentos e os experimentos naturais.

1.1 UM POUCO DE HISTÓRIA

Apontar o marco zero na trilha histórica de uma inovação científica não é nada fácil. Afinal, uma geração de intelectuais sempre avança de algum modo, marca o caminho com ideias preliminares e aponta destinos promissores que põem a geração seguinte mais próxima de uma descoberta. E, de tempos em tempos, alguém enxerga mais longe e registra um grande avanço nessa jornada, ao mapear com clareza o que se aprendeu até aquele momento, ao explicar esse progresso de forma mais persuasiva e ao mostrar que relevância esse novo conhecimento tem sobre nossa capacidade coletiva de resolver problemas em qualquer área do conhecimento. No caso da metodologia experimental, esse papel parece caber com justiça ao britânico Ronald Fisher (Yates, 1964), que, ainda no início do século XX, formalizou argumentos matemáticos e estatísticos para lidar com dilemas sobre o desenvolvimento de sementes na agricultura, sobre a evolução de espécies na biologia e, surpreendentemente, sobre como saber se o paladar de uma pessoa pode descobrir corretamente qual líquido foi derramado primeiro em uma xícara de chá com leite!

Ainda que pareça improvável, uma tentativa de galanteio com a preparação de uma xícara de chá com leite está na origem da revolução experimentalista (Salsburg, 2001). Era o ano de 1920, e Ronald Fisher estava interessado em aproximar-se da pesquisadora Muriel Bristol, sua companheira de trabalho na prestigiosa estação experimental agrícola de Rothamsted, na Inglaterra. Em uma tarde, o estatístico decidiu oferecer uma xícara de chá com leite a Bristol. Preparou a bebida, típica entre ingleses, com esmero, entregou-lhe pessoalmente a xícara e esperou pelo elogio. A reação dela, entretanto, não poderia ter sido pior: disse que jamais tomaria aquilo. Afinal, explicou, o leite sempre deve ser servido na xícara depois do chá, nunca antes.

Desconfiado, Fisher duvidou da capacidade da colega em distinguir qual líquido havia sido depositado antes na xícara que lhe havia entregado. O engenhoso pretendente preparou, então, oito xícaras: em quatro, o leite foi colocado primeiro; em outras quatro, foi colocado depois. Submeteu a coleção à prova de Bristol. Ela aceitou o desafio e, sem titubear, identificou corretamente a ordem de composição de todas as oito xícaras. Fisher foi malsucedido na abordagem amorosa... Pouco tempo depois, viu a aproximação e o casamento de Bristol com outro colega de trabalho, William Roach. Mas a frustração e a insistente desconfiança com o teste das oito xícaras fizeram com que Fisher desenvolvesse nos anos seguintes ideias fundamentais para seu livro *Statistical Methods for Research Workers*, publicado em 1925 e que, desde então, orientou o desenvolvimento da metodologia experimental e transformou a capacidade explicativa do trabalho científico.

Ainda que vários outros especialistas também tenham contribuído com ideias relevantes sobre conceitos e desenhos experimentais,[1] o livro de Fisher teve uma influência ampla e duradoura sobre diversas áreas do conhecimento, tanto nas ciências da saúde como nas ciências exatas e nas ciências sociais (Yates, 1951; Henderson, 1986; Thompson, 1990; Efron, 1998; Levitt e List, 2009; Stanley, 1966). O legado de Fisher inclui, entre outros avanços, uma teoria sobre a designação aleatória de indivíduos em estudos experimentais, um teste exato para a análise de tabelas de contingência e o desenvolvimento de modelos estatísticos conhecidos como Análise de Variância (ANOVA).

1 Para saber mais sobre a história da metodologia experimental, veja Oakley (1998).

No campo dos estudos de comunicação, por exemplo, o primeiro livro a documentar um amplo esforço de utilização da metodologia experimental foi publicado décadas depois, em 1949. *Experiments on Mass Communication*, de Carl Hovland, Arthur Lumsdaine e Fred D. Sheffield, apresenta uma série de estudos que buscaram medir a efetividade de filmes, programas de rádio e revistas impressas em influenciar as atitudes e aumentar o conhecimento factual de recrutas americanos durante a Segunda Guerra Mundial. Para aumentar o desempenho de suas tropas, o exército americano criou uma Seção de Experimentos, subordinada ao Departamento de Pesquisas da Divisão de Educação e Informação, que deveria testar os efeitos de produtos de comunicação dirigidos aos soldados.

O estudo conduzido por Hovland e seus colegas procurou medir os efeitos do filme *The Battle of Britain*, de Frank Capra, sobre recrutas americanos. O filme é o quarto da série *Why We Fight*, produzido pelo governo dos Estados Unidos para justificar sua participação na Guerra. Os pesquisadores estavam especialmente interessados em analisar as atitudes dos soldados em relação à sua participação no conflito e em medir seu nível de conhecimento sobre fatos específicos associados à resistência britânica diante das tropas nazistas, durante o outono europeu de 1940.

A pesquisa adotou um desenho bastante simples. Primeiramente, diversas tropas foram pareadas com base na semelhança entre algumas características preponderantes dos seus soldados, como educação, idade e região do país da qual vinham. Cada par tinha as duas tropas mais parecidas entre si. Então, os pesquisadores lançavam uma moeda ao ar – literalmente – e, conforme o resultado (cara ou coroa), designavam a tropa ao grupo que seria tratado (ou seja, as tropas que assistiram ao filme e depois responderiam a um questionário), ou a unidades que serviriam como grupo de referência, ou controle (que não assistiria ao filme e simplesmente responderia a um questionário).

Conforme planejado, o grupo tratado assistiu ao filme e respondeu às questões, enquanto o grupo controle respondeu diretamente o questionário, sem ver o filme. Ao totalizarem as respostas e compararem os resultados entre os grupos, os pesquisadores encontraram evidências de que a exposição ao filme teria aumentado atitudes positivas em relação à atuação britânica contra os nazistas, melhorado seu conhecimento factual sobre a batalha e movido as opiniões das tropas em uma direção, em geral, mais favorável à participação americana na guerra.

Apesar da relevância histórica do livro, a pesquisa do trio não pôde assegurar, em termos lógicos, que assistir ao filme foi a *única causa* das diferenças entre as respostas dos grupos tratado e controle. Isso porque Hovland e seus colegas optaram por parear unidades de recrutas com base em características observadas (como idade e educação), em vez de designar aleatoriamente (ou seja, sortear) cada indivíduo para uma das duas condições experimentais. Ao não usarem o sorteio, os pesquisadores jamais poderiam saber se as opiniões mais favoráveis se deveram, de fato, à exposição ao vídeo e não a outras características dos soldados que não foram medidas e que poderiam estar concentradas em um dos grupos experimentais. Por exemplo, se os filhos de britânicos que imigraram para os Estados Unidos fossem muito mais numerosos no grupo que viu o filme, as respostas ao questionário poderiam ter sido mais positivas não pela exposição ao vídeo, mas pelo efeito dos vínculos afetivos com o Reino Unido e a preocupação com os familiares que ficaram em seu país de origem.

Mas como assegurar que a designação aleatória dos participantes em um estudo experimental pode determinar uma relação de causa e efeito? Como saber se a exposição a um filme, a uma peça de marketing ou a uma vacina produz, de fato, algum efeito? A seção seguinte responde a essas questões e apresenta a definição de experimentos que será adotada ao longo deste livro. O exemplo que ilustrará a explicação, entretanto, não será o de um filme de guerra. Felizmente, a evolução da pesquisa experimental nos últimos anos tem nos ajudado a enfrentar outros inimigos, como a pobreza, a desigualdade e as enfermidades. Voltemos, portanto, ao dilema da ministra da Saúde, que precisa escolher o porta-voz de uma campanha de comunicação em meio a uma pandemia.

1.2 O QUE SÃO EXPERIMENTOS?

Suponha que seja possível duplicar perfeitamente qualquer grupo de pessoas que se queira estudar.[2] Imagine que, ao pesquisar porta-vozes mais efetivos para uma campanha contra uma pandemia, fosse possível ter dois grupos de idosos exatamente iguais em todas as suas características, pois cada um deles estaria duplicado. Poderíamos reunir em uma sala um dos grupos – digamos, grupo A – e distribuir a cada uma das pessoas um panfleto ilustrado por uma atriz aposentada, defendendo a importância do distanciamento social para enfrentar a pandemia. Ao mesmo tempo, poderíamos reunir em uma segunda sala, idêntica à primeira, o outro grupo – digamos, grupo B – e dar a cada um ali um panfleto com as mesmas características físicas e de conteúdo, salvo por um detalhe: ali estaria representada a imagem de um ex-jogador de futebol, e não a da atriz aposentada. Para manter o exemplo simples, suponha que a pesquisa pretende saber qual é a intenção de cada pessoa, após ler o panfleto, de vacinar-se anualmente contra a covid-19 e de usar máscaras durante o contato social, a fim de conter a pandemia. Para manifestar sua intenção em adotar esses comportamentos, cada pessoa só precisará indicar um número em uma escala de 1 a 7, em que 1 significa que ela não pretende “de

2 Exemplo adaptado de Gerber e Green (2012, p.23).

jeito nenhum" se vacinar anualmente e continuar usando máscaras em público, e 7 significa que ela pretende "com certeza" fazer ambas as coisas[3].

A Tabela 1.1 representa um resultado possível desse teste, limitado a dez indivíduos apenas por uma questão de espaço, já que ela poderia ter qualquer outro número de linhas sem que isso afetasse a lógica do exemplo. O grupo A seria formado pelas versões "a" dos indivíduos um a dez, e o grupo B, pelas versões "b" dos mesmos indivíduos. A diferença de intenção de comportamento das observações 1a e 1b, portanto, só poderia ser explicada pela leitura de panfletos diferentes, já que essas observações 1a e 1b se referem ao mesmo indivíduo 1. No caso do exemplo, o indivíduo 1 registrou maior intenção em aderir à vacinação anual e usar máscaras ao ler o panfleto ilustrado pelo ex-jogador; porém, note que foi o único, já que, em geral, a associação da imagem da atriz aposentada à recomendação de vacinação e proteção facial parece ter sido mais efetiva. Nesse caso, o maior interesse do estudo não é descobrir qual dos porta-vozes tem maior influência sobre a intenção de comportamento do indivíduo 1, mas o efeito médio de cada porta-voz sobre o conjunto de idosos pesquisados. A última linha da tabela mostra que, em média, a intenção de distanciamento do grupo A após ler o panfleto foi de 5,5, não muito perto do ideal, em uma escala de 1 a 7. Ainda assim, melhor do que a intenção de distanciamento do grupo B depois da leitura, de 4,6. A diferença entre as duas médias sugere que o efeito médio do tratamento (EMT) foi de 0,9. Ou seja, a leitura do panfleto com a atriz teria aumentado em 20% (5,5/4,6) a intenção de manter o distanciamento social em comparação com a exposição à peça ilustrada pelo ex-jogador. Mas esse é o resultado de um exemplo hipotético, em um mundo em que fosse possível duplicar pessoas.

No mundo real, entretanto, tudo o que se pode fazer é indicar o indivíduo 1 para o grupo A ou B, o mesmo para o indivíduo 2, e assim sucessivamente, até o indivíduo 10. Conhecemos essa condição como problema fundamental da inferência causal.4 Podemos ter uma amostra aleatória das várias formas de sortear os indivíduos 1 a 10 entre os grupos A e B. Suponha que, como são apenas dez indivíduos, queremos ter cinco em cada grupo. Há 252 formas possíveis de sortear cinco indivíduos para cada grupo (10!/5!(10-5)! = 252). Uma delas está apresentada na Tabela 1.2. Aqui, só podemos saber a resposta do indivíduo 1 submetido à condição do grupo A (atriz). Não sabemos como ele reagiria ao estímulo do grupo B (jogador), muito menos o efeito da mudança de porta-vozes para esse indivíduo. Mas, ainda assim, conseguimos calcular o efeito médio da atriz para os indivíduos do grupo A (5,6) e o efeito médio do jogador para os indivíduos do grupo B (4,4). Para essa amostra aleatória de todas as 252 possíveis, portanto, o EMT foi de 1,2.

3 Saiba mais sobre escalas no Box 1.1.

No mundo real, entretanto, tudo o que se pode fazer é indicar o indivíduo 1 para o grupo A ou B, o mesmo para o indivíduo 2, e assim sucessivamente, até o indivíduo 10. Conhecemos essa condição como problema fundamental da inferência causal.[4] Podemos ter uma amostra aleatória das várias formas de sortear os indivíduos 1 a 10 entre os grupos A e B. Suponha que, como são apenas dez indivíduos, queremos ter cinco em cada grupo. Há 252 formas possíveis de sortear cinco indivíduos para cada grupo (10!/5!(10-5)! = 252). Uma delas está apresentada na Tabela 1.2. Aqui, só podemos saber a resposta do indivíduo 1 submetido à condição do grupo A (atriz). Não sabemos como ele reagiria ao estímulo do grupo B (jogador), muito menos o efeito da mudança de porta-vozes para esse indivíduo. Mas, ainda assim, conseguimos calcular o efeito médio da atriz para os indivíduos do grupo A (5,6) e o efeito médio do jogador para os indivíduos do grupo B (4,4). Para essa amostra aleatória de todas as 252 possíveis, portanto, o EMT foi de 1,2.

Tabela 1.1 Exemplo de um teste hipotético de porta-vozes para dois grupos idênticos *(continua)*

Indivíduo	Grupo A (atriz aposentada)	Grupo B (ex-jogador de futebol)	Efeito do tratamento (A-B)
Indivíduo 1	4	5	−1
Indivíduo 2	6	3	3
Indivíduo 3	5	5	0
Indivíduo 4	7	6	1
Indivíduo 5	4	4	0
Indivíduo 6	5	3	2
Indivíduo 7	6	5	1
Indivíduo 8	7	7	0
Indivíduo 9	4	3	1
Indivíduo 10	7	5	2
Média	5,5	4,6	0,9*

(Fonte: Gerber & Green, 2012, p.23. Adaptado.)

* Este exemplo hipotético considera que seria possível observar os comportamentos individuais sob ambos os tratamentos e que isso produziria uma estimativa precisa do efeito experimental. Na prática, entretanto, os dados que conseguimos obter estão normalmente sujeitos a variações e isso com frequência produz algum grau de incerteza sobre os efeitos observados.

4 Para conhecer uma discussão mais aprofundada sobre o "problema fundamental da inferência causal", veja, por exemplo, Holland (1986).

Qual é a diferença entre os dois resultados? A Tabela 1.1 relata o efeito médio esperado do tratamento nesse teste hipotético, ou seja, a média dos efeitos para todas as amostras possíveis desse pequeno número de dez indivíduos. Isso quer dizer que, apesar do efeito relatado na Tabela 1.2 ter sido de 1,2, o valor verdadeiro desse efeito é um pouco menor, de 0,9. Mesmo assim, testar uma amostra aleatória dentre as 252 possíveis é o mais perto que se pode chegar do resultado obtido em um mundo hipotético, em que é possível duplicar as pessoas. Podemos adquirir um estimador (parâmetro estatístico) confiável e não enviesado para que o resultado obtido na Tabela 1.2 tenha sido o melhor resultado observável (veremos mais sobre estimadores confiáveis e não enviesados no Box 1.3).

Box 1.1 – ESCALAS LIKERT: O uso de escalas é um recurso valioso em estudos experimentais (assim como nos observacionais), pois permite obter mais informações que as oferecidas por questões com respostas binárias, que oferecem escolhas simplificadas de tipo "sim" ou "não" para assuntos que às vezes são mais complexos. A escala mais famosa é a Likert, cuja pronúncia correta, '*liquerti*', é com frequência confundida com '*laiquerti*'). A versão tradicional dessa escala oferece aos respondentes de um questionário opções simétricas e bipolares de concordância com uma série de itens. Por exemplo, uma escala com 5 pontos teria as opções "discordo totalmente", "discordo", "indiferente", "concordo" e "concordo totalmente". Há, no entanto, outras versões, com diferentes números de pontos, e as unipolares, que medem a ausência total ou a presença total de determinado atributo.

Ao designar aleatoriamente cinco indivíduos para cada um dos dois grupos, pode-se reduzir o problema causado pela nossa condição do problema fundamental da inferência causal gerado, como dito anteriormente, pela impossibilidade de se observar o comportamento de uma mesma pessoa em dois mundos diferentes, ou seja, a inviabilidade de se conhecer a reação do indivíduo 1 se for submetido à condição A e a reação do mesmo indivíduo se submetido à condição B.[5] Como explicam Gerber & Green (2012, p.31), "a designação aleatória dos participantes resolve o problema desses 'dados ausentes' ao criar dois grupos de observações cuja expectativa de comportamento antes

Box 1.2 – O CICLO CIENTÍFICO: O conhecimento científico avança sempre que somos capazes de avaliar as teorias existentes que procuram explicar como o mundo funciona, desenvolvemos hipóteses que exploram ideias novas ou alternativas, testamos essas hipóteses, observamos os resultados e voltamos a avaliar a teoria de partida para validá-la, aprimorá-la ou descartá-la.

5 O desenho experimental intrassujeito (*within-subject*) representa uma exceção a essa regra e traz vantagens e desvantagens, que serão discutidas no Capítulo 3.

da aplicação dos tratamentos é idêntica". A designação aleatória dos participantes em experimentos, portanto, é o elemento fundamental que permite assumir que os efeitos medidos ao final de um estudo devem-se, única e exclusivamente, à diferença de tratamentos a que cada grupo foi submetido. A utilização desse mecanismo tende a evitar, por motivos probabilísticos, que características não observadas dos indivíduos – sejam elas físicas, sociais, emocionais, cognitivas, políticas, econômicas, religiosas ou de outro tipo – estejam distribuídas de modo atipicamente desigual entre os grupos.

Box 1.3 – UMA CONFUSÃO NADA ALEATÓRIA: Atenção para não confundir *designação aleatória* com *amostra aleatória*. A *designação aleatória* é determinada por sorteio ou qualquer outro procedimento que assegure que cada indivíduo tem a mesma probabilidade de ser designado a cada um dos grupos do experimento. Portanto, a composição dos grupos não será correlacionada a nenhum fator individual. Já a *amostra aleatória* é uma técnica de seleção de indivíduos que busca extrair um grupo representativo de uma população maior, em que cada indivíduo tem a mesma probabilidade de ser escolhido para participar do estudo. Assim, garantimos que os parâmetros na formação da amostra não serão enviesados, ou seja, não representarão de modo desproporcional nenhuma característica da população da qual foram extraídos esses indivíduos.

Tabela 1.2 Exemplo de um teste de porta-vozes para dois grupos

Indivíduo	Grupo A (atriz aposentada)	Grupo B (ex-jogador de futebol)	Efeito do tratamento (A-B)
Indivíduo 1	4	?	?
Indivíduo 2	6	?	?
Indivíduo 3	5	?	?
Indivíduo 4	7	?	?
Indivíduo 5	?	4	?
Indivíduo 6	?	3	?
Indivíduo 7	6	?	?
Indivíduo 8	?	7	?
Indivíduo 9	?	3	?
Indivíduo 10	?	5	?
Média	5,6	4,4	1,2*

(Fonte: Gerber & Green, 2012, p.31. Adaptado.)

* Neste exemplo, a estimativa também traz um grau de incerteza pois não é possível observar o comportamento de todos os indivíduos em ambas as condições experimentais, assim como não é possível saber se outros indivíduos dariam respostas semelhantes às dadas nesta amostra hipotética. Qualquer estimativa, portanto, sempre terá associada a ela um grau de incerteza.

Mas como podemos definir um experimento? Ao longo deste livro, os experimentos – também conhecidos como *testes aleatorizados controlados* (em inglês, *randomized controlled trials*, ou RCT) – serão entendidos como estudos que combinam quatro características básicas:

i) em primeiro lugar, devem ser testes científicos, no sentido de que precisam estar baseados em um método e apresentar uma hipótese que possa ser testada e refutada empiricamente;
ii) em segundo lugar, esses testes devem conter uma proposição causal, ou seja, precisam explicitamente descrever uma relação de causa e efeito;
iii) em terceiro lugar, o controle sobre as condições experimentais deve assegurar que mudanças em uma certa variável dependente y só pode ter respondido a diferentes valores de uma variável independente x;
iv) finalmente, em quarto lugar, esses testes precisam adotar o mecanismo de designação aleatória dos indivíduos às diferentes condições experimentais;

Box 1.4 – PARÂMETROS CONFIÁVEIS E NÃO ENVIESADOS: Um parâmetro estatístico é um número que sintetiza um conjunto de dados. Esses dados podem representar uma característica da população, como o percentual de pessoas que se definem como mulheres, homens ou transgênero no Brasil. Duas características importantes e intimamente conectadas dos parâmetros estatísticos é que eles devem ser confiáveis e não enviesados.

Parâmetros confiáveis são aqueles que, durante sucessivas medidas, retornam valores dentro de um intervalo de confiança esperado. Um exemplo simplificado é que, se uma estratégia para se obterem amostras da população brasileira encontra sucessivamente valores próximos a 52% de mulheres – como 50%, 53% ou 54% –, esse é um parâmetro confiável – já que, segundo o Instituto Brasileiro de Geografia e Estatística (IBGE), 51,8% das pessoas no país se identificam com o gênero feminino. Todavia, se uma amostra nacional se compõe de 90% de mulheres, algo errado ocorreu, e esse parâmetro deixa de ser confiável.

Para que se obtenham parâmetros confiáveis, é importante que a estratégia de coleção de dados não produza nenhum viés sobre essas informações, ou seja, que não aumente nem diminua as chances de ocorrência de um determinado evento. Mas, por exemplo, se uma estratégia de obtenção de uma amostra da população brasileira só selecionar indivíduos em horário comercial em endereços residenciais, provavelmente vai encontrar mais mulheres que homens – dada a divisão de trabalho ainda existente em parte da sociedade – e mais idosos que jovens. Esse procedimento, portanto, terá produzido um viés na formação dessa amostra.

v) Em síntese, experimentos são testes científicos de proposições causais que pretendem medir a influência de uma variável independente x sobre uma variável dependente y por meio da comparação de respostas entre dois ou mais grupos formados pela designação aleatória dos participantes.[6]

1.3 VALIDADE INTERNA E VALIDADE EXTERNA

Nosso conhecimento sobre qualquer assunto pode ser ampliado pela nossa experiência direta com um objeto – seja ela episódica ou cotidiana –, ou pelo aprendizado indireto, por meio de relatos de outras pessoas, entre esses os reportados em pesquisas como as que usam metodologia experimental. Mas esses estudos só constituem, de fato, uma contribuição para ampliar nossa compreensão do mundo se eles demonstrarem coerência lógica e persuasiva em duas dimensões conhecidas como a validade interna e a validade externa dos experimentos. Sobre esses conceitos, dois alertas são importantes. O primeiro é que ambos são de definição bastante simples, porém, em geral, de execução complexa. O segundo é que, se for preciso escolher entre assegurar a validade interna ou a validade externa de um estudo, deve-se, certamente, optar pelo primeiro e abandonar o segundo. Ao final desta seção, você saberá o porquê.

1.3.1 Validade interna

A validade interna dos experimentos trata de sua capacidade em demonstrar que um tratamento experimental foi, de fato, a única causa de uma mudança observada. Ou seja, um experimento é internamente válido se for convincente quando demonstra que a manipulação de uma certa variável independente x é a única razão para que se observem variações na variável dependente y. Nas ciências sociais, a tradicional pergunta que resume a importância da discussão da validade interna dos experimentos foi formulada por Donald Campbell, ainda em 1957, e subsiste até hoje: "O estímulo experimental fez, de fato, alguma diferença no caso específico?". Se a resposta a essa questão for um convincente "sim", então, pode-se dizer que o experimento é internamente válido.

Responder positivamente a essa pergunta, entretanto, não é nada fácil. Durante a realização de um experimento, muitos outros fatores – além do tratamento – podem levantar suspeitas de terem provocado uma mudança na variável dependente que representa o interesse central de uma pesquisa. À primeira vista, alguns desses fatores podem parecer inclusive irrelevantes. Por exemplo, no estudo hipotético de porta-vozes para a campanha pró-vacinação, o grupo que leu o panfleto estampado

6 Para outras definições, ver McDermott (2002, p.32), Druckman *et al.* (2011, p.4) e Banerjee & Duflo (2017, p.78).

pelo ex-jogador de futebol poderia ter a presença de um participante que escolheu ir à sessão trajando a camisa de um clube de futebol com igual número de fãs e opositores. Esse evento, aparentemente corriqueiro, poderia, nesse estudo específico, estimular a aversão de alguns dos participantes, ao associarem o futebol, que às vezes divide opiniões, ao combate a uma pandemia, que precisa unir esforços. Se isso houvesse ocorrido, o melhor desempenho da atriz aposentada poderia não ter sido devido a uma comparação direta e livre de interferências entre ela e o ex-jogador, mas ao fato de que um gatilho tenha disparado uma atitude de resistência ou aversão a símbolos associados ao futebol. Isto é, o estimador do efeito causal médio se torna enviesado.

Não é possível fazer uma lista exaustiva de eventos que podem reduzir a validade interna dos experimentos, ou enviesar o cálculo do EMT entre os grupos experimentais. Em boa parte dos casos, cada desenho experimental tem desafios de validade interna específicos, derivados do problema de pesquisa que procura responder e do contexto experimental que decidiu adotar. Entretanto, alguns problemas de validade interna são mais comuns e sérios, como os cinco a seguir.

1) Mortalidade (*mortality*): ocorre quando não é possível medir os resultados do experimento em alguns indivíduos, seja porque estes se recusam a responder ao questionário, seja porque se perde o contato com eles. Se esses indivíduos estão distribuídos aleatoriamente entre as diferentes condições experimentais, isso não tem muita importância. Entretanto, se isso ocorre especialmente em um dos grupos, a validade do experimento pode estar ameaçada. Por exemplo, quando, ao receber um tratamento, parte dos indivíduos desiste de participar do experimento. Algum fator não previsto pode ter afastado esses sujeitos da pesquisa, e deixa de fazer sentido comparar os resultados entre os grupos. Essa ameaça à validade interna dos experimentos também é chamada de atrito (*attrition*);
2) Descumprimento (*non-compliance*): ocorre quando sujeitos designados para um grupo tratado não recebem o tratamento que deveriam receber, e/ou quando sujeitos designados para o grupo controle recebem o tratamento que não deveriam receber.[7] Nesse caso, não é possível calcular o EMT, uma vez que nem todo o grupo tratado recebeu o estímulo e, portanto, pode manifestar uma variação menos intensa da que deveria; e, por outro lado, parte do grupo controle recebeu o estímulo e, desse modo, não oferece um ponto de referência neutro, senão parcialmente alterado em direção ao tratamento proposto. Um controle de qualidade importante para avaliar esse problema é a checagem de manipulação, que será discutida no Capítulo 8;

7 Para uma discussão avançada das soluções ao problema de descumprimento, ver os Capítulos 5 e 6 de Gerber & Green (2012).

3) Vazamento (*spillover*): ocorre quando participantes de um experimento que receberam o tratamento transmitem informações contidas nesse estímulo a participantes do grupo controle (Sinclair *et al.*, 2012). De modo semelhante ao que pode ocorrer no caso de descumprimento, deixam de ser válidas as medidas obtidas do grupo controle, uma vez que alguns indivíduos desse grupo foram tratados indiretamente;
4) Desvio comportamental: ocorre quando os indivíduos aceitam participar do estudo, mas, por algum motivo, atuam de modo artificial, de modo propositalmente aleatório ou boicotam a pesquisa. Isso pode ocorrer por diversas razões, como por tentarem "ajudar a pesquisa a encontrar um resultado";[8] por cansaço diante de um estudo longo demais; por aborrecimento diante de um estudo desinteressante; por desconforto em um local muito quente, frio ou ruidoso; por já estarem acostumados a participar de pesquisas experimentais; pela intervenção indevida de um fator imprevisto (como a presença de um participante cuja roupa pode ter efeitos sobre a resposta do grupo); ou pelo fato de manifestarem um comportamento atípico apenas por estarem sendo observados (conhecido como efeito *Hawthorne* – leia mais na Seção "Olha essa..."), entre outras razões. O desvio comportamental não é necessariamente um problema se estiver distribuído aleatoriamente entre as condições experimentais e puder ser controlado posteriormente. Mas ele pode enviesar os resultados e inviabilizar o estudo se estiver concentrado em uma das condições experimentais. Controles de qualidade importantes para analisar um desvio comportamental são a checagem de atenção e a análise dos efeitos *halo* e *horn*, que serão discutidas no Capítulo 6;
5) Confusão (*confounds*): ocorre uma determinada variável pode influenciar tanto o tratamento quanto o resultado que se pretende medir, o que traz dúvidas sobre o processo causal. Por exemplo, se o panfleto estampado pela atriz tivesse um texto mais curto e a versão do ex-jogador tivesse um texto mais longo, não seria possível saber exatamente se a diferença de opinião entre os grupos seria devida à mudança de porta-vozes ou à variação no tamanho e conteúdo dos textos.[9] Além disso, a passagem do tempo entre a exposição a um estímulo e a mensuração da resposta pode permitir que os indivíduos se exponham também a outros eventos que logo criarão dúvidas sobre a exigência de uma relação causal. Nesse sentido, se a demora em mensurar os resultados de um experimento não for necessária para um estudo específico, quanto mais rápido ocorrer essa etapa, melhor.

---

8 Isso pode ocorrer devido a efeitos de expectativa (quando a pesquisadora comunica de modo sutil e/ou inadvertido a intenção do estudo) ou por efeito de demanda (quando os participantes se sentem motivados a cooperar para a obtenção de algum resultado específico).

9 Para uma discussão sobre esse problema, veja Thorson *et al.* (2012).

A validade interna dos experimentos, portanto, diz respeito à capacidade persuasiva do desenho experimental e de sua implementação em descartar todas as demais explicações plausíveis para a observação de uma mudança na variável dependente de uma pesquisa. Assim, um estudo pode reivindicar que está apontando uma relação causal, uma vez que o tratamento adotado parece ser a única causa de uma mudança observada, e a estimação do efeito causal médio não está enviesada.

1.3.2 Validade externa

A validade externa de um experimento diz respeito, essencialmente, à *possibilidade de generalizar suas conclusões, ou seja, de acreditar que os resultados observados para uma amostra valem também para toda a população da qual essa amostra foi extraída*. Se os resultados de um estudo sobre porta-vozes para uma campanha contra uma pandemia só valem para os participantes *daquele* estudo, que leram *aquele* panfleto, *naquela* sala de universidade, e medidos com *aquelas* perguntas de questionário, esse estudo não tem nenhuma validade externa. Ou seja, ainda que a pesquisa mostre um efeito importante na escolha de um porta-voz, os resultados não poderiam ser extrapolados para outros indivíduos, em outros contextos e nos quais a mensagem tenha outro formato. Isto é, não saberíamos como seriam as reações de outros idosos diante do panfleto; também não saberíamos quais seriam os efeitos desse panfleto se fosse enviado para as casas das pessoas ou para lares de idosos; e, finalmente, ignoraríamos os resultados da exposição a um anúncio de TV, em vez da leitura do panfleto. Finalmente, desconheceríamos o comportamento efetivo de cada indivíduo, para além das respostas dadas no questionário.

A validade externa de qualquer estudo experimental pode ser analisada a partir de seis fatores:[10]

1) se os *participantes* do estudo representam adequadamente os indivíduos que receberiam o tratamento em um contexto natural;
2) se o *contexto* espacial e temporal em que ocorre o estudo se assemelha ao contexto natural no qual os indivíduos receberiam o tratamento (também conhecido como "validade ecológica");
3) se o *tratamento* utilizado no estudo representa corretamente o estímulo que os indivíduos receberiam naturalmente;
4) se a *mensuração* das respostas dos participantes ao tratamento do estudo registra corretamente o resultado que se pretende investigar;

10 Parágrafo adaptado de Shadish, Cook & Campbell (2002, p.83). Ver também Druckman, Green, Kuklinski e Lupia (2011, p. 19).

5) se os efeitos estimados utilizaram a *análise estatística* adequada, isolando corretamente o efeito do tratamento experimental de outras variáveis que podem estar associadas ao resultado de interesse de um estudo; e
6) se os resultados têm *reprodutibilidade*, isto é, se os achados podem ser encontrados também por outras pesquisadoras e em outros contextos.

Assegurar a completa validade externa de um experimento, portanto, é um desafio grande. Afinal, não só é difícil atender adequadamente aos cinco fatores apontados acima, como, com frequência, os experimentos analisam apenas um evento sobre os participantes, e pouco se pode antecipar a respeito de seu efeito continuado ou de seu efeito interativo com outros estímulos que ocorrem de modo imprevisível e caótico no mundo. Esses efeitos permanecem no tempo? Aumentam? Diminuem? Em algumas áreas de conhecimento, como as ciências sociais, pouco se sabe ainda sobre isso, mas, em outras, como na área de saúde, os experimentos em larga escala, como os utilizados para a análise da eficácia e segurança de vacinas, em geral, atendem satisfatoriamente aos requisitos de validade externa.

Quando esses requisitos não são atendidos, portanto, qualquer resultado de um estudo experimental sempre poderá estar sub ou superestimado em relação ao seu efeito real. Ainda que os resultados de um experimento estejam baseados em evidências empíricas, sua aplicação teórica e prática inevitavelmente acarretará algum grau de extrapolação lógica e dedutiva, cuja precisão é incerta.

Mesmo assim, diante do caráter essencialmente especulativo da metodologia observacional, a pesquisa experimental tem sido considerada como o "padrão ouro" dentre as narrativas científicas para construirmos nosso conhecimento sobre o mundo. Essa confiança tem sido particularmente ampliada com o uso de técnicas que aumentaram significativamente a validade externa dos tradicionais estudos de laboratório, com sua transposição para os experimentos de campo (Gerber *et al.*, 2014), que serão discutidos no Capítulo 2.

A esta altura, você provavelmente já sabe responder à pergunta do início desta seção sobre "a escolha de Sofia" entre a validade interna e a validade externa dos experimentos. Esse dilema não deve existir. Ainda que seja desejável assegurar ambas as validades de um estudo, isso muitas vezes é impossível. Mesmo assim, se um estudo tiver validade interna e nenhuma validade externa, podemos dizer que aprendemos algo sobre um fenômeno, ainda que ele tenha sido observado em um contexto muito específico e não possa ser generalizado. Entretanto, que sentido teria generalizar os resultados de um estudo sem validade interna, em que não se pode ter alguma certeza de que mudanças observadas foram causadas por uma certa variável manipulada, e não por outros fatores, sejam eles mais ou menos importantes? Pois é. Não faria sentido algum.

1.4 NA PRÁTICA, PARA QUE SERVEM OS EXPERIMENTOS?

Como podemos ter certeza de que um porta-voz é mais efetivo que outro para incentivar a vacinação periódica contra um vírus ou o uso de máscaras em locais públicos? Como alguém pode assegurar que uma nova campanha de comunicação recém-criada pelo governo para algum desses objetivos é mais eficaz do que simplesmente repetir os anúncios veiculados dois anos antes? Como optar entre uma narrativa emotiva e outra não emotiva ao desenhar uma mensagem efetiva para lidar com outro problema, como a proliferação do mosquito *Aedes aegypti*, que causa doenças graves, como a dengue, a zika ou a *chikungunya*?

Não deve ser surpresa imaginar que os experimentos, e não outras técnicas de pesquisa observacional, são a estratégia metodológica mais indicada para se chegar a respostas ao menos satisfatórias a essas perguntas de caráter aplicado. Entretanto, há uma razão ainda mais relevante para usar experimentos ao buscar soluções para questões como essas, por uma razão simples: sem testes experimentais, não é possível saber se um porta-voz escolhido piora, em vez de melhorar, a intenção das pessoas em vacinarem-se ou em usarem máscaras em tempos de pandemia, ou diminui, em vez de aumentar, a atenção das pessoas no enfrentamento a um mosquito que causa doenças que podem matar.

Conhecidos como *efeitos bumerangue*, esses resultados contrários aos pretendidos não são, infelizmente, tão raros. Ainda que de boa-fé, algumas decisões profissionais são tomadas sem a devida investigação sobre seus efeitos. De volta ao exemplo inicial, mesmo equipes competentes de comunicação veiculam campanhas que são mal recebidas, soam como desrespeitosas e, às vezes, podem pôr em risco a vida ou a saúde de quem pretendiam proteger. É o caso, por exemplo, de uma campanha de 2015 do Ministério da Justiça, que foi percebida como machista (e depois retirada do ar) ao usar o slogan "Bebeu, perdeu", responsabilizando a vítima pelo que poderia ser feito com ela durante o carnaval. Já no final de 2016, o Ministério dos Transportes divulgou uma série de anúncios polêmicos. A campanha da pasta argumentava que mesmo pessoas que praticam boas ações podem matar se forem descuidadas no trânsito. Algumas das frases utilizadas foram: "Quem faz a alegria das crianças pode matar" e "Quem resgata animais na rua pode matar". Outra campanha duramente criticada foi promovida pela revista *Vogue*, em 2016, que amputou – via Photoshop – partes do corpo dos artistas Cléo Pires e Paulinho Vilhena, para divulgar os Jogos Paralímpicos de 2016. Logo, a primeira utilidade prática de um experimento no campo da comunicação é assegurar que seus efeitos – se existirem – não serão o contrário do desejado. Se produzem os efeitos desejados, cabe, então, considerar qual dentre as alternativas é a mais efetiva.

Mas, além dessa utilidade, os experimentos são importantes por três outras razões. Em primeiro lugar porque permitem entender se um estímulo, como a escolha de uma atriz aposentada e não de um ex-jogador de futebol, tem algum efeito significativo no sentido esperado, como incentivar a vacinação e o uso de máscaras em meio a uma pandemia depois de ler um panfleto sobre isso. Em segundo lugar, um experimento consegue mensurar o EMT, o que é uma medida objetiva, confiável e muito importante quando uma decisão não se dá apenas entre duas opções, mas entre três ou mais. Saber qual alternativa produz maior efeito tende a aumentar a eficiência das decisões. Finalmente, em terceiro lugar, a realização de sucessivos experimentos sobre um mesmo tema tende a aumentar nosso conhecimento sobre relações causais entre estímulos em qualquer área do conhecimento e a resposta dos indivíduos, fazendo com que as intervenções em momentos de crise – como em uma pandemia, em uma crise política ou em um colapso econômico – sejam mais efetivas e certeiras, e não um exercício de tentativa e erro.

1.5 E PARA QUE SERVEM OS EXPERIMENTOS NA CIÊNCIA?

Além de terem uma relevância aplicada, os experimentos são considerados o "padrão-ouro" no processo de avanço científico. Isso porque eles oferecem condições ideais para a identificação e estimação de relações de causa e efeito entre duas variáveis. Essa é a principal utilidade da metodologia experimental em comparação com a metodologia observacional, que, em geral, só pode especular sobre relações entre variáveis que parecem estar associadas. Todavia, segundo Rose McDermott (2002), além desse interesse, os experimentos também são úteis na ciência por outras quatro razões.

Em primeiro lugar, quando os métodos de investigação existentes produzirem resultados inconsistentes ou contraditórios, os experimentos poderão ajudar a arbitrar entre esses achados. Um bom exemplo dessa vantagem na utilização dos experimentos vem dos estudos sobre a existência de estereótipos de gênero no processo de decisão do voto. As pesquisas sobre esse tema, inauguradas nos Estados Unidos, traziam resultados discordantes nos anos 1970. Enquanto alguns trabalhos sugeriam que o gênero dos candidatos e das (poucas) candidatas não fazia muita diferença para a decisão do voto (Darcy & Schramm, 1977), ou inclusive mostravam que o eleitorado estava mais propenso a votar em mulheres (Ferree, 1974), outros estudos registravam a resistência de alguns segmentos sociais em eleger mulheres (Bernstein & Polly, 1975).

Em 1981, entretanto, Virginia Sapiro realizou um experimento com estudantes universitários para tentar identificar e explicar a existência de estereótipos que prejudicassem eleitoralmente as mulheres e limitassem sua participação na política. Alunos e alunas receberam aleatoriamente uma de duas versões de um texto, feitas para apresentar uma candidatura à Câmara dos Deputados americana (*House of*

Representatives). Em um dos textos, quem se apresentava era John Leeds, enquanto na outra versão aparecia o nome de Joan Leeds – o que no Brasil seriam João e Joana, respectivamente. Os tratamentos eram idênticos, salvo na referência ao gênero do(a) candidato(a). Analisadas as reações dos estudantes, Sapiro não identificou uma diferença na intenção de votar em John ou em Joan, mas descobriu que tanto alunos como alunas acreditavam que as chances de que Joan ganhasse a disputa eram menores. Esse resultado não só explicou achados discordantes de pesquisas observacionais anteriores como inaugurou uma agenda de pesquisa ainda muito atual e relevante para a promoção da igualdade de gêneros na política.[11]

Em segundo lugar, uma vantagem em se usarem experimentos, segundo Rose McDermott, reside na possibilidade de se validarem empiricamente modelos formais e ilustrarem-se melhor conceitos e processos mais abstratos. Estudos de modelos formais baseiam-se em análises matemáticas e lógicas para se chegar a conclusões generalizáveis, sem qualquer coleta ou análise de dados, uma fragilidade que pode ser corrigida com o uso de experimentos. Em 1985, Randall Calvert sugeriu, em um modelo formal, baseado unicamente na teoria da maximização de utilidade, que as pessoas economizariam tempo para tomar decisões se usassem como referência as recomendações e as opiniões de fontes não neutras, ainda que isso pareça contraintuitivo. E Calvert foi ainda mais longe: sugeriu que essas fontes não neutras, claramente identificadas com um dos lados de uma questão, deveriam ser as primeiras a serem consultadas. Isso porque, se uma fonte que normalmente defende a posição A opta por – em um caso concreto – defender a posição B, isso deve significar que – naquele caso concreto – B é melhor ou mais verdadeiro que A.

Três décadas depois, em 2017, Adam Berinsky publicou um artigo sobre como desmentir com mais eficiência falsos rumores sobre uma mudança regulatória, mais especificamente, sobre a reforma do sistema de saúde americano proposta pelo democrata Barack Obama quando foi presidente dos Estados Unidos (2009-2017). Alguns boatos sugeriam que a proposta considerava que os idosos deveriam se apresentar a um "painel da morte", em que funcionários avaliariam quem continuaria vivo e quem seria submetido à eutanásia. Ainda que pareça absurda a informação, políticos republicanos, como a ex-candidata a vice-presidente Sarah Palin (2008), ajudaram a difundir o rumor em suas páginas de Facebook. Por meio de um experimento, Berinsky mostrou que a correção mais eficiente desse boato ocorria quando um político também republicano como Palin – e não um democrata – desmentia o rumor. O resultado é uma comprovação empírica e aplicada do modelo formal proposto por Calvert.

Voltando à lista de McDermott, em terceiro lugar, uma vantagem na utilização de experimentos é que eles funcionam muito bem em *triangulações metodológicas*,

11 Veja, por exemplo, Dolan & Kira (2011) e, sobre o caso brasileiro, Biroli (2018).

em que uma pesquisa procura reforçar ou explicar alguns achados utilizando de forma combinada metodologias observacionais e experimentais. Nesse caso, um dos melhores exemplos vem da aplicação de experimentos de lista, que serão vistos com mais detalhe no Capítulo 3. Os experimentos de lista (*list experiments*) são uma técnica que combina, em um só instrumento de pesquisa (o questionário), a metodologia experimental e observacional, e que oferece um contexto de privacidade para que os entrevistados possam informar opiniões e comportamentos sinceros a respeito de temas polêmicos, sobre os quais é mais difícil falar abertamente, como questões morais, sexuais ou de preconceito.

Um bom exemplo vem da experiência da Universidade de Brasília, que, em 2003, passou a adotar um sistema de cotas raciais, com reserva de 20% das vagas para estudantes negros. Apesar de seus benefícios, a decisão gerou polêmica e dividiu opiniões por muito tempo, criando um contexto desconfortável para que os próprios alunos da raça negra declarassem seu apoio às cotas. Esse foi um dos principais achados de uma pesquisa publicada em 2014 por Mathieu Turgeon, Bruno Chaves e William Wives. Eles descobriram, em um estudo on-line com 1.190 estudantes, que, usando uma pergunta tradicional de *survey*, apenas 29% de estudantes negros declaravam abertamente seu apoio às cotas raciais, mas, quando se adotava um experimento de lista, o resultado era que o apoio sincero à nova regra reunia 68% dos estudantes negros. A combinação de abordagens metodológicas mescladas no experimento de lista permitiu não só estimar o apoio aberto à medida (29%), mas também medir seu apoio verdadeiro (68%) e a desejabilidade social, que fez com que expressivos 39% dos entrevistados da raça negra (68%-29%) não emitissem abertamente sua opinião sincera. Já o percentual de apoio às cotas entre os estudantes da raça branca, de 27%, não variou entre a pergunta aberta ou a versão em lista.

Finalmente, em quarto lugar, os experimentos podem ajudar a *encontrar evidências mais robustas para apoiar afirmações contundentes* sobre relações causais. Por exemplo, se há uma diferença de gênero no rigor com que eleitores penalizam homens ou mulheres que se envolvem em corrupção; mais especificamente, se as mulheres são punidas de forma mais severa na política quando associadas à malversação de recursos. Segundo Andrew Eggers, Nick Vivyan e Markus Wagner (2018), os estereótipos de gênero tendem a fazer com que esperemos dos homens mais assertividade e egocentrismo, e, das mulheres, mais compaixão e altruísmo. Por essa razão, diante de um caso de corrupção igualmente grave cometido por um homem e uma mulher, o eleitorado tenderia a castigar mais a mulher do que o homem, pois ela teria se desviado de uma expectativa mais exigente do que a aplicada aos homens. Isso de fato ocorre?

Os três pesquisadores investigaram essa questão designando aleatoriamente quase 2.000 eleitores do Reino Unido para diferentes simulações possíveis da eleição para uma vaga no Parlamento britânico. Essa vaga hipotética era disputada por um(a) opositor(a) contra um(a) detentor(a) do cargo (que podia ser homem ou mulher, corrupto ou não corrupto). Cada simulação de votação apresentava só uma versão dentre todas as possíveis. Os resultados do estudo mostraram que as mulheres eram, sim, menos escolhidas que os homens caso estivessem envolvidas em um caso de corrupção (o desvio de 10.000 libras para gastos pessoais). Entretanto, só as eleitoras eram mais rigorosas com as mulheres. Os dados – ao menos para o caso britânico – não mostraram que os homens tendem a castigar mais as mulheres por corrupção, nem que castigam mais aos homens.

1.6 VANTAGENS E DESVANTAGENS DO USO DOS EXPERIMENTOS

A principal vantagem do uso dos experimentos, em relação às técnicas observacionais, é que eles dão ao(à) pesquisador(a) maior controle sobre todos os aspectos da condução de um estudo científico. Esse controle tende a aumentar a validade interna das pesquisas e permitir que os estudos façam afirmações sobre relações de causa e efeito. Para Rose McDermott, as vantagens de se usarem experimentos podem ser resumidas em cinco aspectos (McDermott, 2022, pp. 38-39):

1) a possibilidade de se identificarem relações causais;
2) o controle que o(a) pesquisador(a) tem sobre o recrutamento de participantes, o tratamento e a mensuração de respostas;
3) a capacidade de se estabelecerem mensurações objetivas e precisas;
4) a oportunidade de se estudarem diferentes etapas do processo causal; e
5) o custo relativamente baixo de se realizarem experimentos, especialmente os tradicionais estudos de laboratório com estudantes de universidades.

Os experimentos, entretanto, não são uma panaceia; eles têm suas desvantagens e não são a solução para todos os problemas de pesquisa. Em primeiro lugar, algumas perguntas de pesquisa só podem ser respondidas com estudos observacionais, mais apropriados para descrever um objeto de estudo ou um contexto. Por exemplo, quando se pretende identificar os hábitos de alimentação mais comuns na população, medir a intenção de voto do eleitorado em uma disputa presidencial ou apontar a prevalência de certas doenças em uma região. Nesses casos, estudos como os tradicionais *surveys* com amostras representativas são a melhor técnica para se obterem respostas válidas, uma vez que o objetivo é apenas descrever uma dada população, e não testar hipóteses de relações causais.

No entanto, mesmo as questões logicamente dirigidas a um estudo com desenho experimental encontram limitações importantes ou desvantagens quando o interesse pelos aspectos mais abstratos e conceituais de um estudo se transpõem para uma realidade específica, concreta e complexa do desenho da pesquisa, da coleta de dados e da interpretação dos resultados. Essas desvantagens e limitações podem ser resumidas essencialmente a três aspectos.

O primeiro deles diz respeito a um *desenho experimental artificial*, que ocorre em um contexto físico muito diferente do real, que estuda pessoas muito diferentes das quais se pretende conhecer e que usa medidas experimentais muito diferentes do fenômeno que realmente se quer observar. Tudo isso reduz, como vimos antes, a validade externa de um estudo experimental. Desenhos artificiais de um experimento, todavia, têm sido menos comuns com a crescente adesão a estudos não laboratoriais (Shanto, 2002) e, especialmente, com o uso mais frequente de experimentos de campo, que serão discutidos no Capítulo 2. Contudo, como lembra McDermott (2002, p. 39), mesmo estudos artificiais têm suas vantagens quando pode ser antiético ou perigoso estudar um fenômeno fora do laboratório (por exemplo, o efeito da exposição a videogames violentos sobre atitudes no trânsito), ou quando é muito difícil reproduzir as condições naturais em que um evento ocorre (como em estudos sobre eleições, crises econômicas ou pandemias).

O segundo aspecto trata de olhar para o outro lado da moeda, representada por uma das vantagens de se usarem os experimentos citados. Ao manter mais controle sobre várias etapas de um estudo, o(a) pesquisador(a) pode aumentar a validade interna de seu estudo, mas também pode enviesar o desenho, a implementação e a análise de seu experimento, de modo consciente ou não. Logo, é especialmente relevante que os autores de cada estudo façam uma análise da presença de três potenciais problemas:

1) viés do(a) pesquisador(a), que ocorre quando crenças, opiniões e atitudes das pessoas que conduzem o estudo influenciam no desenho de um experimento e aumentam as chances de obtenção de um certo resultado desejado;
2) efeitos de expectativa, que ocorre quando o(a) pesquisador(a) indica aos participantes, ainda que de modo sutil, qual resposta espera receber; e
3) efeitos de demanda, que ocorre quando são os participantes que conseguem identificar o interesse da pesquisa, não suficientemente mantido em sigilo, e atuam de forma a ajudar a se obterem os resultados desejados.

Finalmente, o terceiro aspecto diz respeito aos impedimentos éticos que tornam muitos experimentos impraticáveis. Por exemplo, uma pesquisadora pode ter interesse em saber quais os efeitos psicológicos da exposição a *fake news* sobre vacinas. Para testar suas hipóteses, ela poderia designar aleatoriamente a sua variável de interesse (a exposição a essas *fake news*) a uma série de participantes, fazendo com que alguns experimentassem ler notícias falsas por um certo período, enquanto outros leriam apenas notícias corretas e verificadas sobre o mesmo assunto. Mas seria essa uma estratégia válida do ponto de vista ético? É moralmente correto fazer com que seres humanos sejam expostos à desinformação apenas para aumentar nosso conhecimento científico sobre um determinado tema? Os comitês de ética na pesquisa lidam com questões como essa e procuram, em suas avaliações, ponderar os riscos e os benefícios de pesquisas experimentais. Nesse sentido, a ética é um fator fundamental a ser considerado no desenho de experimentos e pode, não raro, estar em conflito com as pretensões de cientistas, como veremos em mais detalhes no Capítulo 7. Em suma, ao optarmos pelo método experimental, estamos, assim como em outros tipos de método, limitando as questões que podemos investigar.

1.7 METODOLOGIAS SIMILARES

Esta seção trata de dois métodos de pesquisa que compartilham algumas características similares às dos estudos experimentais, mas que não cumprem os requisitos indicados anteriormente para serem considerados experimentos verdadeiros (*true experiments*). Um deles são os quase experimentos, como são denominados os estudos que não contemplaram a designação aleatória dos participantes às diferentes condições experimentais, mas que comparam efeitos de uma variável manipulada pelas pesquisadoras sobre um grupo tratado em relação a um grupo controle. O outro caso são os experimentos naturais, que, apesar do nome, não são experimentos, mas, sim, estudos baseados em dados tipicamente observacionais que adotam uma estratégia de análise experimental.

1.7.1 Quase experimentos

Em estudos em que não é possível realizar a designação aleatória dos participantes aos grupos tratado e controle, os experimentos perdem parte de seu poder de identificação de causalidade e – nesses casos – devem ser chamados de quase experimentos (Campbell & Stanley, 1963). Ainda que tenha menor força explicativa, um quase experimento não deve ser visto como um estudo sem nenhum valor. Em alguns casos, esses estudos podem constituir uma extensão do repertório da pesquisa experimental, quando aplicarem a lógica dessa metodologia a contextos em que é factível se obter alguma evidência empírica; mas, por motivos éticos, procedimentais ou de acesso, não é possível designar aleatoriamente os participantes às diferentes condições experimentais (Campbell, 1968). Em outras palavras, os quase experimentos são – de fato – *quase* experimentos, no sentido de que, não fosse a ausência ou impossibilidade de designação aleatória dos participantes às diferentes condições experimentais, eles seriam considerados experimentos verdadeiros.

Um exemplo sobre campanhas de prevenção ao suicídio em universidades ajuda a entender por que, às vezes, pode ser impossível implementar a etapa de designação aleatória dos participantes em um estudo. Em 2015, pesquisadores de cinco universidades americanas estudaram o efeito de diferentes versões de campanhas de enfrentamento ao suicídio entre estudantes de graduação. Com base na teoria das normas sociais, eles elaboraram pôsteres, peças para painéis digitais e e-mails com mensagens que incentivavam estudantes a recomendarem aos colegas sob risco que buscassem os serviços de auxílio da universidade.

A pesquisa pretendia formar três condições experimentais: uma em que os estudantes vissem a campanha protagonizada por celebridades do time de basquete da universidade; outra em que a campanha fosse apresentada por estudantes comuns; e a última formada pelo grupo controle, que não seria exposto a qualquer mensagem sobre o tema. Mas como fazer com que alguns estudantes no mesmo *campus* só vissem a versão do time de basquete, outros só vissem a versão dos estudantes comuns e os demais não vissem nenhuma delas? Isso seria impraticável. Afinal, os pesquisadores não poderiam designar aleatoriamente cada estudante para uma condição experimental diferente se as duas campanhas estivessem em andamento no mesmo *campus*.

A solução encontrada foi distanciar fisicamente os tratamentos. Para conseguir esse resultado, os pesquisadores implementaram cada condição experimental em diferentes unidades da universidade, localizadas em bairros distintos. Portanto, em uma unidade, os estudantes foram expostos à campanha com os atletas; em outra, às peças protagonizadas por universitários comuns; e na terceira, que funcionou como grupo controle, não foi exibida nenhuma comunicação sobre o tema. Ao final do estudo, os resultados mostraram que os estudantes que frequentavam a unidade que recebeu a campanha protagonizada por colegas comuns manifestaram maior inclinação que os demais grupos a falar sobre os serviços de cuidado com saúde mental da universidade com companheiros que considerassem estar sob risco. Já os estudantes da unidade que recebeu a campanha estrelada pelo time de basquete não manifestaram maior disposição a fazer o mesmo quando comparados aos universitários do grupo controle.

A implicação prática mais importante do estudo é a sugestão de que nem sempre as celebridades terão mais influência sobre o público em campanhas de comunicação em saúde, especialmente quando a ação recomendada depende do contato interpessoal. Nesses casos, campanhas protagonizadas por pessoas comuns podem ter até maior efeito que as estreladas por celebridades.

Mas veja que, nesse caso, é mais adequado dizer que os resultados "sugerem" uma determinada conclusão do que dizer que eles "permitem concluir". Afinal, essa conclusão deve ser vista com cautela, pois o estudo tem uma limitação metodológica importante. Como não foi possível designar aleatoriamente os estudantes para cada uma das condições do experimento, os pesquisadores não podem assegurar que os grupos eram semelhantes ao início do estudo. Ou seja, outras variáveis, além da exposição à campanha, não foram observadas nem controladas pelos pesquisadores durante o estudo. Por exemplo, suponha que o grupo exposto à campanha protagonizada pelo time de basquete da universidade tivesse, antes da pesquisa, um interesse muito menor por esportes, em comparação aos demais grupos. Digamos que, nessa unidade da universidade, a principal atração e vocação dos estudantes fosse a música ou a dança. Nesse caso, não se pode dizer que a campanha com atletas não produziu um efeito significativo se comparada ao grupo controle, porque os estudantes que a viram tinham um interesse atipicamente menor em esportes que os demais. Talvez, se os grupos tivessem sido formados por designação aleatória, o interesse por basquete estaria igualmente distribuído entre as três condições experimentais, e essa não seria uma variável de confusão (*confounding variable*) que dificultaria o isolamento da relação causal entre a campanha com o time de basquete e a intenção de recomendar os serviços de prevenção ao suicídio na universidade. O Capítulo 4 vai explicar em detalhes o que é e por que é importante identificar variáveis de confusão antes de tirar conclusões num estudo.

Portanto, é impossível assegurar que o grupo que foi exposto à campanha protagonizada por estudantes comuns teve maior inclinação a sugerir os serviços de ajuda universitária por causa da campanha e não por outro fator não observado ou controlado durante a pesquisa. Isso pode ter ocorrido porque esse grupo teve maior contato pessoal com casos de suicídio, ou porque estava mais acostumado a participar de trabalhos sociais ou comunitários. Em circunstâncias como essa, ainda que haja uma contribuição ao debate científico e ao acúmulo de evidências a favor de alguma teoria ou hipótese, não se pode assegurar causalidade. Por esse motivo, ainda que compartilhem grande similaridade metodológica e procedimental com os experimentos, os quase experimentos não têm a mesma potência explicativa e científica, ainda que sejam em alguns casos a melhor solução possível.

1.7.2 Experimentos naturais

Já nos experimentos naturais, as pesquisadoras não apenas não designam os indivíduos aleatoriamente a diferentes condições experimentais como tampouco elaboram um tratamento. A única característica comum entre os experimentos naturais e os experimentos verdadeiros é a comparação entre diferentes grupos, dada uma designação "natural" de um certo estímulo. Isso porque os experimentos naturais são, na verdade, estudos observacionais cujos dados são analisados ao modo de um experimento, e o estímulo não é conduzido pelo pesquisador, mas por forças "naturais".

Um exemplo pode ajudar a entender melhor esse conceito. Imagine que você está preocupado com o fim da circulação de jornais importantes em algumas cidades e desconfia que a ausência de veículos de imprensa com maior credibilidade pode reduzir o engajamento cívico das pessoas, além de eliminar uma fonte de referência, em tempos de crescente circulação de *fake news*. Afinal, os jornais impressos têm sido vistos tradicionalmente como "cães de guarda" da sociedade, e sua circulação pode muito bem estimular seus leitores diretos e, indiretamente, os demais cidadãos[12] a participarem mais da vida comunitária e exigirem mais de seus governos. Portanto, você pode formular uma hipótese de que, quando um jornal deixa de circular em uma cidade, seus habitantes manifestarão menor engajamento cívico, ou seja, terão menos incentivos para fazerem coisas como contatar servidores públicos para expressarem suas opiniões, boicotar produtos ou serviços por motivos políticos e sociais, ou participar de reuniões comunitárias ou organizações sociais. Em uma situação como essa, você não poderia designar aleatoriamente cidadãos de uma cidade para dois mundos diferentes: um em que o jornal local mais importante deixou de existir e outro no qual esse jornal continua existindo. Também não poderia fechar jornais para implementar o *tratamento* necessário em um desenho verdadeiramente experimental. Nesse caso, a melhor solução possível é identificar cidades que perderam seus jornais impressos nos últimos tempos e observar mudanças em seus comportamentos, usando medidas tomadas antes e depois do fechamento desses veículos.

Foi o que fez o pesquisador Lee Shaker (2014), da Portland State University. Por problemas financeiros agravados pela crise econômica americana de 2008, os jornais *Rocky Mountain News*, de Denver, e *Seattle Post-Intelligencer*, de Seattle, encerraram sua circulação impressa no início de 2009. Ao analisar dados da pesquisa de opinião *Current Population Survey*, coletados em novembro de 2008 e novembro de 2009, Shaker observou mudanças importantes de comportamento dos habitantes dessas cidades. Mais que a média da variação ocorrida em outras localidades que não tinham perdido seus jornais entre um ano e outro, os habitantes de Denver e Seattle manifestaram menor engajamento cívico, pois os entrevistados em 2009 indicaram menor participação e atuação junto a organizações sociais e aos governos do que os entrevistados em 2008. É possível afirmar que o fechamento dos jornais foi *a causa* da diminuição do engajamento cívico nessas cidades? Certamente não. Mas o estudo, ainda assim, contribui com evidências empíricas que apoiam a expectativa de que os jornais impressos cumprem um papel importante na vida democrática e comunitária.

Eventos extraordinários, como pandemias, golpes de Estado, crises econômicas, decisões judiciais históricas, atentados terroristas e guerras, têm enorme potencial de transformação social e de influência sobre o comportamento de indivíduos, de empresas e dos governos em qualquer país. Entretanto, nenhuma pesquisadora tem condições de manipular *tratamentos* como esses, podendo apenas esperar que ocorram para analisar dados coletados antes e depois do evento e compará-los ao modo experimental.

12 Saiba mais sobre o processo de influência indireta da comunicação (*two-step flow*) em Katz (1957) e Druckman *et al.* (2017).

O fator distintivo dos experimentos naturais é a argumentação de que os grupos tratado e controle foram formados *como se* tivessem sido objeto de designação aleatória, ainda que não tenham sido sorteados. Como explica Thad Dunning (2012), muitos temas de interesse científico simplesmente não podem ser estudados com experimentos verdadeiros. Nesses casos, os experimentos naturais são a melhor solução.

1.8 CONCLUSÃO

Ainda que não saibamos, interagimos com experimentos praticamente todos os dias, atuando como objetos de pesquisa, não como pesquisadores. Quando usamos Google, Youtube, Instagram, Facebook ou LinkedIn, estamos, muitas vezes, participando – sem saber – de testes experimentais simples, conhecidos no mundo digital como testes A/B. Esses testes, vale dizer, não respeitam padrões éticos de pesquisa experimental pois não contam com o consentimento dos participantes, como veremos no Capítulo 7. Ainda assim, sua existência revela que experimentos podem servir para responder a um amplo conjunto de questões, desde as mais práticas e procedimentais, dos desafios profissionais e aplicados, às interrogações mais abstratas e teóricas, que se interessam por processos cognitivos, formação de atitudes e intenções de comportamento e comportamentos nas mais diversas áreas do conhecimento.

Este capítulo apresentou conceitos básicos e centrais da metodologia experimental para que você possa participar dos experimentos não só como objeto de pesquisa quando navega na internet, usa as redes sociais ou toma decisões de consumo, mas também como protagonista, desenhando, implementando e analisando experimentos. Além do breve resumo sobre os eventos históricos que deram origem à revolução experimental nas ciências sociais e na comunicação, o capítulo introduziu os principais conceitos para entendermos como funcionam os experimentos e para que servem. Expressões como designação aleatória, EMT, validade interna, quase experimentos ou experimentos naturais devem estar claras, a fim de que seja possível acompanhar o conteúdo dos próximos capítulos. O seguinte trata da mudança no contexto de realização dos experimentos, que cada vez mais têm saído dos laboratórios e ganhado as ruas, em busca de maior realismo e validade externa, que agora você já sabe o que é.

EXERCÍCIOS

1) Os estudos experimentais se prestam, em geral, a:

   a) indicar correlação entre duas ou mais variáveis

   b) conhecer a opinião de uma amostra representativa da população, por meio de *surveys*

c) conhecer a influência de um tratamento sobre a intenção de comportamento de um indivíduo
d) conhecer o efeito médio de um tratamento sobre o conjunto de indivíduos pesquisados

2) A principal característica dos experimentos que lhes permite estabelecer relações de causa e efeito é:

a) a designação aleatória dos participantes do estudo para cada condição experimental
b) o controle amplo da condução do experimento em um laboratório;
c) o uso de técnicas estatísticas avançadas, como a análise multivariada e a regressão
d) a designação dos participantes do estudo para cada tratamento a partir de critérios preestabelecidos

3) Entre os atributos dos experimentos, não se encontra:

a) a presença de método científico, com hipótese que possa ser testada e refutada
b) a obrigatoriedade de sorteio para a seleção de uma amostra representativa de participantes
c) a existência de proposição que descreva uma relação de causa e efeito
d) o controle que garanta que mudanças em uma variável dependente y advêm de mudanças em uma variável independente x

4) A validade interna de um experimento se refere:

a) à capacidade de demonstrar que um tratamento experimental foi a única causa de uma mudança observada na variável dependente
b) à capacidade de generalizar as conclusões de um experimento;
c) à garantia de que os efeitos estimados utilizaram a análise estatística adequada
d) à garantia de que os participantes do estudo representam adequadamente os indivíduos que receberão o tratamento

5) Um exemplo de limitação à validade externa de um experimento é:

a) o efeito *Hawthorne*
b) a mortalidade dos participantes
c) os problemas de validade ecológica
d) o efeito *halo*

6) Um exemplo de pergunta que pode ser respondida por meio de um desenho experimental é:

   a) quem é o melhor porta-voz para uma campanha publicitária
   b) qual é a intenção de voto para presidente dos eleitores de um país
   c) quais são os hábitos de alimentação mais comuns em uma população
   d) qual é o efeito do fechamento de um jornal impresso em dado município

7) Segundo McDermott, não se encontra entre as vantagens dos experimentos:

   a) a possibilidade de arbitrar entre resultados prévios inconsistentes ou contraditórios
   b) a facilidade de contornar dilemas éticos
   c) a possibilidade de validar empiricamente modelos formais
   d) a existência de triangulações metodológicas

8) A diferença entre os experimentos e os estudos quase experimentais é:

   a) a ausência de designação aleatória de participantes nos estudos quase experimentais
   b) a ausência de uso de Análise de Variância (ANOVA) nos estudos quase experimentais
   c) a ausência de um grupo controle nos estudos quase experimentais
   d) a ausência de controle em laboratório nos estudos quase experimentais

9) Os experimentos e os experimentos naturais possuem a seguinte característica em comum:

   a) ambos designam aleatoriamente participantes a um tratamento
   b) ambos comparam uma condição experimental a uma condição controle
   c) ambos comparam diferentes grupos
   d) ambos estabelecem relações causais com a mesma validade interna

10) O problema de descumprimento se refere às situações em que:

   a) os participantes do estudo atuam de modo artificial
   b) os participantes da condição experimental (tratamento) não transmitem informações aos participantes do grupo controle
   c) os participantes não recebem o tratamento do grupo ao qual pertencem
   d) os participantes não estão inseridos em um contexto espacial e temporal semelhante ao contexto real no qual os indivíduos receberão o tratamento

OLHA ESSA... TRABALHADOR NÃO PRECISA DESCANSAR? A HISTÓRIA DO EFEITO *HAWTHORNE*

Por Victor Gomes

Durante os anos 1920 e 1930, uma série de experimentos foi realizada no complexo fabril Hawthorne Works, da Western Electric Company, em Illinois, nos Estados Unidos. O objetivo era descobrir os fatores que aumentam ou diminuem a produtividade dos trabalhadores. Primeiro, os pesquisadores investigaram o efeito da iluminação sobre o desempenho dos funcionários. Enquanto o grupo tratado foi submetido a diferentes intensidades de luz durante o expediente, o grupo controle trabalhou com uma iluminação constante, sem variações. Para a surpresa dos investigadores, o resultado desse estudo indicou um aumento generalizado na produtividade dos dois grupos de empregados, o que foi atribuído ao fato de que os funcionários teriam se comportado de uma maneira diferente simplesmente porque sabiam que estavam participando de um experimento (Brannigan & Zwerman, 2001). Outro experimento mostrou que a introdução de períodos de descanso não aumentava a produtividade dos empregados, ao contrário do que se supunha. Mais uma vez, o efeito foi atribuído à situação artificial em que a fábrica se encontrava, já que o contexto experimental era do conhecimento de todos. Essa interferência no processo experimental foi apelidada de "efeito *Hawthorne*", sendo disseminada na literatura acadêmica a partir de 1953 (Wickström & Bendix, 2000). Apesar de críticas e contestações à conclusão de que resultados obtidos na Western Electric Company poderiam ser explicados pelo "efeito *Hawthorne*" (Jones, 1992), essa hipótese ganhou proeminência em campos como a psicologia social (O'Sullivan *et al.*, 2004).

GABARITO DOS EXERCÍCIOS

1) Os estudos experimentais se prestam, em geral, a:

   d) conhecer o efeito médio de um tratamento sobre o conjunto de indivíduos pesquisados.

2) A principal característica dos experimentos que lhes permite estabelecer relações de causa e efeito é:

   a) a designação aleatória dos participantes do estudo para cada condição experimental.

3) Entre os atributos dos experimentos, não se encontra:

   b) a obrigatoriedade de sorteio para a seleção de uma amostra representativa de participantes.

4) A validade interna de um experimento se refere:

   a) à capacidade de demonstrar que um tratamento experimental foi a única causa de uma mudança observada na variável dependente

5) Um exemplo de limitação à validade externa de um experimento é:

   c) os problemas de validade ecológica

6) Um exemplo de pergunta que pode ser respondida por meio de um desenho experimental é:

   a) quem é o melhor porta-voz para uma campanha publicitária?

7) Segundo McDermott, não se encontra entre as vantagens dos experimentos:

   b) a facilidade de contornar dilemas éticos

8) A diferença entre os experimentos e os estudos quase experimentais é:

   a) a ausência de designação aleatória de participantes nos estudos quase experimentais

9) Os experimentos e os experimentos naturais possuem a seguinte característica em comum:

   c) ambos comparam diferentes grupos

10) O problema de descumprimento se refere às situações em que:

   c) os participantes não recebem o tratamento do grupo ao qual pertencem

CAPÍTULO 2

Contextos experimentais

Este capítulo apresenta os três contextos nos quais se podem realizar pesquisas experimentais: em laboratórios, em *surveys* ou em campo. Organizadas nessa ordem, as seções seguintes revelam como a pesquisa experimental deixou de ser produzida exclusivamente em ambientes laboratoriais controlados nas universidades, ganhou novos e potentes instrumentos de coleta de dados e, mais recentemente, alcançou os espaços onde ocorrem naturalmente os fenômenos de interesse científico, inclusive nas mídias sociais, com alguns aspectos inovadores. Cada seção traz exemplos que procuram ilustrar a aplicação da metodologia experimental em laboratórios, em *surveys* e em campo, assim como suas vantagens e desvantagens. Os exemplos e as discussões em cada seção mostram a relevância da pesquisa experimental em cada um desses contextos para solucionar questões científicas aplicadas, assim como aperfeiçoar algumas teorias.

2.1 EXPERIMENTOS DE LABORATÓRIO

Os experimentos de laboratório, ao contrário do que o nome pode sugerir, não precisam ser realizados necessariamente em um laboratório com equipamentos específicos e códigos de controle de acesso e segurança. Ainda que isso seja mais comum nas áreas de biologia, física ou química, em muitas outras, como psicologia, comunicação, pedagogia, ciência política, economia ou sociologia, experimentos laboratoriais podem ocorrer em salas de aula, em laboratórios de informática, em espaços reservados em hotéis e centros de convenção, ou mesmo em instalações provisórias em espaços públicos, mantendo sempre protocolos rigorosos para a condução da pesquisa.[1] O que define um experimento de laboratório é o deslocamento físico de indivíduos a um local em que as pesquisadoras podem exercer um controle rigoroso sobre três etapas do estudo: a designação aleatória dos participantes a diferentes condições experimentais, a implementação de um tratamento e, finalmente, a mensuração da possível influência desse tratamento. Em alguns estudos, contudo, esse deslocamento é mandatório, como se verá nesta seção.

No início dos anos 1980, um dilema de causalidade do tipo "o ovo ou a galinha" – ainda presente nos estudos atuais – já dominava as discussões a respeito do grau de influência dos meios de comunicação sobre a sociedade. Não se sabia se a TV influenciava os temas que as pessoas citavam como mais importantes em pesquisas de opinião ou se os temas importantes para as pessoas eram escolhidos pelas emissoras de TV para compor seu noticiário.

Naquele período, as atenções estavam voltadas para a TV aberta, que vivia sua era hegemônica em vários países, onde milhões de pessoas gastavam várias horas do dia e da noite em frente à tela, escolhendo entre alguns poucos canais (Prior, 2007). Esse dilema aparentemente simples tratava de uma interrogação importante. Afinal, a mídia tinha apenas um "efeito mínimo" sobre a audiência, como sugeriam alguns estudos (Klapper, 1960), ou – na verdade – seria capaz de determinar os assuntos sobre os quais as pessoas pensavam, como propunha a hipótese do agendamento (McCombs & Shaw, 1972)?

A metodologia de pesquisa mais utilizada sobre efeitos de comunicação naquela época era a observacional, mais especificamente a baseada em *surveys*. Estes, que aplicavam questionários estruturados a uma amostra representativa da população, não permitiam elucidar o dilema. Isso porque, na mesma entrevista, as pessoas respondiam quais programas de TV assistiam e quais assuntos consideravam como os mais importantes. Ainda que houvesse uma associação entre as respostas, isso não permitia compreender a direção da causalidade, pois as variáveis independentes e dependentes haviam sido medidas ao mesmo tempo e por meio do mesmo instrumento de coleta (por exemplo, o mesmo questionário), gerando um problema de endogeneidade, devido a essa simultaneidade (Wooldridge, 2010). Como diz um ditado científico famoso, "correlação não necessariamente implica

1 Phua e Tinkham (2016) utilizaram uma sala reservada em um shopping center nos Estados Unidos como laboratório, para mostrar aos participantes vídeos de campanhas contra a obesidade. Já Kim (2022) instalou um laboratório na carroceria de um caminhão para investigar os efeitos de programas de TV sobre a confiança de indivíduos nos Estados Unidos em viverem o sonho americano de ascensão social (o famoso *American dream*).

causalidade" (em inglês, *correlation does not imply causation*). Naquele tempo, as pesquisas experimentais eram muito raras. Ainda assim, um estudo inovador não só trouxe uma explicação robusta para essa dúvida como deu origem a um dos artigos mais influentes na história da pesquisa em comunicação, depois reproduzido integralmente em pelo menos sete livros (McCombs, 1989; Whitney, 1984; Graber, 1984; Sears & Peplau, 1985; Kressel, 1993; Kinder & Palfrey, 1993; Davis, 1994).

Entre novembro de 1980 e fevereiro de 1981, Shanto Iyengar, Mark Peters e Donald Kinder realizaram dois experimentos no *campus* da Universidade de Yale, cujos resultados foram publicados em 1982. No total, 72 moradores da cidade de New Haven, onde fica a instituição, participaram dos estudos, que ocorreram por seis dias consecutivos em salas adaptadas da própria universidade. No primeiro dia, esses participantes responderam a um questionário inicial. Nos quatro dias seguintes, assistiram a noticiários de TV e, no último dia, responderam a um questionário final, que deveria captar o efeito dos tratamentos. Cada participante foi sorteado para um grupo, e cada grupo assistiu a um tratamento diferente, composto por uma versão ligeiramente editada do noticiário de um canal de notícias. Um grupo assistiu a mais reportagens sobre segurança nacional; outro, sobre poluição; e um terceiro, sobre inflação. Além disso, os vídeos exibidos a um grupo não faziam referência ao tema enfatizado nos demais grupos. Ou seja, quem assistiu a mais reportagens sobre segurança nacional não viu reportagem alguma sobre poluição ou inflação – e assim sucessivamente.

Ao responderem ao questionário final, os participantes foram perguntados sobre os temas que mais os preocupavam. Conforme a expectativa dos autores, a maior exposição à cobertura sobre segurança nacional ou poluição fez com que os participantes desses grupos mencionassem seus respectivos temas em maior medida que os demais grupos. A exceção foi a cobertura sobre a inflação, que não aumentou as menções ao assunto, pois este já registrava um nível de preocupação muito alto devido aos reflexos da crise do petróleo sobre os preços nos Estados Unidos, entre 1979 e 1981, período em que foi feita a pesquisa.

Por mais artificial que seja sair de casa para assistir à TV em uma sala adaptada de universidade, seria muito difícil realizar um experimento dessa natureza se cada participante estivesse em sua própria residência. Além disso, como fazer com que telejornais concordassem em editar seu conteúdo para permitir a realização de uma pesquisa? Como controlar o conteúdo recebido em aparelhos de TV domésticos? A execução de uma pesquisa dessa natureza fora do laboratório é, ainda hoje, impraticável. Portanto, diante de uma pergunta de pesquisa dessa natureza, só é possível encontrar uma resposta satisfatória em um estudo laboratorial.

Um exemplo ainda mais eloquente está na pesquisa sobre mal-estar midiático (*videomalaise*) de Diana Mutz e Byron Reeves (2005), que estudaram os efeitos nocivos que as grosserias ditas durante debates eleitorais de TV têm sobre a confiança que as pessoas depositam na política. Os pesquisadores contrataram e treinaram dois atores para representarem candidatos fictícios[2] a uma vaga na Câmara dos Deputados.[3] Esses atores representaram um debate eleitoral em um programa de TV, utilizando *teleprompters* para manter o conteúdo das intervenções de cada "candidato" o mais parecido possível entre as duas versões. Em uma delas, classificada como "civilizada", os candidatos se tratavam com respeito, dizendo coisas como: "Fico feliz que você tenha levantado este ponto, Bob..."; e: "Eu não discordo de todos os seus pontos, Bob, mas...". Além disso, esperavam de forma paciente a fala do adversário para retomarem a palavra. Na outra versão, "incivilizada", diziam coisas como "Você está realmente fugindo do tema, Neil..."; e: "O que Bob não está dizendo é que...". Pior, também se interrompiam mutuamente e manifestavam sua reprovação girando a cabeça de lado a lado enquanto o adversário falava.

Cada participante da pesquisa foi sorteado para assistir a uma das duas versões do debate e, ao final, responder a perguntas sobre seu nível de confiança nos políticos, no Congresso e no sistema de governo. Em todas essas dimensões, quem assistiu ao debate incivil manifestou níveis significativamente menores de confiança política em comparação com os participantes expostos ao debate civilizado, o que mostrou como a incivilidade entre os políticos deteriora a credibilidade de todo o sistema representativo.

Também nesse caso, teria sido impraticável realizar um experimento controlado em um contexto não laboratorial, com uma transmissão ao vivo para TVs das casas dos participantes, para seus computadores ou celulares. Além disso, não seria possível convencer dois candidatos reais a representarem versões mais ou menos civilizadas de debates, colocando em risco suas carreiras políticas em troca da oportunidade de aprendizado científico. Da mesma forma, não seria possível tecnicamente designar de forma aleatória conteúdos diferentes para essas TVs, esses computadores ou esses celulares. Portanto, o laboratório oferece o contexto mais adequado para um desenho experimental que procure investigar se a troca de grosserias entre políticos – como as que às vezes são ditas em debates eleitorais – é um mecanismo causal que explica a perda de confiança nas instituições.

Os estudos laboratoriais são muito importantes também por outra razão: algumas mensurações de resposta ou comportamentos só podem ser realizadas em espaços muito controlados, como mostra outro estudo de Mutz e Reeves publicado

2 O Capítulo 7 vai discutir questões éticas associadas a decisões de pesquisa, como o uso de candidatos ou conteúdos fictícios.

3 Nos Estados Unidos, as eleições para a Câmara dos Deputados ocorrem a cada dois anos, normalmente entre dois candidatos mais fortes – um democrata e um republicano –, que disputam uma única vaga em um distrito eleitoral. Quando um parlamentar não encerra seu mandato, uma nova eleição é realizada para a escolha do representante substituto.

no mesmo artigo. Para evitar respostas muito refletidas nos questionários e, às vezes, imprecisas, por motivos até inconscientes, eles decidiram realizar um estudo adicional com um grupo menor de participantes, que concordaram em ter eletrodos conectados às suas mãos enquanto assistiam a quatro debates: dois civilizados e dois incivilizados. Esses eletrodos mediram o nível de condutância dérmica das mãos (em inglês, *skin conductance level*), também conhecido como sudorese, o que indicava diferentes graus de envolvimento emocional com o conteúdo dos debates. Os resultados dessa etapa da pesquisa mostraram que o debate incivil produziu maiores reações emocionais que a versão civilizada e confirmaram, desse modo, um dado obtido em uma etapa anterior da pesquisa: as pessoas consideraram que as duas versões eram igualmente informativas, mas disseram que a versão incivil tinha maior valor como entretenimento, provocando maior excitação. As conclusões do estudo, portanto, foram algo sombrio, pois elas indicavam que os participantes preferiam assistir a debates políticos incivilizados, ainda que isso reduzisse sua confiança nas instituições políticas. O experimento trouxe importantes evidências da existência de um ciclo vicioso na democracia contemporânea: políticos incivilizados têm maior vantagem midiática e, com isso, podem conquistar maior atenção e votos; mas isso reduz a confiança dos cidadãos na política, ainda que continuem preferindo programas incivilizados porque consideram que eles são um entretenimento melhor que os programas civilizados.

Descobertas como essa, sobre o papel da televisão no funcionamento da democracia, mostram a importância dos estudos laboratoriais quando se é necessário manipular conteúdo audiovisual e, ao mesmo tempo, manter grande controle sobre a designação aleatória dos participantes, a implementação do tratamento e a mensuração das respostas. Essa não é uma regra universal, já que outros estudos sobre TV aberta foram realizados fora do laboratório, como veremos ainda neste capítulo. Todavia, para se estudarem vários temas e aspectos específicos do processo de influência da mídia sobre a sociedade, é simplesmente inviável se realizar um estudo experimental fora das condições laboratoriais. Não é possível editar telejornais e transmitir ao vivo duas versões a públicos diferentes, assim como não é possível pedir a políticos que protagonizem um debate civilizado e outro grosseiro, ou ainda manter dezenas de pesquisadoras simultaneamente em várias residências, medindo o nível de sudorese nas mãos de participantes da pesquisa enquanto estes estão confortavelmente instalados nos sofás de suas casas. Essas, definitivamente, são cenas improváveis.

2.1.1 Vantagens de se realizarem experimentos em laboratório

As pesquisas em laboratórios oferecem quatro vantagens principais sobre outros contextos experimentais. A principal delas, já mencionada, é a possibilidade de que a pesquisadora tenha um controle mais preciso e meticuloso na designação aleatória dos participantes, na administração de um tratamento e na mensuração do possível efeito provocado por esse tratamento. Esse controle maior é importante porque ele está na base da construção do conhecimento empírico-científico de natureza experimental (Falk & Heckman, 2009). Fora do laboratório, é mais difícil manter o controle sobre fenômenos ou eventos que ocorram em seus contextos naturais, que normalmente resultam de uma série de fatores, e não de apenas um efeito que se pretende isolar.

A segunda vantagem é que o laboratório também oferece as melhores condições para investigar diferentes etapas do processo causal, como fizeram Mutz e Reeves, que mensuraram não só as respostas de indivíduos a perguntas de questionário como também mediram com eletrodos seu grau de envolvimento emocional com o conteúdo dos debates eleitorais na TV. As reações emocionais normalmente ocorrem antes da formulação de opiniões ou manifestação de atitudes, o que só é possível observar utilizando-se diferentes técnicas de mensuração em diferentes cortes temporais. Medidas que impõem decisões rápidas aos participantes, por exemplo, podem captar de forma eficiente e robusta até mesmo efeitos de manipulações sutis, baseadas em mensagens subliminares ou inconscientes (Kam, 2007).

A terceira vantagem dos estudos laboratoriais é que eles permitem estudar eventos ou comportamentos que – fora desse contexto controlado – poderiam colocar em risco seus participantes. Por exemplo, em estudos sobre os efeitos da exposição de curto prazo a comerciais de carro, na TV, que glorificam o risco, utilizando cenas de automóveis em alta velocidade. Algumas pesquisas tratam da influência desses comerciais sobre a inclinação de telespectadores para o dirigir perigosamente, mesmo depois dessa exposição de curto prazo (Vingilis *et al.*, 2015; Gramacho, 2022). Razões morais e de segurança óbvias impedem a realização de um experimento dessa natureza fora do ambiente laboratorial.

Finalmente, a quarta vantagem é econômica. Experimentos laboratoriais são estudos, com frequência, feitos de forma barata e rápida, especialmente se os participantes forem estudantes universitários – no Capítulo 5, você vai saber melhor por que alunos de graduação participam como sujeitos em tantas pesquisas, algumas delas revolucionárias na história científica. Diante de restrições orçamentárias, temporais e logísticas que qualquer projeto de pesquisa pode enfrentar, os experimentos laboratoriais podem apresentar ganhos nada desprezíveis.

2.1.2 Desvantagens de se realizarem experimentos em laboratório

As desvantagens normalmente atribuídas a estudos de laboratório são seu artificialismo, o uso de amostras muito pequenas ou o recrutamento mais frequente de estudantes universitários, que não costumam ter as mesmas características sociodemográficas, cognitivas e atitudinais da população em geral. Além disso, os experimentos laboratoriais podem favorecer a ocorrência de problemas indesejados de comunicação entre pesquisadoras e participantes, resultando em efeitos de expectativa, efeitos de demanda ou efeitos *Hawthorne* (como vimos no capítulo anterior).

Alguns cuidados, entretanto, podem reduzir ou até eliminar essas desvantagens. O artificialismo pode ser diminuído com esforços para aumentar a validade ecológica dos experimentos, que são estratégias que buscam aumentar o realismo das condições em que é realizada a pesquisa. Estudos a respeito de efeitos de comunicação em comportamentos ao volante ou sobre duas rodas podem usar questionários para medir atitudes, mas também podem recorrer a simuladores (Vingilis *et al.*, 2015) ou a vídeos com imagens reais de situações no trânsito (Carey & Sarma, 2016).

Já amostras pequenas podem ser aumentadas se isso for, de fato, um problema no teste de hipóteses. Uma análise dos artigos publicados em 2016 por periódicos bem avaliados (Qualis/Capes A1) que descreviam experimentos sobre comunicação de utilidade pública mostrou que os estudos de laboratório tiveram, em média, 211 participantes, sendo que o menor deles contou com 68 indivíduos (Gramacho *et al.*, 2021). Cada grupo experimental em laboratórios tinha, em média, 71 participantes. Segundo Green & Aronow (2011), dois especialistas na análise de dados experimentais, mesmo em estudos com até vinte participantes, apenas em casos excepcionais o tamanho da amostra pode ser um problema para a identificação de relações causais, principalmente, na tentativa de se estimar o efeito causal médio de um experimento. O Capítulo 5 discutirá mais detalhadamente questões associadas ao tamanho da amostra.

Outra desvantagem potencial é a utilização frequente de estudantes universitários como amostra de conveniência – um tipo de amostra não probabilística que seleciona indivíduos para uma pesquisa conforme a facilidade de acesso a eles e sua disponibilidade de tempo. Isso se dá porque, muitas vezes, é caro, difícil e custoso levar pessoas até os locais onde se realizam os experimentos, principalmente se as sessões de tratamento e coleta de dados se dão em grupo. Nesses casos, coordenar diversas agendas e horários não é fácil. Ainda assim, pode-se evitar amostras de conveniência com estudantes universitários por meio do recrutamento de grupos mais heterogêneos para estudos que se realizem nas universidades ou deslocar uma estrutura laboratorial provisória para um local em que seja mais fácil estudar pessoas com perfil mais diversificado e semelhante ao da população em geral, como em rodoviárias urbanas, centros comerciais ou outros locais públicos de maior trânsito de pessoas.

Além disso, o contato entre pesquisadoras e participantes, que pode gerar algum tipo de efeito indesejado de comunicação ou observação, é normalmente contornável mediante a realização de análises duplo-cego. Em análises experimentais desse tipo, nem o participante nem os responsáveis pela aplicação da pesquisa sabem o que está sendo manipulado ou estudado. As responsáveis pela pesquisa, nesse caso, não se envolvem na implementação do estudo e na coleta dos dados, que ficam a cargo de assistentes que não conhecem o objetivo do projeto.

Finalmente, há o problema dos participantes "profissionais", que são indivíduos frequentemente recrutados para participarem de experimentos e que adquirem conhecimento sobre diversos estímulos experimentais em estudos de laboratório. Esses participantes às vezes conseguem "adivinhar" o que os pesquisadores estão manipulando e quais suas intenções com tais manipulações, o que pode comprometer os resultados de um experimento, pois esses participantes podem se comportar de modo artificial, seja para confirmar essas expectativas ou para frustrá-las propositalmente.

2.1.3 Quando utilizar experimentos de laboratório

Os estudos de laboratório, portanto, têm seu lugar de importância na pesquisa experimental por dois motivos: (1) alguns problemas de pesquisa exigem controle absoluto das etapas de designação aleatória, tratamento e mensuração; e (2) algumas pesquisas podem ser tão bem desenhadas que um estudo laboratorial é suficiente para trazer uma grande inovação. Apesar da aparente simplicidade de alguns desenhos experimentais de laboratório feitos com estudantes universitários, seu potencial para apontar relações de causalidade e fazer avançar o conhecimento científico não deve ser menosprezado. Estudos realizados nesse contexto foram suficientes, por exemplo, para que Daniel Kahneman e Amos Tversky (1979)[4] formulassem a teoria prospectiva, fundamental no campo da economia comportamental e decisiva para que Kahneman fosse premiado com o Nobel de economia, em 2002 (leia mais na Seção "Olha essa...").

2.2 EXPERIMENTOS EM *SURVEYS*

Os experimentos inseridos em *surveys* (*survey experiments*) são vistos por alguns autores como uma combinação entre a metodologia observacional e a metodologia experimental (Mutz, 2011). Afinal, essa técnica combina a potência dos experimentos para identificar relações de causa e efeito – por meio da designação aleatória dos participantes – com a capacidade dos *surveys* de obterem dados representativos de uma população de interesse – mediante a construção de uma amostra aleatória dessa população. Nem sempre um estudo consegue aplicar um *survey* a uma amostra representativa de uma população de interesse. Às vezes, só

4 Essa teoria, utilizada amplamente na economia, sugere que nossas preferências não são racionais, mas podem ser alteradas se uma determinada decisão é apresentada sob a forma de ganhos ou de perdas.

é possível conseguir amostras não representativas – como as de conveniência feitas com estudantes universitários matriculados em uma disciplina. No entanto, quando uma amostra é representativa da população que se quer estudar, os experimentos realizados podem reivindicar grande validade interna, como também externa. A definição de experimentos em *surveys* é bastante simples: são estudos que designam aleatoriamente a diferentes condições experimentais os respondentes de um *survey*, que, preferencialmente, formam uma amostra representativa da população de interesse da pesquisa. Menos simples, contudo, são as características e os desafios de implementação desse tipo de experimentos, como veremos a seguir.

Há quatro formas de se coletarem dados em um *survey*. A primeira delas é fazer isso pessoalmente, com visitas de entrevistadores em domicílios ou a interceptação de pessoas em locais de grande fluxo, como estações rodoviárias, centros comerciais ou ruas movimentadas.[5] A segunda forma é pelo telefone, especialmente com a ajuda de sistemas computadorizados de discagem aleatória e automática (*computer-assisted telephone interviewing* – CATI).[6] A terceira forma é o *survey* por correio. Esse modo de coleta é bastante comum nos Estados Unidos e em alguns outros países, ainda que muito pouco frequente no Brasil. Os participantes recebem o questionário como uma correspondência normal e devolvem-no também pelo correio após respondê-lo. Finalmente, a quarta e mais recente forma é pela internet, onde algumas empresas utilizam bancos de respondentes, que se oferecem para participar de pesquisas sobre diversos temas, geralmente mediante alguma remuneração.[7]

Experimentos feitos pessoalmente ou pelo telefone têm sido cada vez menos comuns com o crescimento do acesso à internet e a criação desses bancos de respondentes. A composição sociodemográfica desses bancos, também conhecidos como *painéis*, tem se assemelhado muito às características de populações nacionais em diferentes países, principalmente devido à crescente popularização do acesso à internet (Hays *et al.*, 2015). Além disso, à exceção dos casos em que a população-alvo vive em condições de extrema pobreza ou outras condições que inviabilizam o acesso à internet, são raros os problemas de pesquisa experimentais que demandariam, necessariamente, a realização de *surveys* pessoais ou telefônicos.

No primeiro caso, a grande vantagem está no contato presencial entre duas pessoas, o que permite estudar como algumas características físicas observáveis

5 No Brasil, a empresa Quaest realiza entrevistas domiciliares em seus *surveys*, enquanto o Instituto Datafolha costuma aplicar questionários em pontos de fluxo.

6 Ipespe e Instituto FSB são empresas que costumam aplicar *surveys* por telefone.

7 No Brasil, a empresa Netquest mantém um painel com aproximadamente 185 mil respondentes cadastrados que participaram de ao menos uma pesquisa em 2021. Exemplo de experimento em *survey* com uso do painel da Netquest pode ser encontrado em Gramacho & Turgeon (2021).

visualmente podem ter influência sobre as respostas de entrevistados. Alguns estudos feitos com essa técnica apontam, por exemplo, que entrevistados brancos manifestam opiniões mais liberais e favoráveis à população negra quando entrevistados por pessoas negras do que por entrevistadores brancos (Hatchett & Schuman, 1975). Ainda assim, experimentos semelhantes podem ser feitos por telefone, em que a raça do entrevistador é deduzida a partir de características da sua voz (Davis & Silver, 2003), ou até mesmo por comunicação digital (como por e-mail) nos países em que certos nomes estão fortemente associados a uma raça (Einstein & Glick, 2017). Outra antiga vantagem de *surveys* presenciais era a utilização de materiais como vídeos, áudios e conteúdo impresso. Mas, há alguns anos, eles vêm podendo chegar pela internet a uma amostra nacional de entrevistados de forma muito mais barata e rápida (Hopkins, 2014). São raras, portanto, as situações em que um experimento inserido em *survey precisa* ser realizado de forma presencial.

No caso de experimentos inseridos em *surveys* telefônicos (sejam fixos ou celulares), o fator distintivo na interação humana é a voz. Assim, uma forma de se isolar o efeito da voz de outras características pessoais (como etnia, idade, peso ou altura) é realizar um experimento em um *survey* telefônico. Um estudo com essas características mostrou, por exemplo, que características como entonação, fluência e velocidade na fala não têm efeitos sobre o grau de cooperação dos entrevistados em uma pesquisa telefônica (Van der Vaart *et al.*, 2005). Entretanto, também é possível estudar o efeito da voz em experimentos realizados pela internet (Klofstad *et al.*, 2015). Além disso, em muitos casos, os *surveys* telefônicos são mal recebidos por potenciais entrevistados, que os confundem com abordagens de marketing e tentativas de golpe ou, simplesmente, consideram essa abordagem inconveniente ou invasiva. Por isso, algumas regulações têm restringido o acesso de empresas (inclusive de pesquisa) aos números telefônicos da população.[8]

Essas são algumas das razões práticas e instrumentais pelas quais os experimentos em *surveys* têm sido, cada vez mais, implementados em plataformas digitais e na internet.[9] Mas há outros motivos, substantivos, para se conduzirem esses estudos na web. Um deles é o aumento da validade ecológica de pesquisas que analisam fenômenos que ocorrem, essencialmente, no ambiente digital, como os efeitos sobre os leitores de erros e correções em notícias associadas a grandes portais ou ao WhatsApp (Gramacho *et al.*, 2022). Também no ambiente digital valem ser desenvolvidos, por exemplo, estudos sobre *fake news*.

Um dos efeitos perversos de campanhas que difundem a desinformação tem sido a queda da cobertura vacinal contra algumas doenças, o que expõe milhares

8 Veja, por exemplo, o *Telemarketing Consumer Protection Act*, de 1991, nos Estados Unidos, ou o *Não me perturbe*, de 2019, no Brasil.

9 Os experimentos em *surveys* também oferecem um contexto especificamente favorável a aplicações de medidas com visualização das escalas, como nos termômetros afetivos ou escalas de concordâncias (Bowyer & Rogowski, 2017).

de crianças, adultos e idosos a enfermidades que poderiam ser mais bem controladas, ou até mesmo estar erradicadas, como o sarampo. Mas como desmentir notícias falsas sobre as vacinas? Como explicar para pais e mães que a vacina tríplice viral – que protege contra sarampo, caxumba e rubéola – não causa autismo (DeStefano *et al.*, 2013), conforme sugerem notícias falsas muito populares na internet? Quatro pesquisadores de universidades americanas e britânicas buscaram respostas para essas perguntas utilizando um experimento inserido em um *survey* na internet (Nyhan *et al.*, 2014).

O estudo usou um painel on-line de respondentes, com uma amostra representativa da população americana.[10] Ao todo, 1.579 pais e mães com filhos de até 17 anos participaram das duas etapas da pesquisa. Na primeira etapa, eles apenas responderam a questões sobre as condições de saúde de seus filhos e filhas, o cumprimento do calendário de vacinas e o nível de confiança que depositavam em profissionais de saúde. A segunda foi realizada doze dias depois, para evitar que as respostas sobre padrões de comportamento e atitudes em relação às vacinas afetassem a mensuração do efeito do tratamento preparado pelos pesquisadores: quatro mensagens pró-vacinação.

Nessa rodada final, os entrevistados foram sorteados aleatoriamente – por computador – para lerem apenas uma dessas quatro mensagens, ou para um grupo de controle que não recebeu nenhuma mensagem. Para aumentar o realismo do teste, três dessas mensagens eram versões adaptadas de materiais de fato utilizados em campanhas do órgão americano de controle de doenças (*Centers for Disease Control and Prevention* – CDC). Uma delas corrigia a informação de que a vacina tríplice viral causava autismo; outra alertava para os riscos da doença; e a terceira usava uma narrativa mais dramática sobre uma criança que quase morreu de sarampo. A quarta mensagem mostrava imagens de crianças infectadas pelas três doenças.

Aplicados os tratamentos e analisados os resultados, os pesquisadores descobriram que nenhuma das mensagens aumentou a intenção declarada de pais e mães em vacinarem seus filhos e filhas com a tríplice viral. Em alguma medida porque a intenção de vacinação já era muito alta. Entretanto, o estudo descobriu que a correção da *fake news* que associava a vacina ao autismo, na verdade, reduzia a intenção de vacinação. Para entender melhor esse resultado, os pesquisadores aprofundaram sua análise. Como a pesquisa contava com um

---

10 Os pesquisadores contrataram a empresa *Knowledge Networks*, que elaborou seu painel por meio do recrutamento de milhares de pessoas nos Estados Unidos, selecionadas de forma probabilística, de modo a obter uma amostra representativa da população. Essas pessoas foram contatadas de diferentes formas, inclusive por telefone e pessoalmente em suas residências. Para aqueles que não dispunham de acesso à internet, a empresa doou equipamentos e conexão necessários para que pudessem responder às pesquisas.

grande número de entrevistados, foi possível separar os 340 participantes que receberam a correção dessa desinformação em três subgrupos: um muito favorável à vacinação, outro moderadamente favorável e um terceiro mais cético em relação às vacinas. Os resultados mostraram que a correção não tinha qualquer efeito sobre os dois primeiros grupos, mas aparentemente dava uma "razão" para que pais e mães reticentes em relação à vacina manifestassem menor intenção de vacinar seus filhos depois de lerem um texto que corrigia uma informação errada. Inseguros ou avessos às vacinas, eles podem ter sido estimulados pela correção a preocuparem-se com os efeitos do imunizante, ainda que não necessariamente com o autismo.

Essa descoberta pode ser analisada sob dois aspectos. Um substantivo e outro metodológico. Em termos substantivos, a pesquisa mostra como ainda estamos distantes de encontrarmos uma "vacina" contra as *fake news*, especialmente porque elas tocam em temas e processos cognitivos e decisórios diferentes e complexos. Ainda se sabe muito pouco sobre como lidar com esses padrões de desinformação, que são uma verdadeira pandemia desinformacional. Contudo, em termos metodológicos, esse experimento inserido em um *survey* traz duas excelentes vantagens. A primeira é a possibilidade de se analisarem respostas de uma amostra representativa da população, dando ao estudo grande grau de validade externa. E a segunda é a chance de contar com um número suficientemente grande de pessoas, o que permite investigar padrões de heterogeneidade causal em subgrupos, que podem ser organizados, por exemplo, segundo faixas etárias, gêneros ou intenção de vacinar suas crianças, como no caso desse estudo.

2.2.1 Vantagens de se realizarem experimentos em *survey*

Há pelo menos cinco grandes vantagens de se utilizarem experimentos inseridos em *surveys* quando comparados às características dos estudos laboratoriais.[11] A primeira delas diz respeito ao perfil dos participantes. Se, em laboratórios, o mais comum é que se utilizem estudantes universitários como amostras cativas e de conveniência, o contexto dos *surveys* amplia consideravelmente a abrangência dos experimentos. É mais fácil ter acesso a amostras representativas de populações de interesse, a grupos simplesmente mais heterogêneos ou a grupos mais específicos. Amostras representativas, isto é, baseadas em seleções probabilísticas, permitem que os resultados do estudo sejam interpretados como a expressão da população que ele retrata. Mesmo que uma amostra não seja completamente representativa, ela

11 A relação de vantagens e desvantagens citadas nesta seção consolida e resume aspectos citados por Reips (2000) e por Mutz (2011).

pode ter suficiente heterogeneidade etária, educacional ou econômica para permitir que se argumente que um certo efeito observado não ocorre apenas com participantes com alto nível de escolaridade e de alta capacidade cognitiva (como alunos de graduação universitária). Além disso, essa estratégia de amostragem contorna o problema de seleção de participantes em amostras por conveniência. No caso específico dos experimentos on-line, ademais, é possível reunir mais facilmente uma amostra numerosa de indivíduos com características particulares, como mães e pais de crianças com idade para serem vacinadas pela tríplice viral, eleitores de partidos extremistas ou jovens da comunidade LGBTQ+.

A segunda vantagem dos experimentos em *surveys* sobre os estudos laboratoriais é a possibilidade de se coletarem dados sobre um grande número de indivíduos, o que permite aplicar técnicas estatísticas mais sofisticadas para investigar diferenças sutis entre condições experimentais e mesmo para descobrir padrões de heterogeneidade causal entre diferentes segmentos da amostra. Descobrir efeitos mais tênues ou circunscritos a subgrupos amostrais seria muito improvável em um estudo de laboratório, em que os participantes normalmente são contados em dezenas, e não em centenas ou milhares.

A terceira vantagem é que os experimentos inseridos em *surveys* ocorrem fora dos laboratórios, em contextos mais naturais e realistas, o que tende a resultar em estudos com maior validade externa. Os participantes normalmente estão em suas casas, na escola ou no trabalho, usando seu próprio telefone celular ou computador enquanto participam do estudo. O experimento chega até eles, e não o contrário. Além disso, a participação na pesquisa pode se dar a qualquer hora do dia ou da noite, em qualquer dia da semana, e não em horário e local predeterminados pelas pesquisadoras. Ainda que responder a uma pesquisa no celular sobre uma campanha a favor da vacinação não seja o mesmo que levar filhos para se vacinarem, ir até uma sala universitária para responder a essa mesma questão torna a experiência mais artificial.

Os experimentos em *surveys* também têm vantagens sobre os laboratoriais por motivos financeiros e logísticos. Uma quarta vantagem desse contexto de pesquisa é que não há custos com uso ou aluguel de espaço, reprodução de material, contratação de assistentes, uso de equipamentos, entre outros itens. Para citar novamente o estudo sobre a vacina tríplice viral, limitações financeiras e logísticas óbvias dificultariam a presença de mais de 1.500 pais e mães vindos de diferentes partes do país para participarem de uma pesquisa em uma universidade por quase um mês. Ainda que os experimentos em *survey* tenham custos, eles são menores quando divididos pelo número de participantes. Também são menores os riscos de problemas logísticos durante estudos presenciais, por exemplo, falta de luz, chuvas torrenciais, problemas técnicos em projetores ou computadores que impeçam a realização do estudo como um todo. Nos experimentos em *survey*, esses riscos estão distribuídos entre várias entrevistas, quando ocorrem presencialmente ou por telefone, ou em inúmeros acessos independentes a uma plataforma de pesquisa, quando são feitos pela internet.

Finalmente, a quinta vantagem é a qualidade da participação dos indivíduos que concluem o experimento. Sua adesão é voluntária e, mesmo que, por vezes, remunerada, não está constrangida por nenhum tipo de coerção social ou estímulo de colegas ou professores, como pode ocorrer em pesquisas com estudantes universitários. Particularmente em experimentos inseridos em *surveys* on-line, os participantes têm maior privacidade para registrarem suas respostas, pois não há uma pessoa na sua frente aplicando um questionário – nem alguém do outro lado da chamada telefônica fazendo perguntas e aguardando uma resposta. São menores, portanto, as chances de uma comunicação indevida entre pesquisadores e participantes, produzindo efeitos de demanda ou introduzindo – na etapa da coleta – um viés dos pesquisadores. Também são menores os riscos de que os resultados dos experimentos sejam obtidos por uma combinação entre o efeito do tratamento aplicado e um estímulo motivacional tácito para que os participantes estejam mais atentos e ativos durante o estudo. A realização de experimentos on-line elimina esse possível incentivo motivacional, pois não há contato entre as participantes e as pesquisadoras.

Além dessas vantagens sobre estudos laboratoriais, os experimentos em *surveys* também possuem uma utilidade importante para os próprios estudos observacionais. Diana Mutz, ex-coordenadora de uma reconhecida plataforma de pesquisas acadêmicas que utilizam experimentos em *surveys* populacionais,[12] lembra que o caráter híbrido (experimental e observacional) dos experimentos inseridos em *surveys* faz com esses estudos contribuam não apenas por indicarem relações de causalidade, mas também por aprimorarem a mensuração de parâmetros que estão mais sujeitos a imprecisões em *surveys* convencionais. Ou seja, alguns experimentos podem melhorar a qualidade dos *surveys*. Isso ocorre, por exemplo, diante de perguntas sobre temas sensíveis para alguns, como raça, gênero, sexualidade e uso de drogas ilícitas, entre outros. Nesses casos, os entrevistados podem ser tentados a responder de modo socialmente desejado, ainda que suas respostas não sejam sinceras. Para exemplificar, a técnica do experimento em lista, que veremos com mais detalhes no Capítulo 4, tem sido vista como um dos recursos mais adequados para oferecer maior privacidade aos entrevistados e captar medidas verdadeiras sobre atitudes, opiniões ou comportamentos em temas sensíveis.[13]

---

12 *Time-sharing Experiments for the Social Sciences* (TESS). Mais informações podem ser obtidas no site <tessexperiments.org>, incluindo o acesso a bases de dados.

13 Outras técnicas úteis também são o *implicit goal priming* (Rasinski *et al.*, 2005) e a ancoragem (Hopkins & King, 2010; King & Wand, 2007).

2.2.2 Desvantagens de se realizarem experimentos em *survey*

Como qualquer opção metodológica, os experimentos inseridos em *surveys* também têm suas desvantagens e limitações. Cinco delas merecem maior atenção. A primeira diz respeito às possibilidades de mensuração de respostas decorrentes dos estímulos experimentais. No laboratório, pode-se medir as reações fisiológicas dos participantes, observar seu comportamento ou registrar suas respostas em questionários pré e pós-tratamento. Nos experimentos inseridos em *surveys*, entretanto, só é possível avaliar as respostas dos participantes às perguntas do questionário ou seu comportamento digital em algum site ou rede social vinculado à pesquisa. Não há como monitorar o participante com eletrodos ou observar seu comportamento não digital.

Em segundo lugar, especificamente nos experimentos on-line, a privacidade dada aos participantes traz a inconveniência de que eles possam trapacear ao responder mais de uma vez o mesmo questionário, para obter vantagens ou tentar influenciar os resultados, tomar pouco tempo para refletir sobre as questões e oferecer respostas descompromissadas; ou tomar tempo demais, por exemplo, para consultar outros sites antes de marcar a alternativa de cada resposta[14]. Para esses problemas, há soluções específicas, como eliminar registros de IPs duplicados, assim como os questionários respondidos fora de um intervalo temporal que seja considerado adequado pelas pesquisadoras. Algumas plataformas de pesquisa inclusive indicam a expectativa de tempo para que uma pesquisa seja respondida.[15] Além disso, a qualidade da participação dos indivíduos pode ser avaliada com a inclusão de perguntas de checagem de atenção e manipulação, que serão discutidas no Capítulo 8. Ainda assim, controles de qualidade são importantes para evitar que se contabilizem questionários respondidos de modo descuidado.

A impossibilidade de comunicação dos participantes com as pesquisadoras é outra limitação que impõe riscos a um estudo desse tipo. Afinal, perguntas ou comandos do *survey* que sejam ambíguos ou mal redigidos não poderão ser explicados pelas pesquisadoras durante a entrevista. Para se evitar esse problema, é crucial a realização de uma ou mais rodadas de testes prévios que avaliem o instrumento de coleta dos dados (por exemplo, o questionário), como veremos também no Capítulo 8. Além disso, mesmo durante a coleta dos dados, convém manter no questionário uma questão aberta para comentários ou sugestões. Estimular essa participação pode ser útil para, se possível, corrigir algum trecho ou questão

---

14 Relatos sobre trapaças desse tipo aparecem, por exemplo, nos trabalhos de Clifford e Jerit (2016) e de Smith *et al.* (2020).

15 Um exemplo é a plataforma eslovena *1ka.si*.

durante a coleta de dados, evitando que se perca o trabalho e que seja necessário repeti-lo por completo.

A quarta desvantagem desses experimentos é a possibilidade de que os indivíduos que se disponham a participar dos estudos tenham características não observáveis no momento da seleção que podem enviesar os resultados da pesquisa. Por exemplo, traços de personalidade, motivações cognitivas e sociais, ou o nível de engajamento político podem aumentar o interesse de algumas pessoas em participar de *surveys*, enquanto reduzem a motivação de outras.

Finalmente, a quinta e última desvantagem mais relevante dos experimentos em *surveys*, quando comparados aos estudos laboratoriais, é a taxa de desistência (*dropout*) dos participantes ao longo do experimento. O abandono do questionário em diferentes etapas pode ter diversas razões. Algumas delas estão associadas ao próprio participante, que pode ter avaliado mal o tempo disponível para participar da pesquisa, pode ter sido chamado com urgência para uma reunião ou pode ter se lembrado de que havia deixado uma panela aquecendo no fogão, enquanto se distraía na internet. Em geral, esses eventos são aleatórios e não apresentam muitos riscos para o estudo, pois tendem a distribuir-se aleatoriamente entre as diferentes condições experimentais.

Entretanto, é diferente quando essa desistência não está associada às necessidades e circunstâncias do participante, mas às características do estudo, que podem provocar uma evasão maior de indivíduos expostos a um dos tratamentos. Isso pode ocorrer, entre outras razões, por cansaço diante de conteúdos difíceis ou enfadonhos, por aversão a mensagens cujo conteúdo possa ser sensível ou ofensivo, ou por desconforto diante de imagens que incitem nojo ou medo, entre outras razões. Imagine, por exemplo, que, no estudo sobre a vacina tríplice viral, o grupo que foi exposto a imagens de crianças infectadas poderia ter registrado uma taxa de desistência muito mais alta que a dos demais. Nesse caso, a intenção de vacinação nesse grupo não poderia ser comparada diretamente à dos demais grupos. Essa medida deveria ser interpretada como a combinação de dois efeitos: a desistência de alguns indivíduos em participar do estudo e a intenção de vacinação dos que concluíram a participação na pesquisa. Ou seja, o estudo teria perdido validade interna na comparação desse grupo experimental com os demais, pois não seria mais possível saber qual intenção de vacinação tinham as pessoas que desistiram do *survey* após serem expostas à foto. Essas pessoas poderiam ter tido menor intenção de vacinação – por medo de que efeitos adversos da vacina afetassem seus filhos –, maior intenção de vacinação – por medo de que as doenças preveníveis pela vacina afetassem seus filhos –, ou intenção de vacinação semelhante à dos demais indivíduos do grupo, apesar de terem desistido de participar da pesquisa após a exposição à imagem. Essa análise, entretanto, depende do registro das taxas de desistência, que são a única forma de lidar com essa última desvantagem dos experimentos em *surveys* em relação aos estudos laboratoriais.

2.2.3 Quando utilizar experimentos em *survey*

Problemas de pesquisa experimental que exigem uma resposta representativa do conjunto populacional são candidatos naturais a encontrar melhores desenhos em estudos inseridos em *surveys*. Desafios para estimular a mudança do comportamento social frequentemente têm como propósito dirigir mensagens efetivas a públicos amplos e dispersos geograficamente, quando não a toda a sociedade. O teste dessas mensagens, entre outros estímulos, pode ser decisivo para promover o progresso social em temas como a saúde coletiva, a educação ambiental, o racismo, a desigualdade de gênero e o respeito à diversidade sexual ou religiosa. Além disso, no caso específico de *surveys* on-line, a coleta de dados se dá de forma mais rápida, o que pode ser relevante diante de desafios urgentes, como os que resultam de pandemias e outros eventos sanitários, crises políticas ou colapsos econômicos.

2.3 EXPERIMENTOS DE CAMPO

Os experimentos de campo se distinguem dos estudos laboratoriais e daqueles inseridos em *surveys* em um aspecto muito específico: esse tipo de estudo se desenvolve no contexto natural em que ocorre o fenômeno que se quer investigar. Ou seja, os participantes não precisam se deslocar para um laboratório nem recebem convites para responder a *surveys* em casa, ao telefone ou na web. Com frequência, eles nem sequer sabem que estão atuando sob condições experimentais definidas por pesquisadoras. Neste livro, os experimentos de campo são definidos como *estudos nos quais as pesquisadoras procuram designar aleatoriamente indivíduos para diferentes condições experimentais em que os tratamentos são administrados de forma discreta e nos quais, com frequência, esses indivíduos desconhecem que seu comportamento está sendo observado.*

Qual é a principal vantagem dos experimentos de campo sobre os demais contextos de pesquisa experimental? Sua validade externa, isto é, sua capacidade de apontar e mensurar com mais precisão relações de causa e efeito observadas em condições naturais, e não no espaço controlado de um laboratório ou durante uma entrevista de *survey*. Sua maior desvantagem? Durante um experimento de campo, é muito mais difícil manter o controle sobre a designação aleatória dos participantes e o tratamento dos grupos que devem ser tratados. Além disso, submeter, sem prévia autorização, indivíduos a uma pesquisa experimental pode levantar questões éticas, como esta seção discutirá mais à frente. Antes de tratar dos desafios e riscos dos experimentos de campo, porém, convém entender melhor como eles funcionam e qual tem sido sua contribuição para a pesquisa científica em diferentes áreas.

Na ciência política, por exemplo, um dos maiores dilemas de uma campanha eleitoral é como transformar em votos o investimento feito em propagandas no rádio e na TV. O dinheiro deve ser concentrado para aumentar a exposição em um curto período? Ou deve ser distribuído para manter o nome da candidata presente na mídia por mais dias durante a campanha? Essas decisões têm efeitos sobre a intenção de voto dos eleitores? Se têm, quanto tempo duram esses efeitos? Um experimento de campo conduzido por alguns dos maiores especialistas nessa técnica oferece respostas interessantes e empiricamente fundadas a essas questões.

Em 2006, Alan Gerber, James Gimpel, Donald Green e Daron Shaw conseguiram medir diariamente, durante algumas semanas, o efeito do investimento em anúncios na TV e no rádio sobre as intenções de voto no candidato à reeleição para o governo do Texas, Rick Perry, do Partido Republicano (Gerber *et al.*, 2011). Ainda durante as eleições primárias,[16] dez meses antes da eleição geral, os quatro pesquisadores foram autorizados a utilizar 2 milhões de dólares do orçamento publicitário do candidato para comprar, durante três semanas, anúncios em dezoito dos vinte mercados de mídia do estado.[17] Os pesquisadores sortearam diferentes planos de mídia para cada uma dessas regiões, com diferentes variações no número de inserções dos anúncios. Alguns mercados de mídia não tiveram nenhuma inserção ao longo das três semanas. Outros tiveram a inserção máxima durante todo o período, de 1.000 GRPs (*Gross Rating Points*),[18] que é uma medida de impacto usada no mercado publicitário. As demais regiões receberam diferentes combinações de investimentos na compra de espaço no rádio e na TV, com inserções sempre crescentes ao longo das três semanas.

Como as eleições só ocorreriam meses depois, o estudo não pretendia avaliar o efeito da compra de espaço publicitário sobre o voto, concretamente, mas sobre as intenções de voto meses antes da eleição. Para monitorar essas intenções de voto durante o período da pesquisa, foi realizado um *survey* telefônico com 1.000 entrevistas diárias a eleitores do Texas, que respondiam, entre outras questões, à pergunta sobre em quem votariam para o governo do estado se as eleições ocorressem naquele dia da entrevista. As respostas foram agrupadas em cada um dos dezoito mercados de mídia, para permitir a comparação com os investimentos.

---

16 Nos Estados Unidos, os candidatos disputam eleições dentro de seus partidos antes de disputarem as eleições gerais contra candidatos de outros partidos ou independentes.

17 Os mercados de mídia marcam as fronteiras dentro das quais operam diferentes serviços de TV a cabo e rádios no Texas. Os dois mercados excluídos foram aqueles considerados mais importantes para a eleição e sobre os quais o *staff* da campanha preferiu ter autonomia para decidir sobre investimentos de mídia em todo o período, quando Perry ainda disputava as eleições primárias em seu partido.

18 A inserção máxima foi estipulada pelos pesquisadores como 1.000 GRPs (*Gross Rating Points*). Cada um desses pontos equivale a 1% da audiência. Portanto, os 1.000 pontos poderiam ser representados pela chance de que cada indivíduo assistisse ao comercial por 10 vezes naquela semana.

Feitas as análises, os resultados mostraram que a compra de comerciais na TV produziu um efeito claramente positivo sobre as intenções de voto, mas o mesmo não ocorreu com os investimentos no rádio. Além disso, a diferença entre veicular a quantidade máxima planejada de anúncios em um mercado de mídia e não veicular anúncio algum em um mercado semelhante era de aproximadamente cinco pontos percentuais em intenções de voto da disputa eleitoral.[19] Uma diferença que, à primeira vista, pode não parecer expressiva, mas que meses depois teria sido suficiente para mudar o resultado da eleição.[20] Ou seja, investir recursos em propagandas de TV faz diferença e a quantidade importa.

Por quanto tempo duraram esses efeitos? Muito pouco, segundo os pesquisadores. Os efeitos foram observados apenas na semana em que os anúncios eram veiculados. Uma semana depois, já não marcavam nenhuma diferença estatisticamente significativa, quando comparadas as intenções de voto nos mercados de mídia que exibiram a quantidade máxima de propagandas e naqueles em que não houve nenhum investimento. O resultado desse experimento de campo permite que se tenha uma expectativa mais realista sobre os efeitos esperados de investimentos em mídia durante uma eleição. O investimento em TV é importante – mais que no rádio –, mas seus efeitos não duram muito tempo. Portanto, ele deve ser sustentado ao longo da campanha ou concentrado ao final dela.

Se um estudo semelhante fosse realizado em laboratório, é possível que os resultados contassem uma história diferente. Por exemplo, os efeitos poderiam durar mais tempo pelo simples caráter atípico de que os eleitores teriam sido convidados a assistirem a conteúdo de TV (no qual seriam inseridas propagandas eleitorais) em um espaço controlado e sob a supervisão de pesquisadores. Portanto, não seria a memória da exposição ao anúncio que duraria mais, mas a memória da exposição ao anúncio durante uma pesquisa experimental em uma sala universitária. Em contextos de pesquisa como esse, a utilização de experimentos de campo ajuda a refinar, portanto, a mensuração dos efeitos reais esperados diante de um tratamento.

O exemplo acima certamente representa um passo rumo à maior validade externa no estudo dos efeitos de propagandas eleitorais sobre o voto, em comparação a uma pesquisa semelhante feita em laboratório. Afinal, eleitores e eleitoras do Texas, em 2006, não sabiam que estavam assistindo a conteúdo televisivo que

19 Diferentes modelos estatísticos produziram estimativas que oscilaram entre 5,02 e 5,44 pontos. Ainda que outros modelos apresentados no artigo tenham indicado valores inferiores, sua utilidade era mais instrumental que substantiva, pois lidavam com questões de especificação estatística.

20 Rick Perry venceu com 39% dos votos, superando o democrata Chris Bell, segundo colocado na corrida (com 29,8%). Se 5 pontos percentuais dos votos dados a Perry tivessem migrado para Bell, o resultado teria sido de 34% a 34,8%, a favor do democrata.

deliberadamente exibia maior ou menor quantidade de inserções de propaganda eleitoral. Mas a mensuração da intenção de voto feita por entrevistas telefônicas inevitavelmente alertava os indivíduos de que, naquele momento, eles estavam participando de uma pesquisa.[21] Em outros estudos, entretanto, as pessoas não fazem ideia de que seu comportamento está sendo estudado em nenhuma etapa da pesquisa.

É o que ocorre com algumas pesquisas sobre campanhas que procuram estimular a redução no uso da água, um recurso escasso em várias regiões do mundo.[22] No Oriente Médio, um caso crônico é o de Israel, onde as chuvas só ocorrem no inverno e há poucas fontes de água natural. Desde a severa seca de 1998 e 1999, o país tem utilizado duas estratégias para lidar com o problema: a dessalinização de água captada do mar Mediterrâneo e a promoção de campanhas de comunicação orientadas à mudança de comportamento no uso desse recurso.

Em 2009, quatro pesquisadores de universidades em Israel, nos Estados Unidos e na Holanda se uniram para estudar o efeito de iniciativas simples de comunicação sobre o consumo de água. Escolheram como referência a cidade de Petah Tikva, no centro de Israel, típico exemplo de localidade com problemas no abastecimento de água (Katz *et al.*, 2016). Com a autorização e parceria da empresa municipal de abastecimento, os pesquisadores monitoraram o consumo de 934 residências durante 31 semanas, entre março e outubro daquele ano. Depois de observarem o padrão de consumo dessas residências por dez semanas, enviaram para o grupo de tratamento (com 472 residências), na semana onze, um cartão gentil, que dizia simplesmente "Conservar a água vale",[23] em uma alusão aos efeitos ambientais e monetários desse comportamento. O cartão era assinado pela empresa municipal de água. A mesma frase foi enviada ao grupo tratado na semana catorze, impressa na conta de água, e na semana quinze, em um insuspeito ímã de geladeira. Nenhuma comunicação foi enviada ao grupo controle (formado por 462 residências). Ao final da pesquisa, os monitores de acompanhamento do consumo de água dos dois grupos mostraram o resultado do Gráfico 2.1.

21 Medir a intenção de voto nesse caso, em vez da votação obtida pelo candidato em cada mercado de mídia, parece ter sido o possível. Afinal, dadas as incertezas de qualquer eleição concorrida, seria difícil imaginar que o comitê de um candidato autorizaria a realização de um experimento com recursos da campanha nas semanas anteriores à votação. Os benefícios científicos nesse caso poderiam ter custos eleitorais altos e irreversíveis.

22 Para alguns exemplos de estudos que medem a eficácia de esforços para reduzir o consumo de água ou de energia, veja Seyranian *et al.* (2015), Schultz (2007) e Schultz *et al.* (2014).

23 No original, "*It is worth conserving water*".

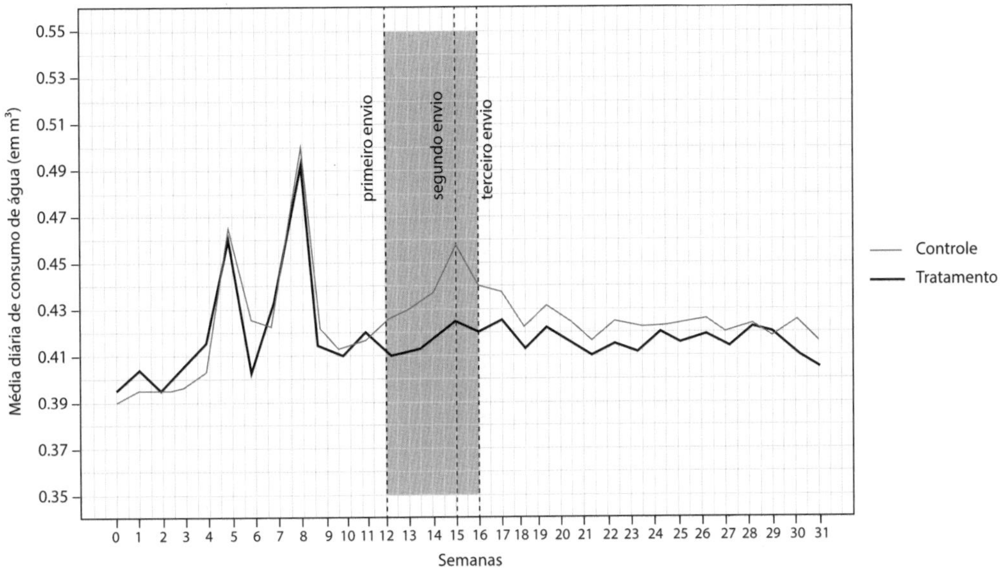

Gráfico 2.1 Média diária de consumo de água por residência em Petah Tikva (em m³). Adaptado de Katz *et al.* (2016).

A linha cinza representa a média, a cada sete dias, de consumo das residências do grupo controle (para o qual não foi enviada nenhuma comunicação), e a preta, a média de consumo do grupo tratado (para o qual foram enviadas as três mensagens). Durante o período observado, há claramente três fases. Antes do tratamento, os dois grupos tinham padrões de consumo muito parecidos. Durante a intervenção dos pesquisadores, o grupo que recebeu as mensagens usou menos água que o grupo controle, em uma diferença estatisticamente significativa, como mostra o artigo publicado pelos autores. E, depois do tratamento, os dois grupos se comportaram de modo mais parecido novamente, sem diferenças estatisticamente significativas, ainda que o grupo tratado tenha mantido uma média quase sempre inferior à do grupo controle. Após a análise estatística dos dados, a redução de consumo do grupo tratado foi estimada em 7,6% em relação ao grupo controle, apenas com a repetição de uma frase em três comunicações. Uma economia que pode parecer pequena, mas é real. Esse número é importante por ao menos três razões: (1) ele estima o efeito esperado em cidades como a estudada no caso de intervenções simples de comunicação, como as mensagens enviadas às residências; (2) ele cria um parâmetro mais realista para expectativas governamentais em campanhas de comunicação (evitando ilusões superestimadas); e (3) ele estabelece uma referência para a avaliação de outras intervenções, que impliquem mais ou menos recursos.

A esta altura, a vantagem dos experimentos de campo sobre estudos de laboratório e experimentos em *surveys* deve estar mais clara. Em outros contextos de pesquisa, a investigação dos efeitos da comunicação sobre o consumo de água, por exemplo, não alcançaria a observação do comportamento das pessoas em suas residências. Em estudos de laboratório ou *surveys*, a análise dos efeitos estaria limitada a respostas sobre a intenção de comportamento, as opiniões e as atitudes dos participantes. Além disso, de modo mais ou menos consciente, os indivíduos poderiam preferir dar respostas socialmente aceitáveis ou mais otimistas sobre seu comportamento do que efetivamente fariam ao tomar uma ducha, lavar os pratos na cozinha ou regar o jardim. Nesse caso, ainda que estímulos experimentais pudessem produzir algum efeito, seria difícil calcular com mais precisão a magnitude de sua influência no mundo real.

2.3.1 Vantagens de se realizar um experimento de campo

A primeira e principal vantagem dos experimentos de campo é sua validade externa, que decorre do estudo de fenômenos nas condições naturais em que eles ocorrem. Quando são satisfatoriamente implementadas as etapas de designação aleatória dos participantes às diferentes condições experimentais, de implementação do tratamento e de mensuração dos resultados, as conclusões desses estudos têm grande poder de generalização. Afinal, o fenômeno de interesse é investigado nas condições naturais em que ocorre, em que os indivíduos se comportam, muitas vezes, sem saberem que estão atuando sob condições experimentais.

A segunda grande vantagem dos experimentos de campo é a possibilidade de se medir com mais precisão a magnitude dos efeitos esperados de um tratamento sobre uma população de interesse, uma vez que se procura observar o comportamento dos indivíduos no ambiente natural em que ele ocorre, e não suas ações no espaço artificial de um laboratório ou suas declarações durante um *survey*. Essa característica é particularmente importante no planejamento e na avaliação de políticas públicas, que têm contado com a contribuição de economistas e cientistas políticos.

Finalmente, a terceira vantagem dos experimentos de campo é que eles costumam contar com milhares, ou mesmo milhões, de participantes, como no estudo sobre propaganda eleitoral no Texas. Essa característica ajuda a dar precisão aos efeitos esperados de um tratamento e traz benefícios para a etapa de análise estatística dos dados como na investigação de padrões de heterogeneidade causal, como vimos na Seção 2.2.

2.3.2 Desvantagens de se realizar um experimento de campo

A principal ameaça à validade interna dos experimentos de campo é o descumprimento (*non-compliance*). Como vimos no capítulo anterior, a validade interna de um estudo é a garantia de que foi uma variável x – e não outra variável qualquer – a responsável, de fato, pela mudança em uma variável y. Quando um estudo enfrenta o descumprimento, é mais difícil garantir sua validade interna. Isso ocorre porque alguns sujeitos designados para um grupo tratado não recebem o tratamento que deveriam receber (descumprimento unilateral); ou ocorre quando, além disso, sujeitos designados para o grupo controle recebem o tratamento que não deveriam receber (descumprimento bilateral).

Se isso acontece, os dados coletados não permitem calcular o EMT por meio de um estimador não enviesado, apresentado no capítulo anterior. Para solucionar essa ameaça, é importante avaliar quantas pessoas em cada grupo cumpriram o desenho experimental (sendo tratadas ou, no caso do grupo controle, não sendo tratadas), e utilizar uma estratégia alternativa que estime o *efeito médio causal entre cumpridores* (EMCC), em inglês *complier average causal effect* (CACE). No caso de descumprimento unilateral, essa estimação toma como referência apenas as respostas dos indivíduos do grupo tratado para estimar o efeito médio da intervenção experimental. Essa estimação, vale repetir, leva em consideração apenas os indivíduos que, de fato, foram receberam o tratamento. Em caso de descumprimento bilateral, o cálculo inclui as respostas dos indivíduos não tratados do grupo controle.[24]

A dificuldade em manter o controle das condições experimentais em uma pesquisa de campo é a grande desvantagem dessa técnica, quando comparada aos estudos laboratoriais ou experimentos em *surveys*, mas não é a única. Durante a implementação do experimento, outro risco potencial é o vazamento (*spillover*), que acontece quando participantes que recebem o tratamento transmitem informações contidas nesse estímulo a participantes do grupo controle, que então deve ser considerado parcialmente tratado. Nesse caso, pode-se buscar evitar o problema aumentando-se a distância física e social entre os grupos tratado e controle, como o recrutamento de participantes de bairros ou vizinhanças distintas, ou lidar com ele estimando também o efeito do vazamento (Gerber, 2011), o que significa analisar os resultados de três grupos: tratado, controle e parcialmente tratado pelo vazamento.

Há ainda o problema dos custos elevados dos experimentos de campo. Por serem conduzidos com números altos de participantes, muitas vezes os experimentos de campo exigem recursos financeiros vultuosos. Por exemplo, imagine que a sua pesquisa estuda os efeitos da distribuição de panfletos do Ministério da Saúde sobre a adesão a uma campanha de vacinação. Você poderia organizar a distribuição de centenas de milhares desses panfletos em diversos bairros de uma grande capital, porém, precisaria do patrocínio do Ministério da Saúde para arcar com os custos

24 Para uma discussão dos detalhes dos cálculos, veja os Capítulos 5 e 6 de Gerber & Green (2012).

altos da impressão dos panfletos (e para a autorização de sua distribuição e do uso do nome da instituição, obviamente).

Finalmente, o quarto desafio diz respeito a dilemas de ordem ética. Por um lado, pode-se questionar o direito de pesquisadores de coletarem dados sobre intenção de voto ou consumo de água das pessoas sem prévia informação sobre os objetivos do estudo e seu explícito consentimento. Por outro, é preciso ter clareza de que os participantes podem não atuar de modo natural se souberem que suas opiniões, suas atitudes ou seu comportamento estão sendo estudados. Diante desse dilema, não há solução única senão a reflexão sobre os riscos e as limitações de cada investigação diante de seu objeto de pesquisa, do tipo de tratamento, dos riscos para os participantes e dos contextos temporal e espacial. O Capítulo 7 discutirá em mais detalhes alguns perigos e cuidados éticos na condução de experimentos.

2.3.3 Quando utilizar experimentos de campo

A contribuição dos experimentos de campo nas diversas áreas do conhecimento parece estar ainda em seus primórdios. Por um lado, é importante reconhecer que alguns estudos já alcançaram um lugar de destaque no avanço do conhecimento, como os de Esther Duflo, Abhijit Banerjee e Michael Kremer sobre políticas públicas de enfrentamento da desigualdade e da pobreza, o que rendeu a esses pesquisadores o prêmio Nobel de Economia, em 2019. Por outro lado, ainda parece haver um enorme potencial para aprimorar a implementação de estudos experimentais em contextos naturais, evitando as limitações típicas de estudos laboratoriais e as restrições de experimentos em *surveys*.

Em áreas que estudam o funcionamento da democracia, por exemplo, os experimentos de campo têm sido utilizados para estudar como a exposição à mídia aumenta o interesse político mas reduz o desejo de participação em um país que transita de um governo militar a uma democracia (Moehler & Conroy-Krutz, 2016); como a leitura de jornais incentiva a participação eleitoral (Gerber *et al.*, 2009); ou como os jornais impressos amplificam a visibilidade de candidatos governistas em uma eleição ao publicarem mais cartas sobre eles do que sobre oposicionistas (Dertwinkel-Kalt *et al.*, 2019). Contudo, ainda há inúmeras perguntas estruturais a serem respondidas em contextos naturais. Por exemplo, o surgimento de novos veículos de comunicação estimula o debate público e a participação política em comunidades geográficas? Como diferentes algoritmos de busca na internet influenciam atitudes, opiniões e comportamentos dos internautas? Que estratégias alternativas de desqualificação de *fake news* podem produzir melhores resultados em campanhas de vacinação, em processos eleitorais ou no mero estímulo à paz social? Respostas a questões como essas, baseadas em experimentos de campo, têm grande potencial para fazer avançar nosso conhecimento sobre mecanismos específicos de funcionamento da democracia, de modo a promover a saúde coletiva, a paz social, a segurança pública e o crescimento econômico com igualdade de oportunidades.

2.3.4 Mídias sociais: uma nova fronteira dos experimentos de campo

Nos últimos anos e cada vez mais, uma fração expressiva das nossas interações sociais e econômicas tem ocorrido em plataformas on-line. Nesse ambiente digital, obtemos informações, estudamos, interagimos com pessoas e organizações, compramos, vendemos e produzimos conteúdo sobre o que acreditamos ser importante, interessante ou mesmo só engraçado. O tempo individual gasto em plataformas como Facebook, Instagram, Twitter, YouTube e TikTok já se conta em horas por dia. A dinâmica de uso dessas redes oferece enormes oportunidades de estudo, que são, hoje, a nova (e promissora) fronteira dos experimentos de campo.

O pesquisador Andrew Guess, da Universidade de Princeton, resume em três grandes vantagens o uso de dados das mídias sociais para a realização de experimentos (Guess, 2021). A primeira vantagem é que as redes oferecem uma fonte abundantemente de participantes para experimentos, que podem ser acessados em estudos feitos em parceria com ações de organizações não universitárias (como partidos políticos, ONGs ou empresas) ou mediante buscas segmentadas, que permitam acessar públicos de difícil acesso (como consumidores de produtos específicos, fãs de diferentes gêneros musicais, extremistas políticos e promotores de discursos misóginos, racistas, LGBTfóbicos ou xenófobos). Recursos de busca em diferentes redes sociais e ferramentas de raspagem de dados (*scraping*) podem gerar em poucos minutos longas listas de potenciais participantes de experimentos sobre públicos que seria muito mais difícil encontrar em ambientes off-line.[25]

Em segundo lugar, os estudos experimentais tendem a ganhar grande validade ecológica devido à dinâmica mais natural com que os indivíduos serão expostos aos estímulos. Diferentes versões de um anúncio podem ser publicadas para grupos formados aleatoriamente no Facebook, com características sociodemográficas idênticas. Ainda no Facebook, é possível utilizar a ferramenta de grupos para introduzir tratamentos em um deles e comparar sua resposta com a de um grupo controle. No Twitter, duas contas diferentes, mas administradas pelas mesmas pesquisadoras, podem ser utilizadas para testar os efeitos de *tweets* civilizados e

25 O uso de publicações patrocinadas e anúncios publicitários (*ads*) também pode ser útil para o recrutamento de participantes em experimentos de laboratório e inseridos em *surveys*.

incivilizados sobre assuntos idênticos. E, no Instagram, é possível usar a lista de "amigos próximos" para expor alguns dos seguidores de uma conta a uma publicação e outros a uma versão diferente desta mesma publicação (seja no texto, na imagem, no fundo musical). Além disso, o recurso das mensagens diretas (*direct messages*) está presente em várias mídias sociais e também permite a implementação natural e discreta (*unobtrusive*) de tratamentos em textos, fotos e *cards*.

Mas talvez a principal vantagem dos experimentos realizados em mídias sociais esteja no potencial de coletarem diferentes dados comportamentais utilizando estratégias de mensuração passivas – ou seja, sem muito esforço. Por exemplo, é possível se obterem informações sobre a decisão de indivíduos de seguirem ou não seguirem uma conta, suas interações com uma postagem (*likes*, comentários e compartilhamentos) e a decisão de clicarem ou não no link de um anúncio ou postagem. Com a autorização dos próprios internautas, é possível ainda coletar dados de tráfego na internet (*trace data*), o que pode revelar padrões de consulta e produção de conteúdo. Finalmente, também é possível observar o comportamento não só do indivíduo, mas de sua rede de conexões mais próximas, o que permite observar uma dinâmica de comportamento social na internet, para além de respostas individuais. Isso pode incluir, por exemplo, o estudo de padrões de difusão de mensagens em determinadas redes, o efeito das normas sociais nesse contexto e a classificação de características de indivíduos a partir do conteúdo de postagens presentes em suas mídias sociais (Barberá, 2015).

Como ocorre em outros contextos, os experimentos em mídias sociais também têm desvantagens e limitações. A desvantagem mais importante é a representatividade das amostras. Por mais difundidas que sejam algumas mídias sociais, elas não alcançam a totalidade da população, especialmente em países com grande desigualdade econômica e de inclusão tecnológica. Em si, isso não é um problema se o interesse for um público de difícil acesso (como os citados anteriormente), pois as condições de obtenção de amostras representativas nesses casos são, em geral, reduzidas e contar com alguma amostra é melhor do que com nenhuma. Além disso, a existência de um viés de seleção na amostra não é, em si, um problema, desde que se reconheça a existência desse viés e ele seja considerado na discussão dos resultados. De qualquer modo, sempre será possível usar recursos off-line para selecionar uma amostra representativa da população por meio de *surveys* presenciais ou telefônicos para se construir uma amostra on-line que seja representativa da população de interesse.

As maiores limitações dos experimentos nas mídias sociais são basicamente duas. Em primeiro lugar, como essas são plataformas proprietárias, nada impede que as empresas que as administram mudem as regras de funcionamento e acesso a dados de um dia para outro, o que pode interromper estudos relevantes e inviabilizar as replicações, que são importantes para a validação de estudos pioneiros e a construção do conhecimento. Em segundo lugar, há importantes questões éticas que podem ser levantadas sobre a ausência de consentimento dos indivíduos em participar de uma pesquisa (um debate comum a qualquer tipo de experimento de campo) e a transposição de um limite de privacidade no uso de dados coletados em interações não totalmente públicas, como em mensagens diretas ou debates em grupos fechados. Ainda assim, as vantagens dos experimentos em mídias sociais e as possibilidades de estudos parecem superar muito suas desvantagens e limitações, que podem ser reduzidas ou controladas com desenhos adequados de pesquisa e validados por comitês de ética (como veremos no Capítulo 10).

2.4 CONCLUSÃO

Este capítulo descreveu os três contextos nos quais podem ser realizadas pesquisas experimentais aplicadas às ciências sociais: laboratórios, *surveys* e em campo. Cada seção trouxe definições conceituais, exemplos aplicados e uma discussão sobre vantagens e desvantagens de cada um deles. Como você deve ter observado, há um *trade-off* na transição entre esses contextos de pesquisa, como a Figura 2.1 procura mostrar. Quando se troca o laboratório pela rua, abandona-se o "padrão-ouro" da pesquisa experimental, em que é possível ter grande controle sobre praticamente tudo o que está acontecendo, desde a elaboração do estímulo até a mensuração de respostas. Afinal, fora de espaços controlados há maior imprevisibilidade, e erros de implementação e mensuração em um estudo podem ocorrer. Ou seja, o risco de que um estudo perca validade interna aumenta. Por outro lado, o deslocamento dos experimentos para o mundo como ele é tende a potencializar a validade externa das pesquisas. Quem participa de um experimento em *survey* não está em um ambiente mais natural de decisão e interação social, e os indivíduos analisados em experimentos de campo não só se comportam naturalmente como, muitas vezes, sequer sabem que estão sendo estudados. Sejam quais forem as vantagens a priori de cada contexto experimental, em todos os três casos deve haver uma atenção permanente para assegurar maior validade interna e externa ao estudo. Atualmente, os experimentos de campo têm sido vistos como a técnica de pesquisa mais potente dentre essas opções, sempre que for possível assegurar sua validade interna. No entanto, estudos laboratoriais e experimentos em *surveys* continuam sendo a melhor opção para alguns problemas de pesquisa, mais específicos ou de difícil mensuração ou implementação em seu contexto natural. Ou seja, não faz muito sentido entender um desenho de pesquisa como melhor que o outro, em termos absolutos ou intrínsecos, mas, sim, como o mais adequado diante de cada pergunta de pesquisa.

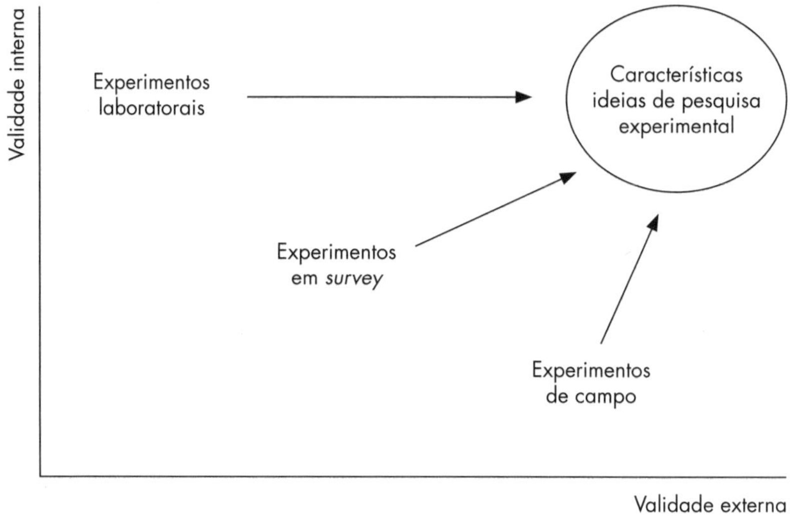

Figura 2.1 Os contextos experimentais e o *trade-off* entre validade interna e externa.

EXERCÍCIOS

1) Os experimentos em laboratório podem ser definidos como:

   a) experimentos realizados sempre em um laboratório com equipamentos específicos e protocolos de controle de acesso e segurança
   b) experimentos que exigem o deslocamento físico dos participantes a um local determinado
   c) experimentos inseridos em um *survey*, com questões de caráter observacional e de caráter experimental
   d) experimentos que ocorrem em situações "reais", em que os participantes costumam não saber que estão sendo submetidos a uma pesquisa

2) Uma vantagem dos experimentos em laboratório é:

   a) sua maior capacidade de controlar a designação aleatória dos participantes a uma condição experimental
   b) seu custo em geral mais baixo que o observado em experimentos inseridos em um *survey*
   c) sua maior validade externa em relação aos experimentos de campo
   d) o recrutamento frequente de estudantes universitários

3) Uma pergunta de pesquisa que pode ser mais bem respondida por meio de um experimento em laboratório, em relação a outras técnicas de pesquisa, é:

a) "Em quem a população de um país pretende votar para presidente da República?"
b) "Qual é o efeito do gênero do aplicador de uma pesquisa sobre a opinião declarada dos participantes em relação à violência doméstica?"
c) "Qual é o efeito do tipo de argumento utilizado em um debate televisivo sobre a intenção de voto em um candidato?"
d) "Qual é o efeito do montante de recursos investidos em publicidade no rádio e na TV sobre a intenção de voto em um candidato?"

4) Uma possível desvantagem dos experimentos em *survey* é:

a) custo em geral mais elevado que o observado em experimentos em laboratório
b) menor validade interna que os experimentos de campo
c) dificuldade de recrutar um número robusto de participantes
d) taxas de desistência (*dropouts*) elevadas

5) Uma vantagem dos experimentos em *survey*, em relação aos experimentos em laboratório, é:

a) o maior controle sobre a aplicação do experimento
b) a maior validade interna
c) a maior validade externa
d) a maior comunicação entre participantes e aplicadores

6) Sobre o método de coleta de respostas em um experimento em *survey*, é possível afirmar que:

a) o questionário aplicado por correio é o método mais utilizado nos Estados Unidos
b) o questionário aplicado on-line tem ganhado espaço nos últimos anos
c) o questionário aplicado presencialmente ainda é o método mais recomendado
d) o questionário aplicado por telefone costuma ser mais bem recebido pelos entrevistados que o questionário presencial

7) Para reduzir a desvantagem ocasionada pelo excesso de privacidade que os participantes possuem nos experimentos em *survey* on-line, a pesquisa pode:

a) eliminar registros de IPs duplicados
b) manter uma questão aberta, no *survey*, para comentários e sugestões
c) monitorar os participantes com eletrodos
d) realizar experimentos duplo-cego

8) Os experimentos de campo possuem a seguinte vantagem em relação aos demais tipos de experimento:

a) maior validade interna
b) maior validade externa
c) custo mais baixo
d) maior facilidade de contornar dilemas éticos

9) Uma forma de reduzir problemas trazidos pelo "vazamento" (*spillover*) em experimentos de campo é:

a) incluir perguntas de checagem de atenção e manipulação
b) realizar o experimento no formato duplo-cego
c) controlar o tempo que os participantes terão para responder o questionário
d) analisar os resultados de três grupos: tratado, controle e parcialmente tratado

10) Uma pergunta de pesquisa que pode ser mais bem respondida por meio de um experimento de campo, em relação a outras técnicas de pesquisa, é:

a) "Qual é a opinião dos habitantes de um país sobre a redução da maioridade penal?"
b) "Qual é o efeito de cada campanha publicitária de economia de energia sobre a redução no consumo de energia, em que duas propagandas distintas são veiculadas em inserções na televisão?"
c) "Qual é o efeito de uma campanha publicitária de economia de energia sobre a redução no consumo de energia, em que alguns domicílios recebem o panfleto da campanha e outros não recebem nenhuma comunicação?"
d) "Qual é o efeito da cor do aplicador de uma pesquisa sobre a opinião declarada dos participantes acerca de cotas raciais?"

OLHA ESSA... PESQUISA COM UNIVERSITÁRIOS EM LABORATÓRIO VIROU PRÊMIO NOBEL: A DESCOBERTA DA TEORIA PROSPECTIVA

Por Victor Gomes

Em 1979, dois pesquisadores israelenses conduziram uma série de pequenos experimentos com estudantes das universidades de Stanford e Columbia, nos Estados Unidos, que mostraram que os seres humanos não são máquinas de calcular ambulantes, absolutamente lógicas e racionais. Daniel Kahneman e Amos

Tversky modificaram os paradigmas de teorias baseadas na escolha racional, dando origem à teoria prospectiva. Os autores mostraram que nós podemos tomar decisões distintas, dependendo da forma como as alternativas nos são apresentadas, sobretudo diante de riscos de vida ou financeiros. Um dos experimentos, por exemplo, descreve a chegada de uma hipotética epidemia nos Estados Unidos, com potencial de matar 600 pessoas. Na versão 1, os participantes são confrontados com duas alternativas: adotar o programa A para combater a epidemia, que salvaria 200 vidas; ou implementar o programa B, que teria um terço de chances de salvar 600 vidas, e dois terços de chances de não salvar vida alguma. Já na versão 2, são apresentados os programas C, que levaria à morte de 400 pessoas, ou D, em que haveria um terço de chances de que ninguém morresse e dois terços de chances de que 600 pessoas morressem. Ainda que todas as alternativas tenham o mesmo resultado esperado, as escolhas dos estudantes foram radicalmente diferentes. Diante do enquadramento da versão 1, 72% dos participantes escolheram o programa A, contra 28% que optaram pelo programa B. Isto é, a maioria preferiu o programa menos arriscado. Enquanto o enquadramento da versão 2 levou 22% dos participantes a escolherem o programa C, ante 78% que preferiram o programa D. Ou seja, a maioria ficou com o programa mais arriscado. Assim, embora os programas A e C (e B e D) fossem idênticos, o enquadramento de ganhos acarretou uma escolha avessa ao risco, e o enquadramento de perdas implicou uma escolha propensa ao risco. Até hoje, a teoria prospectiva é amplamente aceita como a melhor descrição de decisões em contextos de risco. Em 2002, Kahneman foi premiado com o Nobel de Economia, em boa parte devido às suas contribuições para o desenvolvimento dessa teoria (Barberis, 2013). Amos Tversky faleceu em 1996.

GABARITO DOS EXERCÍCIOS

1) Os experimentos em laboratório podem ser definidos como:

   b) experimentos que exigem o deslocamento físico dos participantes a um local determinado

2) Uma vantagem dos experimentos em laboratório é:

   a) sua maior capacidade de controlar a designação aleatória dos participantes a uma condição experimental

3) Uma pergunta de pesquisa que pode ser mais bem respondida por meio de um experimento em laboratório, em relação a outras técnicas de pesquisa, é:

   c) "Qual é o efeito do tipo de argumento utilizado em um debate televisivo sobre a intenção de voto em um candidato?"

4) Uma possível desvantagem dos experimentos em *survey* é:

   d) taxas de desistência (*dropouts*) elevadas

5) Uma vantagem dos experimentos em *survey*, em relação aos experimentos em laboratório, é:

   c) a maior validade externa

6) Sobre o método de coleta de respostas em um experimento em *survey*, é possível afirmar que:

   b) o questionário aplicado on-line tem ganhado espaço nos últimos anos

7) Para reduzir a desvantagem ocasionada pelo excesso de privacidade que os participantes possuem nos experimentos em *survey* on-line, a pesquisa pode:

   a) eliminar registros de IPs duplicados

8) Os experimentos de campo possuem a seguinte vantagem em relação aos demais tipos de experimento:

   b) maior validade externa

9) Uma forma de reduzir problemas trazidos pelo "vazamento" (*spillover*) em experimentos de campo é:

   d) analisar os resultados de três grupos: tratado, controle e parcialmente tratado

10) Uma pergunta de pesquisa que pode ser mais bem respondida por meio de um experimento de campo, em relação a outras técnicas de pesquisa, é:

    c) "Qual é o efeito de uma campanha publicitária de economia de energia sobre a redução no consumo de energia, em que alguns domicílios recebem o panfleto da campanha e outros não recebem nenhuma comunicação?"

CAPÍTULO 3

Desenhos de pesquisa experimental

Até aqui, os conceitos e exemplos apresentados neste livro basearam-se em desenhos de pesquisa entressujeitos. Essa tem sido, de longe, a opção mais comum em várias áreas do conhecimento, como na biomedicina (para o desenvolvimento de vacinas), na psicologia, na ciência política e na comunicação. Apesar da sua popularidade e de suas vantagens, os desenhos entressujeitos também têm limitações, que podem ser afastadas em pesquisas que adotem outras estratégias de comparação entre tratamentos e uma medida de referência, como as realizadas em desenhos de pesquisa intrassujeito. Este capítulo descreve as características básicas de cada um desses desenhos e indica quais problemas de pesquisa eles ajudam a resolver, com base em exemplos sobre vários temas, como o desenvolvimento de um novo aplicativo de celular e um jogo eletrônico, o uso de citações em notícias e a existência de discriminação de gênero no mercado de trabalho. O capítulo também apresenta estratégias alternativas de estudos experimentais para lidar com assuntos sensíveis (como os experimentos em lista, os experimentos de endosso e os experimentos de resposta randomizada); para lidar com escolhas e avaliações (como os de análise conjunta e de vinhetas), além de outros, como os desenhos multinível (*multilevel*), com blocagem (*blocking*) e com pares combinados (*matched pairs*).

3.1 DESENHO ENTRESSUJEITOS

Os dois primeiros capítulos deste livro basearam-se essencialmente em estudos com desenho entressujeitos (*between-subjects*) – com a exceção da pesquisa de Mutz e Reeves (2005) sobre as reações fisiológicas de assistentes a um debate político incivil discutido no capítulo anterior. Até aqui, você já sabe que a característica mais potente e distintiva desses estudos é a designação aleatória dos participantes para as diferentes condições experimentais; também conhece os principais desafios desses experimentos para assegurar sua validade interna e, quando possível, reivindicar também sua validade externa. Finalmente, você viu que essa capacidade de extrapolar os resultados de um estudo para populações maiores e situações reais tem sido especialmente ampliada nos últimos anos, com o fortalecimento de outros contextos de pesquisa experimental, para além dos laboratórios, mais especificamente com a crescente realização de experimentos inseridos em *surveys* e de experimentos de campo.

Ainda assim, duas limitações nos estudos entressujeitos subsistem justamente porque seu desenho de pesquisa exige que dois ou mais grupos sejam comparados para a identificação de uma relação causal. A primeira dessas limitações é a dependência de um número maior de participantes para a formação de diferentes grupos que serão expostos a cada uma das condições experimentais. Essa necessidade decorre do fato de que, nos desenhos experimentais entressujeitos, cada pessoa que participa da pesquisa só é exposta a uma única condição experimental. Tomando como exemplo um estudo que mede a efetividade de dois possíveis porta-vozes em uma campanha de utilidade pública, cada indivíduo que participar da pesquisa só será exposto a uma única peça, em que só um dos porta-vozes aparecerá. Esse indivíduo não saberá que outro porta-voz está sendo avaliado em outra peça semelhante, nem que existem outras peças. Portanto, um estudo que tenha em média 40 indivíduos em cada grupo dependeria da participação de 80 pessoas para obter basicamente dois valores, um para cada grupo, que seriam comparados, o que às vezes pode ser considerado uma estratégia pouco eficiente (Greenwald, 1976).

A segunda limitação é que os estudos entressujeitos tendem a recortar uma imagem estática de um processo mais dinâmico e complexo de eventos que normalmente são multicausais (Charness *et al.*, 2012). Ou seja, no mundo real, cada uma das 80 pessoas que participassem desse estudo hipotético possivelmente veria um dos porta-vozes na campanha de utilidade pública, talvez depois visse o outro porta-voz falando sobre o mesmo tema em uma entrevista ao telejornal e, depois, veria outros influenciadores expressando opiniões convergentes ou, às vezes, divergentes das anteriores. Afinal, parte da experiência real e cotidiana de cada um de nós pode ser vista como uma exposição sucessiva a diferentes estímulos e à duração de seus efeitos, resultado, por exemplo, da decisão de um *website* de dar destaque a uma reportagem e não a outra, da escolha dos donos do bar mais próximo em oferecer cervejas de uma ou de outra marca, ou da opção de uma faculdade de designar um professor para algumas turmas e outro professor para outras turmas de uma mesma disciplina do curso.

Essas limitações dos experimentos entressujeitos trazem pelo menos três consequências importantes: uma teórica, uma operacional e outra social. A limitação teórica costuma restringir os testes entressujeitos a um recorte estático de um fenômeno de interesse e tende a estudá-lo com um número menor de variáveis. Como se uma pessoa que se expusesse ao conteúdo da web ou da TV só tivesse seu comportamento influenciado pela única exposição a uma campanha, e não por múltiplas exposições ou por outro conteúdo correlato que fosse exibido pouco antes ou pouco depois, além – naturalmente – de influências interpessoais e sociais que possa ter experimentado em curto e longo prazo. A segunda limitação é operacional, uma vez que o trabalho de recrutamento, preparação e administração de um experimento envolve o tempo e a dedicação da equipe de pesquisadoras e dos participantes, além de recursos logísticos e tecnológicos. Nesse sentido, um estudo com 80 participantes sempre implicará mais esforços que outro com 60, e sempre menos que um com 120 indivíduos. Finalmente, a terceira e última limitação – de caráter social – é a potencial circunscrição dos experimentos entressujeitos a problemas de pesquisa que tratam de temas importantes apenas a maiorias populacionais. Ou seja, é mais fácil estudar o efeito de porta-vozes em uma campanha contra a gripe – que afeta a todos nós – do que em uma campanha contra a hanseníase ou a *chikungunya* – que são enfermidades consideradas raras e com menos apelo. Nesse sentido, temas de interesse de minorias, que deixam de ser pesquisados por dificuldades operacionais, acabam prejudicando desproporcionalmente mais essas mesmas minorias. Portanto, em alguns casos, outros desenhos de pesquisa podem ser mais adequados, uma vez que permitem estudar populações pequenas e segmentos sociais em situação de desvantagem ou que convivem com passivos históricos.

Se os experimentos entressujeitos têm essas desvantagens, então por que são predominantes em estudos experimentais? Simplesmente porque – apesar dessas limitações – eles ainda assim oferecem condições de controle muito melhores sobre a observação da relação causal que se pretende investigar do que outros desenhos. Por esse motivo, são a opção mais rigorosa e conservadora na condução de pesquisas experimentais, pois é mais fácil assegurar a validade interna do estudo (Charness *et al.*, 2012). Ou seja, é mais seguro afirmar que indivíduos de um grupo A, submetido a um estímulo A, podem ter sido influenciados por certo efeito *a* no momento da mensuração da variável dependente, enquanto indivíduos de outro grupo B, exposto a um estímulo B, podem ter registrado algum efeito *b* quando mensurada a variável dependente. Nesse caso, também se pode assegurar que a mensuração obtida no grupo A não está de nenhuma forma associada ao estímulo B utilizado no outro grupo, e vice-versa – isso significa que estamos diante de um estimador não enviesado. Entretanto, como se verá na seção seguinte, o desenho experimental intrassujeito (*within-subject*) prevê justamente que os mesmos indivíduos sejam expostos aos estímulos A e B, o que traz vantagens em relação ao desenho entressujeitos sobre os três aspectos indicados acima. Mas, como veremos, também traz desafios e desvantagens.

3.2 DESENHO INTRASSUJEITO

Desenhos de pesquisa intrassujeito podem ser definidos simplesmente como *estudos experimentais em que os participantes são expostos a mais de uma condição experimental*. Esses estudos também são chamados de experimentos de medidas repetidas (*repeated measures*), porque a variável dependente do estudo – seja uma opinião, um comportamento ou qualquer outra – é medida após a exposição dos participantes a cada uma das condições experimentais. Em relação aos desenhos entressujeitos, experimentos intrassujeito trazem três vantagens principais (Charness *et al.*, 2012). A primeira vantagem é que a validade interna da pesquisa não depende da designação aleatória dos indivíduos a diferentes condições experimentais. Afinal de contas, o mesmo indivíduo será exposto a mais de uma condição experimental, ou a todas elas.

A segunda vantagem são o poder estatístico e a eficiência desse desenho, muito maiores que em estudos entressujeitos com o mesmo número de participantes (Maxwell *et al.*, 2018). Segundo Greenwald (1976), os desenhos intrassujeito têm maior poder estatístico porque cada indivíduo atua como seu "próprio controle" ou "valor de referência", evitando que diferenças nas características dos indivíduos sejam confundidas com diferenças provocadas pelos tratamentos. Afinal, se, nos estudos entressujeitos, a designação aleatória gera grupos balanceados e semelhantes, os estudos intrassujeito observam exatamente os mesmos indivíduos. Portanto, quaisquer variações entre as medidas não podem ser atribuídas a nenhuma variável que, nos estudos entressujeitos, podem ter comportamento discretamente diferente entre os grupos. Ainda que pequenas, as variações entre as medidas devem ser atribuídas unicamente ao tratamento aplicado – sempre que seja possível assegurar a validade interna do estudo, como veremos mais à frente nesta seção. Estudos intrassujeito, assim, são mais sensíveis aos efeitos de tratamentos experimentais que os entressujeitos. Por esse motivo, desenhos intrassujeito são mais eficientes e econômicos, no sentido de que dependem de um número menor de participantes para que seja possível realizar os mesmos testes feitos por experimentos entressujeitos (o Box 3.1 traz uma demonstração estatística dessa propriedade).

Box 3.1 – Por que estudos intrassujeito obtêm dados mais precisos com menos participantes?

Uma das três vantagens dos desenhos intrassujeito em relação aos estudos entressujeitos é sua eficiência estatística. Especialmente quando a ordem dos tratamentos não tem efeitos muito grandes, os experimentos intrassujeito precisam de um número menor de participantes para obter resultados mais precisos. A explicação para isso é, essencialmente, o fato de que cada indivíduo serve como "controle" dele mesmo em um estudo de medidas repetidas. Ou seja, a eficiência estatística dos desenhos intrassujeito decorre da eliminação da variância nas medidas decorrentes do uso de diferentes indivíduos em cada grupo experimental, e não apenas aquelas decorrentes da exposição a diferentes estímulos (Greenwald, 1976). Maxwell, Delaney & Kelley (2018, p. 651) explicam essa propriedade a partir da seguinte fórmula, que compara tamanhos amostrais de estudos intrassujeitos e entressujeitos com o mesmo poder de detectar um efeito experimental, quando ele existe: $N_W = N_B(1 - \rho)/a$. Sendo N_W o número de participantes de um estudo intrassujeito (*within-subject*), N_B o número de participantes de um estudo entressujeitos (*between-subjects*), ρ a correlação entre as medidas obtidas entre os participantes do estudo intrassujeito, e a o número de condições experimentais do estudo.

Em primeiro lugar, considere um estudo mais simples, com apenas duas condições experimentais, isto é, duas medidas. Nesse caso, o valor a será 2. Agora, imagine que a correlação entre essas duas medidas em cada sujeito é baixa. Por exemplo, alguns indivíduos que leem notícias com declarações consideram que esses textos têm mais qualidade que os textos sem declarações, enquanto outros não veem diferença, ou até os avaliam como de pior qualidade. Nesse caso, o valor de ρ poderia ser de 0,2 – um valor baixo, já que os coeficientes de correlação variam de 0 (quando não há nenhuma correlação entre os dados) até 1 (quando a correlação é perfeita). Nesse caso, um estudo intrassujeito teria o mesmo poder que um estudo entressujeitos com apenas 40% do número de participantes ((1–0,2)/2)). Ou seja, um estudo entressujeitos com 60 indivíduos distribuídos em dois grupos teria o mesmo poder de captar um efeito experimental que outro com 24 participantes em um estudo intrassujeito. Quando a correlação entre as medidas é alta, contudo, essa vantagem é muito maior. Para um valor ρ de 0,8, por exemplo, um experimento com apenas seis indivíduos teria o mesmo poder de identificação de causalidade que um tradicional estudo entressujeitos com 60 participantes.

Essa característica dos estudos intrassujeito faz com que eles sejam preferíveis em pesquisas em que é difícil conseguir um número grande de participantes, seja porque a população em estudo é rara ou de difícil acesso, seja porque as condições experimentais exigem maior dedicação de tempo ou exposição a condições não convencionais, como a ter eletrodos conectados ao corpo enquanto assiste a um programa de TV.

Finalmente, a terceira vantagem dos estudos intrassujeito é a possibilidade de reproduzir mais adequadamente eventos reais que as teorias buscam explicar e que, às vezes, não cabem muito bem em desenhos entressujeitos. Na psicologia, por exemplo, estudos sobre memória e aprendizado têm adotado com maior frequência desenhos intrassujeito, pois eles permitem entender melhor como diferentes estímulos aumentam a capacidade de armazenar informação ou incorporar novo conhecimento, processos que são contínuos e não estáticos ou estanques. Já as pesquisas de psicologia social e tomadas de decisão acabaram optando majoritariamente por estudos entressujeitos (Keren, 1993), uma vez que estão mais interessadas em eventos específicos, em vez de processos. Como regra geral, sempre que uma pesquisa estiver interessada em um comportamento continuado, habitual ou repetitivo, a opção pelo desenho intrassujeito trará maior validade ecológica ao estudo e, portanto, maior validade externa, em comparação com um estudo entressujeitos. Segundo Greenwald (1976), os experimentos intrassujeito devem ser adotados sempre que se queira estudar um fenômeno que – no mundo real – ocorre com múltiplos tratamentos. Um exemplo ajuda a ilustrar melhor essas vantagens.

Uma das tarefas diárias de jornalistas no mundo todo é obter declarações de pessoas e instituições sobre informações e fatos que serão noticiados. Com frequência, enquanto apuram fatos e checam informações importantes, repórteres são questionadas por suas chefes sobre as fontes de uma informação ou, especialmente, de uma análise ou interpretação registrada em uma reportagem. Afinal, no espaço noticioso, cabe a jornalistas reportarem fatos e seus personagens, mais que fazer análises ou emitir opiniões – que, normalmente, possuem seções específicas para isso. Mas e os leitores? Eles dão algum valor a notícias que contêm declarações de entrevistados em comparação com as que não contêm?

Utilizando um desenho de pesquisa intrassujeito, Shyam Sundar, da Faculdade de Comunicação da Universidade Estadual da Pensilvânia, descobriu que, sim, incluir citações em notícias faz diferença (Sundar, 1998). Ele recrutou 48 estudantes de graduação e pós-graduação de outros cursos de comunicação que não jornalismo para um experimento que consistia em ler seis notícias e avaliar cada uma delas. As notícias, disponíveis em um site preparado especificamente para a pesquisa, tratavam de diferentes temas (nacionais, internacionais, locais, negócios, esportes e entretenimento), e todas tinham duas versões: uma com declarações de entrevistados e outra sem essas declarações. Cada participantes lia no computador de um laboratório de informática um conjunto formado por três notícias com declarações e outras três sem declarações, sendo uma sobre cada um dos seis assuntos. Diferentes arranjos na ordem das versões foram feitos para que os resultados não estivessem associados a qualquer um dos seis temas, mas fossem transversais a todos eles. Isto é, alguns participantes receberam, por exemplo, os três primeiros textos sem declarações, e os três últimos, com declarações, enquanto outros receberam a ordem contrária. Em outros casos, os textos com e sem declarações se alternavam, e assim sucessivamente.

Os resultados mostraram que a presença de declarações dos entrevistados aumentava a percepção de credibilidade e qualidade da notícia, dando razão à cobrança de editores sobre o uso de citações em reportagens e indicando um aspecto da excelência jornalística apreciada pelos leitores[1]. Entretanto, a presença de declarações não fazia nenhuma diferença na percepção de representatividade da notícia nem fazia com que os leitores gostassem mais ou menos do que liam. Portanto, a presença de declarações traz um incremento positivo em relação à qualidade e à credibilidade da notícia, e faz isso preservando a neutralidade em relação ao seu conteúdo.

Sob a perspectiva metodológica, porém, três aspectos do desenho de pesquisa aplicado a este caso são especialmente relevantes. O primeiro, de caráter operacional e estatístico, revela como é possível extrair resultados robustos de testes complexos com um pequeno número de participantes em um estudo intrassujeito. Afinal, foram avaliadas duas condições experimentais (com declarações e sem declarações) sobre seis temas diferentes, com a participação de apenas 48 indivíduos. Um desenho entressujeitos poderia ter dois grupos de 48 pessoas (96 no total), um para cada condição experimental, e ainda assim teria resultados menos precisos, devido a variações – ainda que pequenas – nas características individuais entre os 48 integrantes de um grupo e as características dos 48 integrantes do outro grupo. O segundo aspecto relevante do desenho de pesquisa, neste caso substantivo, é que o estudo intrassujeito reproduz de forma mais adequada a experiência de cada um de nós ao lermos notícias on-line. Afinal, algumas delas têm declarações, outras não. Finalmente, a terceira característica importante do estudo é que não há muitas razões para acreditar que a exposição a diferentes estímulos tenha revelado o interesse do estudo ou tenha provocado uma confusão entre os efeitos que se pretendia medir. Afinal, raramente estamos conscientemente atentos à presença ou à ausência de declarações nas notícias, ainda que elas estejam associadas à nossa percepção de credibilidade e qualidade de uma reportagem. Portanto, é improvável que os participantes tenham respondido a um efeito de demanda. Além disso, é difícil imaginar que os participantes tenham avaliado melhor, por exemplo, notícias sobre esportes que não contavam com declarações porque antes leram uma notícia sobre política que continha declarações.

Todavia, nem sempre é possível assegurar a validade interna em estudos intrassujeito. Se há grandes vantagens em que os participantes sirvam como controle ou "valores de referência" deles mesmos, esse desenho torna muito desafiador garantir

---

1 Outro estudo sobre o efeito do uso de declarações pela imprensa pode ser encontrado em Gaskins *et al.* (2020).

a independência entre cada uma das medidas realizadas durante a pesquisa. Afinal, quem participa do experimento tende a ter mais informações sobre a estrutura geral do estudo, pois será exposto a diferentes estímulos que buscam medir uma mesma relação causal. Imagine, por exemplo, a situação dos participantes no estudo de Mutz e Reeves (2005) citado no capítulo anterior, em que dezesseis pessoas assistiram a quatro debates políticos com diferentes graus de civilidade entre os candidatos enquanto tinham suas reações fisiológicas medidas por aparelhos em um laboratório. Logo no início do segundo vídeo, muitos deles provavelmente já desconfiaram de que a pesquisa poderia estar interessada em estudar os efeitos que a falta de cordialidade em debates políticos pode ter sobre eleitores. Parte das suas reações, portanto, pode ter estado associada a uma atenção maior ao grau de civilidade da interação entre os candidatos, o que criaria uma confusão sobre os efeitos medidos – e isso, no caso, geraria viés nos estimadores por causa da antecipação das hipóteses do estudo.

Em uma pesquisa que mensure reações fisiológicas, contudo, essa pista provavelmente teve pouco efeito sobre a capacidade de cada um deles de controlar seu nível de sudorese nas mãos ou os batimentos cardíacos. Entretanto, em outros estudos intrassujeito, o grande desafio das pesquisadoras é fazer com que as medidas obtidas após a exposição a diferentes condições experimentais sejam independentes. Isto é, busca-se evitar que a exposição a uma condição experimental ocorrida no momento *t* tenha efeito sobre a mensuração do efeito da exposição a outra condição experimental ocorrida no momento *t+1*. Esse desafio busca evitar três tipos de problema que podem pôr em risco a validade interna de experimentos intrassujeito (Greenwald, 1976).

O primeiro problema potencial de um estudo intrassujeito é o ganho de prática (*practice*) dos participantes ao longo da pesquisa. Especialmente em estudos que mensuram desempenho ou atenção, a condução do experimento pode acabar treinando os participantes, que tendem a realizar atividades cada vez mais rápido e de forma mais precisa pelo simples fato de que já estão mais familiarizados com o ambiente, o conteúdo ou as perguntas de interesse da pesquisa. Isso pode criar uma confusão entre a variável independente manipulada pelo estudo e a variável da prática ou do treinamento, que passa a ser considerada uma variável de confusão (*confounding*). Uma solução para esse problema em potencial é a aleatorização na ordem dos estímulos (*counterbalancing*). O Box 3.2 descreve uma forma comum de fazer isso, conhecida como quadrado latino (*latin square*). Outra solução é ambientar os indivíduos com a plataforma de pesquisa ou a tarefa de interesse antes do estudo, de modo que o experimento meça apenas a influência de diferentes estímulos, o que tende a descartar a prática como uma variável de confusão. Entretanto, se um estudo precisa ocorrer em um contexto de pouca prática – por exemplo, no teste de um novo *website* ou na experiência do consumidor com qualquer novo produto –, um desenho de pesquisa entressujeitos sempre será o mais adequado.

Box 3.2 – Como elaborar um quadrado latino (*latin square*)

O quadrado latino (*latin square*), também conhecido como experimento de rotação (*rotation experiment*) (Campbell & Stanley, 1963), ajuda a resolver de um modo bastante simples dois problemas potenciais dos estudos intrassujeito: os efeitos de prática e transferência. Para ilustrar o último deles, imagine que a ordem de aplicação dos tratamentos pode produzir um efeito de confusão sobre os resultados de um estudo a respeito da importância de declarações em notícias de jornais. Nesse caso, uma pesquisadora não saberá, por exemplo, se seu estudo está medindo o efeito da presença de declarações em uma notícia sobre a percepção de qualidade desse texto ou o efeito da leitura de uma notícia com declarações depois da leitura de outra sem declarações.

Para construir um quadrado latino, basta elaborar uma tabela em que as linhas representem os participantes do estudo e as colunas indiquem a ordem das condições experimentais a que cada um deles será submetido. Imagine, por exemplo, um estudo com oito indivíduos, que serão submetidos a oito condições experimentais.[2] Cada um deles lerá oito notícias, duas sobre cada um dos seguintes assuntos: política, economia, esportes e cultura. A diferença em cada par de notícias é que uma delas terá declarações e outra não. A tabela deve ser preenchida em dois passos: (i) preencha a primeira linha com os números inteiros 1 até "n" condições experimentais (neste caso, 8), começando pelas colunas ímpares até o final e fazendo o caminho de volta pelas colunas pares; e (ii) agora preencha cada coluna com os demais números inteiros que seguem o primeiro número de cada coluna, sendo que o número "n" deve ser sempre sucedido por 1.

As principais propriedades desse esquema são que cada condição experimental (i) aparece apenas uma vez em cada linha, (ii) aparece apenas uma vez em cada coluna, (iii) é precedida (e sucedida) uma única vez por cada uma das demais condições experimentais, e (iv) aparece só uma vez como primeira e como última condição experimental (Bradley, 1958, p. 526). Pode-se observar, entretanto, que potenciais problemas causados pela ordem das condições experimentais não são totalmente eliminados, já que algumas condições aparecem mais de uma vez separadas de outras por apenas um tratamento. A condição 8, por exemplo, é sucedida pela condição 1 depois de um tratamento em três vezes (para os indivíduos F, G e H). Ainda assim, boa parte dos potenciais problemas de prática ou transferência pode ser resolvida com este tipo de aleatorização na apresentação dos tratamentos em estudos intrassujeito.

2 Baseado em Bradley (1958).

Indivíduo	Ordem das condições experimentais							
	I	II	III	IV	V	VI	VII	VIII
A	1	8	2	7	3	6	4	5
B	2	1	3	8	4	7	5	6
C	3	2	4	1	5	8	6	7
D	4	3	5	2	6	1	7	8
E	5	4	6	3	7	2	8	1
F	6	5	7	4	8	3	1	2
G	7	6	8	5	1	4	2	3
H	8	7	1	6	2	5	3	4

Kevin Hwang e seus colegas de diferentes universidades nos Estados Unidos, por exemplo, utilizaram a aleatorização na ordem dos estímulos (*counterbalancing*) para evitar o potencial ganho de prática (Hwang *et al.*, 2011). O objetivo do estudo foi investigar o apoio social a indivíduos com obesidade e sobrepeso entre ambientes on-line e off-line. Cada vez mais, pessoas com sobrepeso buscam apoio emocional e material, acolhimento e informação em fóruns e comunidades na internet. Os pesquisadores avaliaram a efetividade de uma estratégia específica de mensuração para descobrir se a internet é percebida como um contexto que oferece tanto apoio social como os ambientes tradicionais. Essa estratégia é um inventário que mede o apoio ao gerenciamento de peso, denominado em inglês *Weight Management Support Inventory* (WMSI). Por meio de um desenho intrassujeito, os autores compararam o mesmo indivíduo, respondendo a uma versão do WMSI off-line e a uma versão on-line. Para evitar o potencial problema de ganho de prática (*practice*), os pesquisadores aleatorizaram a ordem de aplicação dos WMSI. Assim, a ordem do preenchimento de cada instrumento não afetaria os estimadores do efeito médio. O resultado do experimento não encontrou diferenças entre os instrumentos, o que permitiu concluir que a utilização da internet é percebida como efetiva – sim – para o apoio à população com obesidade e sobrepeso.

O segundo problema potencial de estudos intrassujeito é a sensibilização (*sensitizing*) decorrente da exposição dos mesmos indivíduos a diferentes condições experimentais – exatamente como no exemplo acima, sobre a civilidade dos debates políticos. A sensibilização dá aos participantes informações para formar impressões sobre o tema do estudo, e essa percepção pode condicionar seu comportamento e suas respostas ao longo do experimento, criando uma variável de confusão. Afinal, a causa de variações nas medidas seriam os tratamentos aplicados ou o comportamento atípico dos participantes, que passam a interagir mais com o estudo e seus propósitos do que com o estímulo? Algumas estratégias de camuflagem (*camouflaging strategies*) podem ser utilizadas para reduzir esse risco, como uma mudança gradual entre as condições experimentais, de modo que isso seja menos perceptível, ou uma mudança de várias características ao mesmo tempo (sendo uma delas relevante e de interesse da pesquisa e as demais, desimportantes, desde que não produzam confusão com a variável independente).

Um bom exemplo da aplicação de camuflagem está no desafio de entender os efeitos que a forma de apresentação de dilemas morais pode ter sobre nossas decisões. Você estaria mais pronto a agir para salvar seis pessoas ou para evitar a morte de seis pessoas? Apesar do mesmo saldo final, a apresentação do dilema pode ser fundamental na decisão de agir. Rehren e Sinnott-Armstrong (2021) perceberam que o efeito dessa apresentação poderia ser problemático caso estudássemos dilemas morais com desenhos entressujeitos. Isto é, na realidade, tomamos diversas decisões, e elas não são independentes umas das outras. Os autores, então, utilizaram um desenho intrassujeito com a apresentação de quatro dilemas morais em sequência. Para camuflar os propósitos do estudo, optaram por adicionar diversas perguntas, como distrações entre os estímulos, e criaram um intervalo temporal entre as baterias de dilemas. Ao final, os autores concluíram que os efeitos do enquadramento desses dilemas morais não só se repetiam como também se acumulavam, o que seria uma boa razão para utilizar um desenho intrassujeito ao investigarmos esse objeto de estudo.

Finalmente, o terceiro problema em potencial desse desenho é a transferência (*carryover*) do efeito de um tratamento aplicado no momento t a outro momento t + 1 quando um novo tratamento está sendo introduzido. Tomando como exemplo o estudo de Sundar, seria como se a avaliação da qualidade de uma notícia com declarações sobre esportes ainda estivesse influenciada pela leitura anterior de uma notícia sobre política com declarações de um entrevistado. Portanto, a medida de qualidade associada à leitura da notícia sobre esportes ainda "carregaria" uma influência da exposição à reportagem sobre política, ocorrida anteriormente. Aqui, novamente, uma solução recomendável é a aleatorização da ordem dos estímulos (*counterbalancing*), de modo que – se persistir no tempo – o efeito de transferência seja cancelado pela utilização de diferentes ordens na apresentação dos estímulos. Outra solução possível em alguns estudos é deixar um intervalo temporal maior entre os tratamentos e as mensurações. Algumas vezes, entretanto, esse efeito *carryover* pode ser, em si, de interesse do estudo, como ocorre em pesquisas de psicologia ou estudos de opinião pública sobre efeitos de primazia (*primacy*) e de recenticidade (*recency*), que buscam identificar que informações são mais importantes, por exemplo, para a formação de opiniões (Chong & Druckman, 2013).

Ozer e Wright (2022) desenharam um experimento intrassujeito para entender o efeito de diferentes combinações de veículos de mídia televisiva e comentaristas políticos sobre a percepção do noticiário. Ou seja, queriam saber como as pessoas avaliam a credibilidade e o viés do noticiário televisivo quando veículo e comentarista estão do mesmo lado ou em lados opostos da balança ideológica. Os autores defenderam a adoção do desenho intrassujeito pela maior proximidade com a experiência real de assistir à televisão. Os resultados mostraram que, quando o comentarista e o veículo estão em lados opostos (exemplo: comentarista republicano em um veículo favorável aos democratas), o conteúdo é percebido como mais moderado e neutral.

É bom lembrar que riscos à validade interna também existem em desenhos entressujeitos, como os descritos no Capítulo 1. Salvo em desenhos de pesquisa extremamente discretos (*unobtrusive*), como experimentos de campo que meçam o comportamento dos participantes, a grande maioria dos demais estudos darão aos indivíduos algum tipo de informação ou contexto que poderá estimular seu pensamento, suas atitudes e suas opiniões em uma certa direção. Afinal, o mero texto introdutório de uma pesquisa, as perguntas de aquecimento (*warm-up questions*) e os estímulos tendem a evocar memórias, percepções e expectativas dos participantes, criando um contexto que pode ter efeitos e produzir um viés sobre os resultados que seriam diferentes caso outras opções fossem adotadas na apresentação do estudo ou em questões introdutórias.

Portanto, o fato de que participantes de um estudo intrassujeito tenham mais informações sobre a pesquisa não deve ser considerado, em si, um problema que invalide o trabalho, sempre que seja possível explicar como se buscou evitar ou neutralizar a existência de algum dos três riscos anteriormente indicados. Esse controle é muito importante, porque nem sempre é muito clara a direção do efeito que essas variáveis de confusão podem ter sobre os resultados.

3.3 DESENHOS FATORIAIS

Realizar uma pesquisa empírica – que envolve o planejamento, a coleta e o tratamento de dados – dá trabalho. Às vezes, muito trabalho! Por isso, é importante avaliar sempre qual é a forma mais eficiente de desenhar uma pesquisa, para não investir recursos demais na obtenção de dados que podem ser coletados de modo mais rápido e barato e para não coletar dados que não serão importantes para responder à pergunta de pesquisa do estudo. Esta seção apresenta dois desenhos experimentais de pesquisas entressujeitos que ajudam a dar mais eficiência aos experimentos: os estudos fatoriais completos (*full factorial designs*), os estudos fatoriais fracionários (*fractional designs*) e os estudos fatoriais mistos (*mixed-factorial designs*).

3.3.1 Desenhos fatoriais completos

Estudos fatoriais completos (*full factorial designs*) interessam-se por problemas de pesquisas mais complexos, que investigam a influência de múltiplos estímulos sobre o comportamento da variável dependente. Ou seja, esses estudos organizam os experimentos com base em duas ou mais variáveis de tratamento, que se convencionou chamar de fatores – por isso o nome desenhos fatoriais. Os valores de cada fator são chamados de níveis (*levels*), e as combinações de níveis dos fatores são chamadas de combinações de tratamentos (*treatment combination*). Os desenhos experimentais fatoriais, portanto, consistem na organização de combinações de tratamentos (Mukerjee & Wu, 2006).

Um exemplo ajuda a ilustrar essa modalidade de experimentos. Imagine que você quer lançar um novo aplicativo para estimular as pessoas a fazerem mais exercícios físicos e a alimentarem-se melhor. Imagine, ainda, que você esteja em dúvida sobre algumas características desse aplicativo e da estratégia de lançamento. Você pode não estar muito segura de que o aplicativo poderia ser utilizado só em celulares, ou se valeria a pena lançar também uma versão para dispositivos de papel eletrônico (*e-paper*), como Kindle e Kobo. Você pode desconfiar de que estimular o uso do aplicativo em grupo pode ser melhor do que deixar que as pessoas o usem sozinhas. E, finalmente, você pode estar titubeante entre a escolha das cores de fundo do aplicativo: se é melhor uma combinação mais simples em branco e preto, ou algo mais vibrante em azul e laranja.

Esse problema de pesquisa experimental pode ser desenhado como um estudo de três fatores.[3] Um fator é a plataforma em que o aplicativo vai funcionar. Podemos chamar esse fator de A. Ele tem dois níveis: celular (a_1) ou papel eletrônico (a_2). O segundo fator é o estímulo ao uso do aplicativo em grupo (B), também com dois níveis: presente (b_1) ou ausente (b_2). E o terceiro fator (C) é a cor de fundo do aplicativo, igualmente com dois níveis: branco e preto (c_1) ou azul e laranja (c_2). Um estudo fatorial sobre essas três variáveis teria, portanto, oito condições experimentais (2 x 2 x 2):

(1)	(2)	(3)	(4)	(5)	(6)	(7)	(8)
$a_1b_1c_1$	$a_2b_1c_1$	$a_1b_2c_1$	$a_2b_2c_1$	$a_1b_1c_2$	$a_2b_1c_2$	$a_1b_2c_2$	$a_2b_2c_2$

O grupo 1 usaria o celular (a_1), seria estimulado ao uso em grupo (b_1) e veria o aplicativo com fundo em branco e preto (c_1). O grupo 8 usaria um papel eletrônico (a_2), não receberia estímulo para o uso em grupo (b_2) e veria o app com fundo em azul e laranja (c_2).

3 Adaptação de exemplos retirados de Cochran (1968) e Du *et al.* (2016).

O efeito do uso em celular ou papel eletrônico poderia ser estimado, portanto, pela comparação (1) – (2), pois a única diferença aí está no fator A, mas também pelas comparações (3) – (4), (5) – (6) e (7) – (8). O efeito dessa escolha de plataformas nesse estudo seria obtido, portanto, com a média dessas quatro comparações. Já o efeito do estímulo ao uso em grupo (B) seria obtido com a média das comparações (1) – (3), (2) – (4), (5) – (7) e (6) – (8). Finalmente, o efeito das cores de fundo do app (C) seria o resultado da média de (1) – (5), (2) – (6), (3) – (7) e (4) – (8).

A primeira vantagem desse desenho é que, se fossem feitos separadamente experimentos bivariados para medir os efeitos de cada uma dessas variáveis, seriam necessários doze experimentos, com um total de 24 grupos: ($a_1b_1c_1 - a_2b_1c_1$); ($a_1b_1c_2 - a_2b_1c_2$); ($a_1b_2c_1 - a_2b_2c_1$); ($a_1b_2c_2 - a_2b_2c_2$); ($a_1b_1c_1 - a_1b_1c_1$); ($a_2b_1c_1 - a_2b_2c_1$); ($a_1b_1c_2 - a_1b_2c_2$); ($a_2b_1c_2 - a_2b_2c_2$); ($a_1b_1c_1 - a_1b_1c_2$); ($a_1b_2c_1 - a_1b_2c_2$); ($a_2b_1c_1 - a_2b_1c_2$); ($a_2b_2c_1 - a_2b_2c_2$). Ou seja, um desenho fatorial com os mesmos variáveis e níveis evita a realização de dezesseis grupos: uma economia que pode ser decisiva para a viabilização financeira e logística de uma pesquisa.

A segunda vantagem de um desenho fatorial, neste caso, é a possibilidade de avaliar os efeitos combinados dos três fatores e identificar a combinação de tratamentos que produz o maior efeito sobre a variável dependente do estudo. Neste exemplo, sobre a adesão ao aplicativo de treinamento e dieta. O estudo poderia indicar, por exemplo, que o uso do app em celular tem melhores resultados que em papel eletrônico; que estimular as pessoas a fazerem exercício e dieta juntas é positivo; e que as cores de fundo em branco e preto funcionaram mais que em azul e laranja. Essa é uma propriedade importante dos estudos fatoriais, pois extrapola sua eficiência operacional na obtenção de dados de modo econômico e tende a melhorar os estudos ao ampliar sua capacidade substantiva de explicar comportamentos individuais ou fenômenos sociais complexos.

A propósito... Em um dos estudos que serviram de base para este exemplo, pesquisadores em Palo Alto (Califórnia), onde estão sediadas empresas como Google e Facebook, utilizaram um desenho fatorial para investigar algumas características que pudessem melhorar o desempenho de um aplicativo dedicado a estimular atividades físicas e alimentação saudável (Du *et al.*, 2016). Descobriram que os participantes que usaram o celular em vez do papel eletrônico aderiram em maior medida ao treinamento de oito semanas. E também comprovaram que os participantes que estavam em grupo cumpriram mais o programa do que os que estavam sozinhos. Os pesquisadores não estudaram a cor de fundo do aplicativo, mas o artigo deles mostra que é em preto e branco.

Até aqui, tratamos de estudos cujas condições experimentais representaram todas as possíveis combinações entre os níveis dos fatores. Nesses casos, como indicado anteriormente, trata-se de desenhos fatoriais completos (*full factorial designs*), ainda que muitas vezes os estudos se refiram a eles apenas como desenhos fatoriais (*factorial designs*). Entretanto, quando o número de combinações possíveis é muito alto e algumas das combinações não possuem interesse específico ou prático, podemos analisar apenas algumas delas, como veremos na próxima seção.

3.3.2 Desenhos fracionários

Muitas vezes, o interesse científico e prático em alguns problemas pode resultar em um desenho de pesquisa que, se cumprido integralmente, exige a participação de muitas pessoas, consome muitos recursos logísticos e financeiros ou toma muito tempo. Isso pode ser desnecessário quando estamos interessados em um conjunto de perguntas de pesquisa mais específico. Nesse caso, é possível planejar um estudo com desenho fracionário (*fractional design*), que otimize esses investimentos sem sacrificar a capacidade explicativa de um experimento. Tradicionalmente, desenhos desse tipo têm sido usados não apenas na agricultura e na indústria, mas também no desenvolvimento de softwares, tecnologias e soluções para o aquecimento global (Gunst & Mason, 2009). A grande vantagem dos desenhos fracionários sobre outras formas de redução do tamanho dos experimentos é que eles permitem simplificar uma pesquisa sem, com isso, perder as propriedades estatísticas de um desenho fatorial completo, o que permite chegar a conclusões robustas (Gunst & Mason, 2009).

Sempre que tivermos razões para acreditar que apenas algumas combinações de tratamentos relativos a alguns fatores dominantes podem ter efeito sobre o que estamos estudando, um desenho fracionário deve ser a melhor opção. Esses fatores dominantes podem ser indicados com base no conhecimento teórico sobre o tema, em achados empíricos de pesquisas anteriores, em testes preliminares, ou, ainda, quando for impossível ou improvável a ocorrência de algumas das combinações de tratamentos. Outra razão para utilizar um desenho fracionário é a existência de um número limitado de potenciais participantes, o que impõe extrair os melhores resultados possíveis diante de uma amostra reduzida.

Esta foi a principal razão para que um grupo de pesquisadores da Universidade de Leeds, no Reino Unido, adotasse um desenho fracionário para investigar que estratégias de *feedback* e que organizações de auditoria clínica seriam mais eficazes para incentivar um maior cuidado com pacientes britânicos (Wright-Hughes *et al.*, 2022). Ao todo, foram analisadas seis diferentes estratégias de *feedback*. Elas incluíam, por exemplo, a recomendação de ações bastante específicas, a menção a declarações de pacientes e o uso de comparações com padrões nacionais. O total de combinações dessas seis possíveis estratégias – desde não utilizar nenhuma até mencionar todas as seis num só relatório – é $2^6 = 64$. No entanto, para otimizar a oportunidade de pesquisa com os 1.241 profissionais da área de saúde participantes do estudo, o desenho fracionário utilizou apenas

$2^{6-1} = 32$ dessas combinações[4]. Coletados os dados, mesmo com essa importante redução no número de combinações, os pesquisadores descobriram que nenhum *feedback* utilizado isoladamente tinha efeitos estatisticamente significativos, mas algumas combinações eram particularmente efetivas ao incentivarem maiores cuidados com os pacientes. Entre elas, a mais influente de todas incluía o uso de informações textuais e gráficas, a redução do conteúdo do relatório a mensagens-chave, a indicação de comportamentos específicos desejáveis e a incorporação de declarações de pacientes.

3.3.3 Desenhos fatoriais mistos

Os desenhos fatoriais e os desenhos fracionários adotam uma estratégia de comparação entressujeitos. Nos desenhos fatoriais mistos (*mixed factorial designs*), contudo, ao menos um dos fatores é medido em uma comparação entressujeitos, e, necessariamente, ao menos um dos demais fatores é medido em uma comparação intrassujeito.

Um estudo sobre diferentes estratégias para reduzir o consumo de cigarro ajuda a ilustrar esse tipo de desenho. Desde a comprovação de que o fumo é cancerígeno, nos anos 1950, alguns países têm buscado intervenções mais rigorosas para enfrentar esse problema de saúde pública. A Indonésia, por exemplo, decidiu, em 2011, cobrir 40% dos maços de cigarro vendidos no país com mensagens de alerta aos fumantes. Mas cobrir 40% do maço foi uma decisão eficiente? Teria sido melhor cobrir uma área maior do maço com alertas sobre os perigos do cigarro? Para avaliar os efeitos dessa medida, um grupo de pesquisadores de universidades na Indonésia e no Reino Unido (Yuliati *et al.*, 2021) decidiu fazer um estudo com dois fatores: o tamanho dos alertas (40%, como decidido pelo governo indonésio, e outro mais rigoroso, de 75%) e a mensagem utilizada (ora explorando medo, ora culpa, ora o custo financeiro de fumar). O tamanho dos alertas foi medido em uma estratégia entressujeitos: cada indivíduo só viu mensagens de um mesmo tamanho. Já os efeitos das mensagens foram medidos em uma estratégia intrassujeito: todos os indivíduos leram as três mensagens, ainda que parte deles com um tamanho de 40% do maço, e a outra parte com o tamanho maior, de 75% do maço. Ao todo, 209 fumantes completaram o questionário, em um experimento on-line. Os resultados mostraram que as mensagens que exploravam o medo ou a culpa foram mais eficientes que as que citavam os custos financeiros desse vício. Contudo, nenhuma diferença foi observada entre os dois tamanhos de mensagem, o que sugere uma decisão eficiente do governo indonésio sobre o tamanho dos alertas no maço de cigarro.

---

4 Para mais detalhes de estratégias de redução de combinações em desenhos fracionários, veja Chakraborty *et al.* (2009) e Box *et al.* (1978).

Desenhos fatoriais mistos têm duas vantagens particulares, que são próprias de estudos entressujeitos e intrassujeitos. A primeira é que, ao submetermos os grupos experimentais a diferentes níveis de um fator, preservamos o sigilo sobre um dos interesses da pesquisa. No caso do maço de cigarros, os participantes não teriam como saber que outro grupo estava sendo submetido a imagens em que a mensagem ocupava um tamanho diferente. Afinal, cada indivíduo viu mensagens do mesmo tamanho. Já a segunda vantagem é que, ao submetermos os mesmos indivíduos a níveis diferentes de outro fator, há um ganho em poder estatístico, uma vez que cada indivíduo serve de "controle" dele mesmo, como vimos no Capítulo 2. As desvantagens desse desenho são, entre outras, a necessidade do recrutamento de um número maior de indivíduos para um estudo que usa uma comparação entressujeitos e os riscos de efeitos de ordem para um estudo que compara diferentes medidas dos mesmos sujeitos, próprias também de estudos entressujeitos e intrassujeitos.

3.4 DESENHOS EXPERIMENTAIS PARA O ESTUDO DE ASSUNTOS SOCIALMENTE SENSÍVEIS

As seções anteriores apresentaram desenhos de pesquisa utilizados em metodologia experimental destinados à investigação de temas diversos e facilmente aplicáveis a um amplo conjunto de problemas de pesquisa de diferentes áreas do conhecimento. Nesta seção, vamos introduzir algumas técnicas experimentais úteis para se lidar com estudos que tratam de assuntos socialmente sensíveis, típicos das ciências sociais, como racismo, sexismo, pornografia ou aborto, entre outros. Dados de opinião sobre esses assuntos normalmente contêm um viés de desejabilidade social. Ou seja, quando questionadas diretamente sobre temas como esses, as pessoas preferem dar respostas não honestas, mas socialmente aceitáveis, evitam responder dizendo que não sabem ou não têm opinião, ou até mesmo desistem de participar da pesquisa. Tudo para evitar dar uma resposta que não seja socialmente aceita, ainda que sincera (Kuklinski *et al.*, 1997). Em casos assim, os dados coletados não são confiáveis. Três técnicas têm sido utilizadas para lidar com esse problema: os experimentos em lista, os experimentos de endosso e os experimentos de resposta randomizada. Um estudo que utilizou e comparou essas três técnicas servirá de exemplo.

Em 2011, os eleitores do estado americano do Mississipi, um dos mais conservadores dos Estados Unidos, foram às urnas para decidir, entre outras coisas, se aprovavam uma mudança na constituição estadual que passaria a considerar que a vida começa no ato de fecundação, contrariando expectativas de ampliação do direito das mulheres à escolha sobre a gravidez. A expectativa geral no estado era de aprovação da emenda constitucional com folga, apoiada por pesquisas de opinião pública convencionais, que fazem perguntas diretas sobre o que pretendem medir. Abertas as urnas e contados os votos, entretanto, descobriu-se que a proposta havia sido rejeitada, com 58% dos votos contrários à mudança e 42% favoráveis.

Três pesquisadores da Universidade de Princeton decidiram estudar os efeitos da desejabilidade social sobre o que as pessoas respondiam em pesquisas e suas opiniões sinceras, registradas em votos (Rosenfeld *et al.*, 2013). Além disso, compararam a precisão de cada uma das três técnicas experimentais utilizadas para estudar temas sensíveis. No estudo, eles se concentraram em distritos eleitorais com maior porcentagem de votos contrários à emenda, em comparação com a votação dada ao candidato republicano ao governo. Ou seja, buscaram descobrir o que aconteceu onde houve maior desvio das expectativas. Nesses distritos, a rejeição à emenda foi de 64%, ainda maior do que a observada no estado como um todo (58%). As próximas seções contam o que aconteceu.

3.4.1 Experimentos em lista

Nos experimentos em lista (*list experiments*), cada respondente avalia algumas afirmações e simplesmente diz com quantas delas concorda. Ou seja, apenas informa um número. Não precisa dizer se concorda ou não com cada uma das afirmações incluídas nessa lista; simplesmente indica o número de itens com os quais concorda. Por essa razão, os experimentos em lista também são conhecidos como técnica de contagem de itens (*item count technique*).

Essa técnica costuma separar os indivíduos em três grupos. Um deles responde a uma pergunta direta sobre o item sensível, o que oferece uma base de comparação (*baseline*) para o experimento. Os outros dois grupos recebem as listas: uma delas com o item sensível (grupo tratado) e outra sem esse item (grupo controle). O nível de concordância com o item sensível é calculado simplesmente pela diferença das médias de concordância entre os dois grupos. E o nível de desejabilidade social é estimado pela comparação entre a concordância real medida no experimento em lista e a concordância medida na pergunta aberta.

Os pesquisadores de Princeton fizeram a pergunta direta a uma amostra de 2.655 eleitores, e a resposta foi impressionante. Mesmo depois da eleição, apenas 30% deles disseram ter votado contra a mudança constitucional, quando, naqueles distritos estudados, as urnas haviam registrado mais que o dobro (64%). A outro grupo de 1.352 eleitores, foram apresentadas duas listas. Na lista do grupo controle, que indicava quatro comportamentos de caráter político, os pesquisadores queriam saber quantos deles as pessoas haviam realizado nos últimos dois anos: “conversei sobre política com familiares e amigos”, “votei no governador Phil Bryant”, “contribuí para o sindicato” e “dei dinheiro para uma organização ou um candidato conservador".[5] A lista do grupo tratado tinha esses mesmos quatro itens, mais um: "votei 'sim' à proposta de emenda constitucional que considera que a vida começa no ato de fecundação".[6] Feita a análise estatística dos resultados, o experimento em lista indicou que a oposição à emenda foi de aproximadamente 46%. Um dado mais próximo da realidade medida nas urnas do que o obtido com a pergunta direta, mas ainda assim distante do resultado eleitoral.

Uma das desvantagens dos experimentos em lista são os efeitos de piso e teto sobre o respondente. Se disser o número mínimo (zero) ou o máximo (cinco), a privacidade acaba. Logicamente ele teria votado "não" no primeiro caso, e "sim", no último. Para evitar esse problema, é importante que ao menos dois dos itens sejam negativamente correlacionados. Ou seja, quem adotou um comportamento dificilmente terá adotado outro. No caso acima, quem contribuiu para um sindicato, que apoia causas dos trabalhadores, dificilmente deu dinheiro para uma organização ou candidato conservador, mais ligado a empresários. Outra desvantagem potencial é que a inclusão de um item sensível pode alterar a percepção dos entrevistados sobre o conjunto dos itens. Isso significa que poderia haver uma certa elaboração sobre a resposta e busca de coerência na indicação de um número, dando menos precisão à medida de concordância com o item sensível.

3.4.2 Experimentos de endosso

Assim como os experimentos em lista, os experimentos de endosso (*endorsement experiments*) também permitem investigar opiniões sobre temas sensíveis mediante um questionamento indireto. No caso dos experimentos de endosso, entretanto, a mecânica é mais simples. Os participantes de um *survey* são designados para dois grupos. Aqueles indivíduos designados ao grupo controle são convidados a manifestarem seu nível de concordância com uma opinião, um comportamento ou uma política pública neutral, que não esteja associada a posições antagônicas cristalizadas. Já no grupo tratado, os indivíduos devem indicar seu nível de concordância com a mesma sentença, mas, aqui, ela aparece associada a uma pessoa ou a um grupo social que pode suscitar reações negativas.

No estudo sobre a votação da emenda restritiva ao aborto no Mississipi, os pesquisadores adotaram uma estratégia um pouco diferente do habitual. Em vez de utilizarem uma proposta para avaliar uma pessoa ou grupo, utilizaram uma pessoa para avaliar uma proposta. Mais especificamente, apresentaram a 1.841 eleitores

5 Na versão original, o item cita especificamente o *Tea Party*, movimento conservador associado ao Partido Republicano que reivindica, entre outras bandeiras, a redução da carga tributária nos Estados Unidos.

6 Na versão original, o item cita o nome pelo qual ficou conhecida a emenda, *The 'Personhood' Initiative*.

uma questão com duas versões. Na primeira, pediram que manifestassem sua opinião sobre algumas pessoas que frequentemente estão no noticiário. Entre elas, incluíram o então "governador do Mississipi, Phil Bryant", do Partido Republicano. Cada entrevistado deveria dizer se tinha uma opinião "muito favorável", "algo favorável", "algo desfavorável" ou "muito desfavorável" sobre ele, ou, então, se preferia não responder ou não tinha opinião formada. Essa foi a versão recebida pelo grupo controle. Já o grupo tratado teve de dar sua opinião sobre o mesmo político, mas com uma informação adicional: nesse caso, a avaliação deveria ser feita sobre o "governador do Mississipi, Phil Bryant, que fez campanha a favor da proposta de emenda constitucional que considera que a vida começa no ato de fecundação".[7] Feitos os cálculos, no grupo controle, a soma de menções "muito" e "algo" favoráveis ao governador era de 68%, enquanto no grupo tratado foi um pouco mais baixa, de 63%. Esse resultado foi utilizado em um modelo probabilístico mais sofisticado, que também incluía outras variáveis.[8] Feitos os cálculos desse modelo, o experimento de endosso estimou um voto contrário de aproximadamente 60%, muito mais próximo do dado apurado nas urnas (64%).

Uma das vantagens do experimento de endosso sobre o experimento em lista é que, neste último, a questão sensível aparece explicitamente entre os itens a serem contados. Já no endosso, ela aparece de modo mais indireto, dando mais privacidade aos respondentes. Por outro lado, para estimar a opinião sobre o item sensível encoberto, é preciso utilizar um modelo estatístico mais complexo, que precisa assumir uma certa relação entre o apoio a uma medida, uma pessoa ou grupo e a opinião que pode sofrer o viés de desejabilidade social.

3.4.3 Experimentos de resposta randomizada

Finalmente, a terceira técnica experimental mais usada para lidar com questões sensíveis é o experimento de resposta randomizada (*randomized response technique*). Aqui, no entanto, não é a pesquisadora quem designa aleatoriamente cada participante a uma condição experimental, mas é o próprio participante quem sorteia uma possível resposta a uma pergunta predeterminada. Isso mesmo: o participante é quem deve usar alguma forma de aleatorização, e só ele vai saber se, ao responder, está falando sobre a questão sensível ou outra pergunta predeterminada no questionário.

No estudo sobre a fracassada aprovação da emenda no Mississipi, as entrevistas foram feitas por telefone. Em determinado momento do questionário, os

---

7 Na versão original, o texto dizia: "*Phil Bryant, Governor of Mississippi, who campaigned in favor of the 'Personhood' Initiative on the 2011 Mississippi General Election Ballot*".

8 Para mais detalhes sobre o modelo utilizado, ver Rosenfeld *et al.* (2013, p. 8).

entrevistadores solicitaram aos 943 entrevistados que foram selecionados para o experimento de resposta randomizada que fossem buscar uma moeda. Pediram ainda que lançassem a moeda ao ar e anotassem em um papel se havia saído "cara" ou "coroa", sem dizer ao entrevistador que lado havia ficado para cima. Em seguida, ouviram a pergunta: "Por favor, diga 'sim' se sua moeda ficou com a 'cara' para cima ou se você votou 'sim' à proposta de emenda constitucional que considera que a vida começa no ato de fecundação".[9] Dentre os entrevistados, 59% disseram "sim", 27% disseram "não" e 13% não responderam. Como a chance de obter "cara" ao lançar uma moeda para cima é de 50%, seriam esperáveis proporções iguais de "sim" e "não" caso a votação tivesse ficado empatada, com 50% dos votos favoráveis e 50% contrários à emenda. Os resultados permitiram que os pesquisadores estimassem, com o auxílio de modelos probabilísticos, em aproximadamente 64% os votos contrários à medida, justamente o apurado nas urnas.

Uma das conclusões mais importantes do estudo é que os experimentos de endosso e de resposta randomizada apresentaram resultados mais precisos, em comparação com os experimentos em lista. Entretanto, uma desvantagem importante dos experimentos de resposta randomizada é que eles são complexos e podem gerar cansaço, confusão e desistência entre os participantes de um estudo. Além disso, há menor controle sobre a designação aleatória, o que pode acarretar um descumprimento, enviesando os estimadores e diminuindo a validade interna do estudo.

3.5 EXPERIMENTOS DE ESCOLHA DECLARADA

Os experimentos de escolha declarada (*stated choice experiments*) permitem investigar conjuntamente a influência de uma série de variáveis de interesse sobre uma variável dependente, sejam atitudes, opiniões, intenções de comportamento ou o comportamento em si. Esses estudos foram desenvolvidos no começo da década de 1970 por pesquisadores de marketing que buscavam dar mais eficiência ao desenvolvimento de produtos de consumo e a campanhas publicitárias, para vendê-los (Green & Rao, 1971). Diferentes áreas do conhecimento, entretanto, dão nomes distintos para essa técnica, ainda que ela tenha essencialmente a mesma lógica. Ela pode ser denominada como experimento de análise conjunta (*conjoint experiment*) em áreas como marketing, psicologia e ciência política; como experimento de vinheta (*vignette experiments*) em áreas como sociologia, ciência política e comunicação; como método de valoração contingente (*contingent valuation method*) na economia e em estudos ambientais; ou, ainda, como survey fatorial fracionado (*fractional factorial survey)* (Caro *et al.*, 2012).

9 No original, a pergunta dizia: "*Now, please answer 'yes' if either your second coin toss came up heads or you voted 'YES' on the 'Personhood' Initiative, which appeared on the November 2011 Mississippi General Election Ballot*".

Essa mesma técnica pode ser utilizada tanto para consultar escolhas potenciais dos participantes (*choice outcomes*) quanto para solicitar sua avaliação (*rating outcomes*). Há, basicamente, dois desenhos de experimentos de escolha declarada: os pareados, em que os participantes são expostos a dois objetos por vez e declaram sua preferência por um deles, ou dão notas a ambos (*contrasting technique*); e os simples, em que alguns participantes avaliam apenas um cenário ou objeto, e outros avaliam outro(s) cenário(s) ou objeto(s) (*constant variable value*) (Caro *et al.*, 2012). Um exemplo etílico pode clarear as ideias sobre esses conceitos.

3.5.1 Experimentos de escolha declarada pareados

A cerveja é a bebida alcoólica mais consumida no mundo, com 174 bilhões de litros por ano em 2020 e 38% do faturamento no setor, à frente dos destilados e do vinho (Statista, 2022). Ainda assim, fabricantes de cerveja buscam constantemente aumentar sua participação nesse mercado e atrair novos consumidores. Entre eles, as mulheres, que, em geral, bebem muito menos cerveja que homens. Mas, afinal, as mulheres não gostam de cerveja? Ou não gostam de algumas cervejas?

Para conhecer melhor as preferências das mulheres em relação à cerveja, uma pesquisadora e um pesquisador canadenses realizaram um experimento de análise conjunta com 277 estudantes e funcionárias de uma universidade na província de Nova Scotia, que declararam ser consumidoras de cerveja (Muggah & McSweeney, 2017). Foram analisados seis possíveis atributos de uma cerveja: sabor, cor, embalagem, marca, método de produção e tipo, resumidos na tabela a seguir. Dados sobre o preço que a participante estaria disposta a pagar, hábitos de consumo e características sociodemográficas também foram coletados.

Tabela 3.1 Variáveis e valores do experimento sobre cervejas elaborado por Muggah e McSweeney (2017).

Sabor	Amarga, moderadamente amarga, pouco amarga, maltada, moderadamente doce e doce.
Embalagem	Garrafa de 500 ml, lata de 500 ml, caixa com seis garrafas de 341 ml, caixa com oito latas de 341 ml, caixa com doze garrafas de 341 ml e caixa com doze latas de 341 ml.
Cor	Dourado-clara, âmbar, vermelha, castanho-clara, castanho-dourada e preta.
Método de produção	Tradicional, com garantia de qualidade rigorosa, orgânica, inovadora, sem glúten ou com ingredientes locais.
Tipo	*Lager*, *Ale*, *India Pale Ale*, *Stout*, de trigo e *Pilsner*.
Marca	Macrocervejaria local, macrocervejaria nacional, microcervejaria local, microcervejaria nacional, nanocervejaria local, nanocervejaria nacional.

(Fonte: elaborado por Muggah e McSweeney, 2017).

Um software foi utilizado para gerar 22 pares de cervejas cujas características eram resultado de uma combinação aleatória desses seis atributos. Cada participante deveria escolher uma das opções em cada par sugerido. Os resultados confirmaram estudos anteriores que indicam que as mulheres preferem cervejas mais doces em relação às amargas, mas também indicaram uma vantagem da *Ale* em relação à *Stout*, da garrafa em relação à lata, de uma cor dourado-clara em relação à preta, daquelas feitas com ingredientes locais em comparação com outras produzidas com garantia de qualidade rigorosa e das cervejarias locais em relação às grandes marcas nacionais.

Assim como as cervejas e outras bebidas alcoólicas, que podem ter efeitos indesejáveis, os experimentos de análise conjunta também têm desvantagens ou limitações. O principal deles é que, ao escolherem entre um primeiro par de opções, os indivíduos podem transferir para as escolhas seguintes alguns elementos dessa opção, gerando um certo padrão (*carryover effect*). Esse padrão pode afetar os dados e gerar resultados diferentes do comportamento real dos indivíduos. Por exemplo, em um bar, normalmente, escolhemos uma cerveja por vez, e não 22! A melhor forma de se contornar esse problema é reduzir o número de opções ou criar intervalos entre as escolhas.

Apesar disso, os experimentos de análise conjunta têm quatro grandes vantagens em relação a outras técnicas (Hainmueller *et al.*, 2014). Em primeiro lugar, eles tendem a aumentar a validade do estudo, porque medem preferências em contextos às vezes bastante realistas, que envolvem a escolha entre opções que, se não existem, poderiam muito bem existir. Em segundo lugar, é possível testar um grande número de teorias e hipóteses simultaneamente, como o caso das cervejas. Não foi preciso, por exemplo, realizar um estudo só sobre as preferências das mulheres em relação ao sabor da cerveja, outro só sobre a cor ou só sobre a embalagem. Várias hipóteses, baseadas em diferentes atributos, foram testadas de uma só vez. Em terceiro lugar, os experimentos de análise conjunta também podem servir para investigar assuntos sensíveis, sobre os quais as pessoas poderiam dar respostas socialmente desejáveis e não sinceras. Ao se apresentar uma série de opções de escolha, seria possível introduzir uma variável sensível sem constranger o participante. Por exemplo, entre as marcas estudadas, seria possível incluir também uma fabricada no Brasil, para medir a existência de preconceito contra produtos brasileiros entre consumidoras canadenses de cerveja. Finalmente, os experimentos de análise conjunta têm um grande potencial de aplicação prática, seja no desenho de produtos (Scherer *et al.*, 2018), na formulação de políticas públicas (Cooperman *et al.*, 2022; Justesen *et al.*, 2021) ou na investigação de preferências e preconceitos sociais em simulações eleitorais (Doherty *et al.*, 2019).

3.5.2 Experimentos de escolha declarada simples

Ao longo da vida escolar, alguns estudantes recorrem a trapaças para conseguirem melhores notas nas provas. Às vezes, copiam de um colega distraído que estudou mais; às vezes, contam com a ajuda explícita desse colega; e, outras vezes, usam anotações na carteira, em papéis ou até mesmo na pele. Não é certo, mas acontece. Em 2003, três pesquisadores de universidades americanas desenharam um experimento com vinheta para identificar as principais razões pelas quais um estudante universitário decide colar. Essencialmente, queriam medir o efeito de duas variáveis. A orientação do comportamento acadêmico de cada estudante, se mais dirigido a aprender e evoluir intelectualmente (objetivos intrínsecos) ou a comprovar uma certa performance (objetivos extrínsecos). E a percepção de competência do estudante, se alta ou baixa, em superar os desafios do curso.

Os participantes do estudo foram 103 estudantes de graduação de uma universidade dos Estados Unidos, com idades entre 18 e 22 anos. Cada um deles leu uma vinheta diferente, que contava a história de um estudante fictício, Robert, que se via diante da oportunidade de colar de um colega sentado ao seu lado durante uma prova. Ao final dessa leitura, os participantes responderam a dois questionamentos: se acreditavam que Robert colaria; e se eles próprios colariam caso estivessem em situação semelhante. Para responder, usaram uma escala de 9 pontos, em que 1 significava "não colaria de jeito nenhum" e 9, "certamente colaria". Uma das versões da vinheta, com alta competência (indicada com a letra "a") e objetivos intrínsecos (indicados com a letra "b"), dizia:

> Robert está no segundo semestre do curso e foi matriculado em uma disciplina introdutória muito desafiadora, que é pré-requisito para outras do terceiro semestre. (a) Robert fez três disciplinas semelhantes no passado e saiu-se muito bem. Assim, quando Ele se inscreveu para esta classe, estava muito confiante em sua capacidade de ser aprovado. (b) Robert faz seus trabalhos nessa disciplina porque quer aprender coisas novas e está muito interessado no assunto do curso. Outra razão pela qual Robert gosta desse curso é que isso o faz pensar, e ele gosta da forma como as aulas são conduzidas. Quando Robert começa a fazer uma das provas, entretanto, percebe que, com muito pouco esforço, consegue ver as respostas do aluno sentado à sua frente.[10]

Já outra versão (objetivos extrínsecos, indicada com a letra "c", e baixa competência, indicada com a letra "d") dizia:

> Robert está no segundo semestre do curso e foi matriculado em uma disciplina introdutória muito desafiadora, que é pré-requisito para outras do terceiro semestre. (c) Robert fez três disciplinas semelhantes no passado,

10 Tradução e adaptação com base em Rettinger *et al.* (2004).

> mas se saiu muito mal. Assim, quando ele se inscreveu para esta classe, estava pouco confiante em sua capacidade de ser aprovado. (d) Robert faz seus trabalhos nessa disciplina porque quer obter boas notas para conseguir uma vaga no mestrado de uma universidade reconhecida. Outra razão pela qual Robert quer obter boas notas é que elas podem ajudá-lo a conseguir um emprego com salário mais alto. Quando Robert começa a fazer uma das provas, entretanto, percebe que, com muito pouco esforço, consegue ver as respostas do aluno sentado à sua frente.[11]

Comparadas as quatro versões da vinheta, os resultados mostraram que os participantes da pesquisa consideravam menos provável que o estudante fictício "Robert" colasse na versão com objetivos intrínsecos e alta competência, e muito mais provável que colasse na versão orientada a obter uma certa performance comprovada e baixo rendimento acadêmico.

3.5.3 Vantagens e desvantagens de experimentos de escolha declarada

Três vantagens no uso de experimentos de escolha declarada são especialmente salientes. A primeira é a possibilidade de investigação simultânea de várias hipóteses, o que pode oferecer uma economia de tempo e dinheiro. A segunda vantagem advém da possibilidade de pesquisar preferências individuais em contextos mais bem definidos, em que vários elementos de uma decisão podem estar presentes – como no caso da escolha de uma cerveja. Finalmente, a terceira vantagem no uso dessa técnica é seu potencial de aplicabilidade em situações concretas, seja no desenho de um produto, seja na identificação de fatores que podem estar mais associados a um determinado comportamento, como trapacear em provas da universidade.

Já as desvantagens desses experimentos são essencialmente duas. Em primeiro lugar, o uso de textos ou outros estímulos com muitos elementos – simultaneamente – pode reduzir a capacidade de identificar relações estatisticamente significativas. Considere um estudo A com 100 participantes e apenas duas versões de uma vinheta. Cada versão será avaliada, em média, por 50 indivíduos (100/2=50). Agora considere um estudo B com 100 participantes também, mas com uma vinheta que analisa seis versões de uma situação hipotética. Aqui, cada versão seria avaliada, em média, por menos de 17 indivíduos (100/6=16,7). Portanto, apesar da eficiência desse tipo de experimento, a investigação de mais variáveis e mais valores pode implicar um aumento do número de participantes para que seja possível chegar a conclusões robustas. Em segundo lugar, o uso de situações hipotéticas pode provocar

11 Idem.

uma sobrecarga cognitiva entre os participantes (McDonald, 2020). Avaliar "um presidente de direita que, durante uma pandemia, criticou o uso de vacinas de um país asiático para enfrentar um vírus" é mais demandante e demorado do que avaliar "o presidente Jair Bolsonaro, que, durante a pandemia de covid-19, criticou o uso de vacinas da China para enfrentar o coronavírus".

3.6 OUTROS DESENHOS EXPERIMENTAIS

Existem alguns outros desenhos de experimento que buscam lidar com dificuldades específicas na implementação de uma pesquisa. Por exemplo, quando é muito provável a comunicação entre indivíduos que recebem e os que não recebem um tratamento (problema conhecido como vazamento, ou *spillover*); ou quando é possível que alguma característica dos indivíduos possa interferir de modo importante nos resultados de um experimento. Esta seção apresenta três dos desenhos que buscam resolver esses problemas: o desenho multinível (*multilevel design*), o desenho com blocagem (*blocking design*) e o desenho de pares combinados (*matched pairs*).[12]

3.6.1 Desenho multinível

Os experimentos multinível (*multilevel design*) são uma solução para lidar com os problemas de vazamento (*spillover*), que ocorrem quando indivíduos do grupo controle – que não deveriam receber o tratamento – mantêm alguma comunicação com indivíduos do grupo tratado e acabam sendo expostos ao estímulo experimental. Nesses casos, a validade interna do estudo fica ameaçada, pois é mais difícil calcular os efeitos do tratamento, como vimos na Seção 2.3.2. Um bom exemplo do uso dessa metodologia está em um estudo sobre a mobilização de eleitores de Chicago, realizado em 2009.

No início de janeiro daquele ano, Barack Obama estava prestes a tomar posse como o primeiro presidente negro da história dos Estados Unidos e montava sua equipe de governo. Para um dos postos mais importantes, o de chefe de gabinete da Casa Branca, Obama convidou o então deputado Rahm Emanuel, eleito em um distrito da região de Chicago. Nos Estados Unidos, para assumir um posto no governo, os deputados devem renunciar aos seus mandatos legislativos. Foi o que fez Emanuel. Sua renúncia, entretanto, deu lugar a uma eleição especial para a escolha de um novo representante.

Pesquisadores das universidades de Chicago, Harvard e Columbia aproveitaram a eleição para estudar a eficiência de estratégias de mobilização dos eleitores

12 Para uma visão mais avançada de desenhos experimentais alternativos, veja De Leeuw *et al.* (2008) e Colbourn & Dinitz (2007).

para essa escolha. Como se tratava de uma eleição fora do calendário eleitoral nacional, e o voto nos Estados Unidos é optativo, temia-se uma baixa participação. Em abril de 2009, a uma semana da eleição especial, os pesquisadores enviaram a 60 mil eleitores, por correio postal, uma carta que falava da importância cívica de participar da eleição e indicava se esse eleitor havia ou não votado nas duas eleições anteriores – essa é uma informação pública e esse é um estímulo típico de pressão social testado em estudos anteriores (Gerber *et al.*, 2008).

Como saber que efeito essa correspondência teve sobre um eleitor se, em uma rua, alguns vizinhos receberam o estímulo e outros não? Os que não receberam a carta poderiam ter sido estimulados a votar pelo comentário de um vizinho que, sim, recebeu a carta. Mais difícil: como mensurar esse efeito em uma casa com dois eleitores, em que um recebeu a carta e outro não? Para lidar com esse problema, os pesquisadores organizaram os dados em três níveis: individual, residencial (para dar conta do possível vazamento entre moradores da mesma casa) e regional (para dar conta do possível vazamento entre vizinhos de um mesmo bairro). Definiram que o grupo controle seria formado pelos indivíduos que não receberam a carta, assim como as outras pessoas em sua casa e inclusive em seu bairro. Ou seja, com reduzidas chances de vazamento.

Passada a eleição, analisaram os dados de participação eleitoral em Chicago. Fizeram três descobertas. Em primeiro lugar, a carta realmente estimulou as pessoas a votarem, com um aumento na participação de aproximadamente 22% no grupo tratado em relação ao grupo controle. A segunda é que os eleitores que não receberam a carta, mas moravam em uma casa em que outro eleitor recebeu a correspondência, tiveram uma participação aproximadamente 7,5% maior em relação ao grupo controle. Finalmente, a última conclusão é que não houve qualquer evidência de vazamento de uma casa para outra do mesmo bairro.

Sem um desenho multinível, não seria possível observar e estimar o efeito que uma campanha de mobilização eleitoral pode ter sobre outras pessoas que não as que receberam a correspondência. Vistos sob a perspectiva da técnica experimental, os vazamentos podem ser um problema. Mas, sob a perspectiva de intervenções sociais ou mesmo naturais, é possível perceber que esses vazamentos podem, na verdade, ser uma boa solução, como em estratégias de combate a fraudes e a desvios, em que criminosos recebem a informação da existência de ações ostensivas de supervisores ou policiais e acabam ajustando seu comportamento (Hyde, 2011).

3.6.2 Desenho com blocagem

Os desenhos com blocagem (*blocking design*) oferecem maior controle sobre uma ou mais variáveis que podem estar associadas a uma relação causal heterogênea. Ou seja, alguns indivíduos de uma população apresentam uma certa resposta a um tratamento, enquanto outros indivíduos apresentam uma resposta diferente pela presença de alguma variável concomitante. Por exemplo, um teste de usabilidade que avalie a capacidade de novos usuários diante de um jogo eletrônico infantil pode considerar duas opções de atalhos entre teclas. Um deles, mais simples, que resultaria em um jogo mais acessível. Outro, mais complexo, que resultaria em um jogo mais dinâmico e excitante. Um estudo sobre os efeitos dessas duas opções poderia recrutar indivíduos mais provavelmente interessados no jogo, digamos, com idades entre 6 e 14 anos. Entretanto, nossa coordenação motora final tende a melhorar bastante entre essas idades, o que significa que a idade também pode ter influência sobre a avaliação de usabilidade em um jogo eletrônico. Nesse caso, os indivíduos poderiam ser organizados em blocos ou grupos, por faixa etária, de modo a reduzir o efeito da idade sobre a avaliação das duas opções de atalhos entre teclas, como no exemplo a seguir.

Tabela 3.2 Exemplo de desenho de blocagem em estudo sobre usabilidade de um jogo eletrônico

6–7 anos	Designação aleatória	Grupo 1	Atalho A (simples)	Comparação da usabilidade
		Grupo 2	Atalho B (complexo)	
8–9 anos	Designação aleatória	Grupo 3	Atalho A (simples)	Comparação da usabilidade
		Grupo 4	Atalho B (complexo)	
10–11 anos	Designação aleatória	Grupo 5	Atalho A (simples)	Comparação da usabilidade
		Grupo 6	Atalho B (complexo)	
12–14 anos	Designação aleatória	Grupo 7	Atalho A (simples)	Comparação da usabilidade
		Grupo 8	Atalho B (complexo)	

Aqui, os participantes do estudo são primeiramente organizados por faixa etária e, depois, sorteados para cada uma das condições experimentais – nesse caso, para as opções A ou B do atalho de teclas do jogo. Depois do tratamento, são comparados os resultados dentro de cada faixa etária. Os resultados podem mostrar nenhum efeito, um efeito isolado em apenas uma das faixas etárias (digamos, entre os mais velhos, de 12-14 anos), ou inclusive efeitos heterogêneos (os mais jovens preferem a opção A e os mais velhos preferem a opção B).

A maior vantagem da blocagem é a redução da variabilidade dos dados, o que produz resultados mais precisos sobre os efeitos que se pretende medir. Em cada um dos blocos, os indivíduos são muito mais parecidos entre si em uma variável que se considera importante sobre o efeito a ser medido (neste caso, a idade) do que os indivíduos entre os diferentes blocos. A próxima seção apresenta um desenho especial – e extremo – de blocagem, conhecido como desenho de pares combinados.

3.6.3 Desenho de pares combinados

Alguns estudos exigem uma implementação mais cuidadosa e um controle maior das pesquisadoras em relação ao tratamento. Em certos casos, essas exigências acabam reduzindo a capacidade do estudo de coletar muitos dados, o que diminui o tamanho da amostra a ser analisada. Para contornar a grande variabilidade que os dados podem registrar devido apenas ao pequeno número de participantes do experimento, uma solução comum é o uso de pares combinados (*matched pairs design*). Nesses estudos, buscam-se indivíduos o mais parecidos possível em variáveis importantes da relação causal que se quer estudar, salvo em uma: justamente o tratamento cujo efeito se pretende mensurar.

Não é novidade que as desigualdades de gênero trazem muitos prejuízos às pessoas LGBTQ+ em relação a indivíduos cisgênero e heterossexuais e, entre estes, às mulheres em relação aos homens. Essas desigualdades podem afetar os indivíduos em qualquer fase da vida, inclusive quando procuram ingressar no mercado de trabalho. Em alguns países, é bastante comum que estudantes universitários trabalhem como garçons e garçonetes em bares e restaurantes para conseguirem pagar suas despesas.

Um dos mais citados estudos sobre desigualdade de gênero no mercado de trabalho foi feito em 1994 por pesquisadores da Universidade de Michigan, nos Estados Unidos (Neumark *et al.*, 1996). Em abril daquele ano, o grupo de pesquisa recrutou quatro estudantes de graduação: dois homens e duas mulheres, muito parecidos em aspectos físicos. Organizados em pares – um homem e uma mulher –, eles entregaram currículos equivalentes em 65 restaurantes da cidade de Filadélfia, 21 deles mais econômicos, outros 21 com preços moderados e os demais 23 com preços altos.

Ao longo de três semanas, 130 currículos foram entregues à primeira pessoa que estava disponível no restaurante, fosse garçom (garçonete), gerente ou proprietário(a). Um mês depois, foram coletados os dados. As 130 tentativas de emprego se transformaram em 54 entrevistas. E, dentre as 54 entrevistas, 39 viraram uma proposta efetiva de trabalho. Essas foram as boas notícias. O problema é que os homens receberam mais propostas de trabalho que as mulheres entre os restaurantes com preços moderados ou altos. Já as mulheres receberam mais propostas de trabalho que os homens em restaurantes econômicos, que também pagam salários mais baixos – naquela época, aproximadamente a metade do salário pago em restaurantes de luxo na cidade.

As diferenças de padrão nas propostas de emprego foram robustas o suficiente para que os pesquisadores concluíssem que havia evidência estatisticamente significativa de "discriminação sexual contra as mulheres em restaurantes caros". Essa foi a principal conclusão do artigo publicado na renomada revista *Quarterly Journal of Economics*, da Universidade de Harvard. Apesar do pequeno número de observações (n = 130), o desenho com pares combinados ofereceu ao experimento maior capacidade explicativa.

Outras áreas de aplicação desse desenho poderiam ser, por exemplo, a nutrição (para o teste de diferentes dietas), a agronomia (para a avaliação de diferentes sementes) ou a sociologia (para a investigação de casos de racismo estrutural).

Algumas limitações desse desenho são a mortalidade e a eliminação de diferenças entre os pares. No primeiro caso, quando um indivíduo deixa de participar do estudo, os dados relativos ao seu par também se perdem. Já no segundo caso, um dos maiores desafios do uso de pares combinados é a identificação de pares o mais perfeitos possível. Isso pode ser trabalhoso e ainda assim frustrante, pois sempre poderão intervir no estudo variáveis não observáveis.

3.7 CONCLUSÃO

Este capítulo apresentou uma visão mais ampla sobre os vários tipos de desenho de experimentos existentes, para além dos tradicionais estudos entressujeitos (*between-subjects*). Diante de alguns problemas dc investigação, as pesquisadoras podem optar por desenhos intrassujeito (*within- subject*), fatoriais completos (*full factorial designs*), fracionários (*fractional designs*), fatoriais mistos (*mixed-factorial designs*), multinível (*multilevel design*), com blocagem (*blocking design*) e de pares combinados (*matched pairs design*). Cada uma dessas opções, naturalmente, tem suas vantagens e desvantagens. Portanto, a decisão sobre o desenho mais adequado é o resultado de um balanço de prós e contras que deve ser feito a partir do objetivo da pesquisa e das suas limitações em relação à etapa em que são coletados os dados.

EXERCÍCIOS

1) Em relação aos desenhos entressujeitos, os desenhos intrassujeitos apresentam a seguinte vantagem:
   a) maior validade interna, em qualquer circunstância
   b) economia de recursos
   c) ganho de prática dos participantes
   d) independência entre as medidas observadas em cada grupo
2) A análise de processos cognitivos contínuos, como a capacidade de armazenar conhecimento, pode ser mais bem operacionalizada em experimentos:
   a) entressujeitos
   b) laboratoriais

c) de endosso

d) intrassujeitos

3) Os estudos fatoriais mistos possuem como característica:

a) ao menos um fator tem medidas independentes, e outro fator tem medidas repetidas

b) ao menos um fator é mensurado quantitativamente, e outro fator, qualitativamente

c) ao menos uma combinação de fatores é dispensada da análise porque é irrelevante

d) ao menos um fator é uma variável discreta ou contínua

4) Uma prática dos experimentos em lista consiste em:

a) testar diferentes combinações de variáveis, em níveis distintos

b) testar a influência de um porta-voz sobre a concordância com uma opinião sobre um tema sensível

c) testar o nível de concordância com uma opinião sobre um tema sensível a partir da soma de itens com os quais o(a) participante concorda

d) testar a adesão a uma ideia sensível a partir de sorteio feito pelo participante

5) Uma desvantagem dos estudos de resposta randomizada é:

a) efeitos de piso e teto

b) esforço do participante para dar respostas consistentes ao conjunto de itens

c) menor controle sobre a designação aleatória de participantes a condições experimentais

d) participantes podem transferir para escolhas seguintes elementos de um primeiro par de opções

6) Entre as vantagens dos experimentos de escolha declarada não se inclui:

a) economia de tempo e dinheiro

b) potencial de aplicabilidade em situações concretas

c) possibilidade de investigação simultânea de várias hipóteses

d) alta capacidade de identificar relações estatisticamente significativas

7) Um tipo de desenho experimental que pode ser utilizado para contornar os problemas de vazamento é:

a) desenho multinível

b) desenho com blocagem

c) desenho de pares combinados
d) experimento de escolha declarada simples

8) Quando uma característica individual específica pode interferir significativamente nos resultados de um experimento, pode-se recorrer ao seguinte desenho experimental:

a) desenho fatorial completo
b) experimento de endosso
c) experimento de análise conjunta
d) desenho com blocagem

9) No desenho de pares combinados, uma das maiores preocupações das pesquisadoras deve ser com:

a) efeitos de piso e teto
b) eliminação das diferenças entre os pares
c) soma de itens distinta por cada indivíduo que forma o par
d) efeitos provocados pela ordem dos estímulos

10) O desenho experimental que não é utilizado para reduzir o viés de desejabilidade social de um estudo é:

a) experimento em lista
b) experimento multinível
c) experimento de análise conjunta;
d) experimento de resposta randomizada.

OLHA ESSA... MEU PARTIDO É MAIS IMPORTANTE QUE A DEMOCRACIA? UM EXPERIMENTO DE ESCOLHA PERTURBADOR

Por Alessandro Freire

Será que o apoio à democracia é incondicional? Ou será que a identificação partidária dos eleitores influencia suas disposições de aceitarem o jogo democrático? Para responder a essa pergunta, Graham & Svolik (2020) desenharam um experimento interessante e perturbador. Os autores investigaram a adesão dos eleitores americanos aos princípios democráticos. Em um experimento de *survey*, eles apresentaram candidatos a uma eleição hipotética e manipularam suas diversas características, incluindo o partido (Democrata ou Republicano), condutas de violação a princípios democráticos (perseguição a jornalistas, por exemplo), posicionamentos em relação a políticas sociais e econômicas, ocupação, gênero, raça e até mesmo o envolvimento em casos extraconjugais. Os resultados das análises dos autores revelaram que, embora a adoção de condutas contrárias a princípios democráticos afetasse negativamente as chances de voto em um dado candidato, os efeitos de variáveis como o partido político ou suas posições sobre políticas sociais e econômicas foram mais importantes para a escolha do voto. Isto é, os eleitores democratas e republicanos se mostraram, em média, mais inclinados a votarem em candidatos de seus partidos de preferência, mesmo quando esses candidatos violaram princípios democráticos básicos e seus adversários do partido opositor, não.

GABARITO DOS EXERCÍCIOS

1) Em relação aos desenhos entressujeitos, os desenhos intrassujeitos apresentam a seguinte vantagem:

   b) economia de recursos

2) A análise de processos cognitivos contínuos, como a capacidade de armazenar conhecimento, pode ser mais bem operacionalizada em experimentos:

   d) intrassujeitos

3) Os estudos fatoriais mistos possuem como característica:

   a) ao menos um fator tem medidas independentes, e outro fator tem medidas repetidas

4) Uma prática dos experimentos em lista consiste em:

   c) testar o nível de concordância com uma opinião sobre um tema sensível a partir da soma de itens com os quais o(a) participante concorda

5) Uma desvantagem dos estudos de resposta randomizada é:

   c) menor controle sobre a designação aleatória de participantes a condições experimentais

6) Entre as vantagens dos experimentos de escolha declarada não se inclui:

   d) alta capacidade de identificar relações estatisticamente significativas

7) Um tipo de desenho experimental que pode ser utilizado para contornar os problemas de vazamento é:

   a) desenho multinível

8) Quando uma característica individual específica pode interferir significativamente nos resultados de um experimento, pode-se recorrer ao seguinte desenho experimental:

   d) desenho com blocagem

9) No desenho de pares combinados, uma das maiores preocupações das pesquisadoras deve ser com:

   b) eliminação das diferenças entre os pares

10) O desenho experimental que não é utilizado para reduzir o viés de desejabilidade social de um estudo é:

   b) experimento multinível

CAPÍTULO 4

Variáveis, mensuração e modelos de análise de dados experimentais

Os capítulos anteriores fizeram um voo panorâmico sobre conceitos básicos, contextos de pesquisa e desenhos que utilizam a metodologia experimental. Neste capítulo, o objetivo é mergulhar na experiência dos estudos empíricos e nos desafios inerentes a descrever, compreender e explicar a realidade que nos cerca. As próximas seções mostram como medir os fenômenos que nos interessam, como coletar dados e como estruturar modelos de análise de dados. Para ilustrar os conceitos e aplicações deste capítulo, foram extraídos exemplos de estudos sobre a cola em provas de universidade, a direção perigosa de jovens no trânsito e os efeitos do uso da pornografia.

4.1 VARIÁVEIS

Por mais interessantes que sejam, as perguntas de pesquisa sempre se referem a conceitos abstratos. Celebridades podem dissuadir estudantes de colar em provas da universidade? Que mensagens podem ser mais eficientes para se evitar a direção perigosa de jovens no trânsito? Qual é o efeito da exposição à pornografia sobre o cérebro? Ainda que toquem problemas radicalmente diferentes, para serem respondidas, essas três perguntas de pesquisa exigem o recrutamento, a implementação de um tratamento e a coleta e análise dos dados. Para isso, é preciso especificar muito bem de que celebridade estamos falando, como definimos direção perigosa e o que entendemos por exposição à pornografia. Além disso, esses estudos terão de definir e medir a ocorrência de colas em exames da universidade, um comportamento específico de jovens na direção e as áreas ou funções do cérebro que serão observadas. Em todos esses casos, estamos diante de variáveis, que é como chamamos as características de qualquer objeto que assumem ao menos dois valores. Celebridades são variáveis porque há várias pessoas famosas e diferentes níveis de fama. O padrão de aceleração ao entrar em uma via rápida é uma variável, que pode ser medida em metros por segundos ao quadrado. E a frequência de exposição à pornografia, também, porque pode ser medida em dias de uso por semana, ou em minutos de uso por dia. As próximas seções apresentam os três tipos de variáveis que podem ser encontrados nos estudos empíricos, sejam eles experimentais ou observacionais: variáveis nominais, variáveis ordinais e variáveis discretas.[1] Além disso, uma seção adicional trata do caso especial de variáveis binárias (*dummy*).

4.1.1 Variáveis nominais

As variáveis nominais são variáveis qualitativas. Ao contrário das variáveis numéricas, essas variáveis descrevem características dos indivíduos que não podem ser contadas, apenas nominadas. Nesse sentido, cada valor em uma variável nominal é intrinsecamente igual aos outros. Ou seja, um valor não é mais nem melhor que o outro. São simplesmente diferentes. As cores, por exemplo, são uma variável nominal. Azul, amarelo, laranja ou verde são simplesmente diferentes valores da variável cor. Podemos gostar mais ou menos de uma delas, achar que um par de cores combina mais que outro, mas elas, em si, são apenas cores. Não é possível ordená-las nem fazer operações matemáticas com elas. Ainda que a soma de azul e amarelo resulte em verde, nenhuma dessas cores pode ser quantificada numericamente. Há inúmeros exemplos de variáveis nominais em qualquer área de conhecimento. Gênero e raça são duas variáveis nominais mais comuns em estudos que precisam descrever algumas das características humanas em termos

1 Devido à sua natureza, não daremos maior atenção neste livro às variáveis contínuas e às variáveis intervalares. Variáveis contínuas são quantitativas, e suas unidades de variação podem ser divididas infinitamente, como tempo, distância ou volume. Se as utilizarmos, entretanto, serão entendidas como variáveis discretas, pois estaremos interessados em anos, meses ou dias, mais que em milissegundos, microssegundos ou nanossegundos. Já as variáveis intervalares são ordenáveis, e seus valores podem ser adicionados ou subtraídos em operações matemáticas, mas não podem ser multiplicados ou divididos. Por exemplo, na métrica de temperatura em graus Celsius, o valor zero é um valor arbitrário, pois não contém o significado de ausência de temperatura. Pelo contrário, 0° C é realmente uma temperatura bastante fria, pelo menos para os padrões brasileiros. Assim, as variáveis intervalares descrevem escalas em que os intervalos de valores possuem interpretação, porém, os valores em si, não.

sociodemográficos. Profissões são outra variável nominal comum em pesquisas sobre o mercado de trabalho, assim como a religião em estudos culturais, as emoções na psicologia ou os diferentes métodos educacionais na pedagogia.

4.1.2 Variáveis ordinais

As variáveis nominais descrevem qualidades que não podem ser contadas, mas tampouco podem ser ordenadas. Como vimos, uma professora não é – em si – mais ou menos que uma advogada, médica ou engenheira. Ainda que os salários e o status social dessas profissões sejam uns maiores que outros, essas atividades são apenas diferentes valores da variável profissão. Há um segundo tipo de variáveis qualitativas, que trata, porém, de características dos indivíduos que também não podem ser contadas, mas que podem ser ordenadas. Essas são as variáveis qualitativas ordinais.

Uma das variáveis ordinais mais utilizadas para descrever as pessoas é o nível de ensino. Na vida escolar, alguns indivíduos só estudaram até o ensino fundamental, outros concluíram o ensino médio e uma parcela menor chegou ao ensino superior. No Brasil, por exemplo, 8,0% da população com mais de 25 anos tinha até o ensino fundamental completo em 2019; 48,8%, até o ensino médio completo e 17,4% tinham ensino superior completo (PNAD Educação 2019, 2020). A etapa de ensino concluída é um valor que descreve uma característica das pessoas em relação à sua formação educacional. Mas, ao contrário de outras características que não podem ser ordenadas, sabemos que quem chegou ao ensino superior passou pelo ensino médio, assim como quem estudou no ensino médio superou todas as etapas do ensino fundamental. Ou seja, os valores da variável "nível de escolaridade" podem ser ordenados. Outras variáveis comumente utilizadas para descrever características humanas podem ser a faixa etária (que é diferente de idade, medida em anos, como veremos abaixo), faixa de renda e classe social. Também são consideradas variáveis ordinais escalas que medem, por exemplo, uma declaração de frequência de algum comportamento, que podem ter valores como "nunca", "raramente", "às vezes" e "sempre". Escalas assim podem ser utilizadas para medir o interesse em um assunto, a atenção a um certo hábito ou a intensidade de reação a um estímulo.

4.1.3 Variáveis discretas

As variáveis ordinais trazem mais informações que as nominais, porque podemos ordená-las e sabemos que valores posicionados na parte mais alta desse ranqueamento são não apenas diferentes, mas maiores que os valores posicionados na parte inferior desse ranque. O que as variáveis ordinais não informam é uma diferença de unidade constante. Ou seja, não posso dizer que a diferença de escolaridade entre quem concluiu o ensino médio em relação a quem concluiu o ensino fundamental é a mesma que entre quem concluiu o ensino superior e quem concluiu o ensino médio, tampouco posso dizer que a distância entre nunca assistir pornografia e assistir raramente esse tipo de conteúdo é a mesma que a distância que existe entre assistir às vezes e sempre. As variáveis discretas trazem essa precisão, pois a diferença entre os valores não apenas pode ser contada como pode ser medida em uma unidade constante.

Por exemplo, quando descrevemos as idades de pessoas participantes de um estudo, normalmente utilizamos o número completo de anos de vida de cada indivíduo. Assim, a diferença de idade entre uma pessoa com 20 anos e outra com 18 anos é a mesma que a diferença de idade entre uma pessoa com 33 anos e outra com 31 anos (20 – 18 = 2; 33 – 31 = 2). Portanto, ainda que faixa etária seja uma variável ordinal, idade (medida em anos) é uma variável quantitativa discreta. Outros exemplos de variáveis discretas são o salário (medido na moeda de cada país), o número de pessoas que moram em uma casa, o número de estudantes de uma escola, o número de votos recebidos por uma candidata ao Senado ou a nota obtida pelos estudantes em uma avaliação como o Enem.

4.1.4 Variáveis binárias

Em alguns casos, contudo, as pesquisadoras estão interessadas em simplesmente separar os indivíduos em dois grupos, de acordo com a presença ou a ausência de uma característica em particular. Assim, por maior que seja o número de valores que uma variável possa ter, ela sempre poderá ser simplificada em uma variável *dummy*. As variáveis *dummy* – que, em português, poderiam ser traduzidas como "fictícias" ou "postiças" – têm apenas dois valores: 0 e 1. O valor 1 costuma indicar a presença de uma característica de interesse ou o pertencimento a determinado grupo de interesse das pesquisadoras. Já o valor 0 representa a ausência da característica de interesse ou o não pertencimento ao grupo de interesse das pesquisadoras.

Assim, por exemplo, se estamos interessados em estudar apenas as diferenças de comportamento no trânsito de pessoas que concluíram o ensino superior em relação a todas as demais, podemos criar uma variável *dummy* para isso. Essa variável teria valor "1" para quem concluiu o ensino superior e valor "0" para todas as demais, desde pessoas que nunca estudaram até as que chegaram a uma faculdade, um centro universitário ou uma universidade, mas não completaram essa etapa de estudos. As variáveis *dummy* são muito versáteis e podem ser utilizadas para transformar qualquer outra variável. Podemos usar uma variável *dummy* para distinguir pessoas que gostam de música sertaneja das que não gostam, pessoas que torcem por times de futebol baseados na cidade de São Paulo daqueles que torcem por times de outras cidades ou sequer gostam de futebol, ou pessoas com 60 anos de idade ou mais daquelas com até 59 anos.

Esta seção resumiu os tipos de variáveis utilizados em estudos experimentais: nominal, ordinal e discreta, além do caso especial das variáveis *dummy*. A compreensão da natureza de cada variável relevante para o desenho de uma pesquisa é fundamental para a coleta de dados que serão utilizados para responder às perguntas de um estudo. Na próxima seção, veremos as três estratégias de mensuração de efeitos experimentais.

4.2 MENSURAÇÃO DE EFEITOS EXPERIMENTAIS

A nossa capacidade de aprender cientificamente depende da construção de teorias que possam ser testadas empiricamente. Esses testes conectam as expectativas teóricas que temos sobre relações causais e correlacionais com a realidade que conseguimos observar, mensurar, descrever e explicar. A validade das teorias depende, portanto, da validade da mensuração que realizamos, isto é, da qualidade no processo de coleta dos dados. Um bom termômetro, se usado seguidas vezes em um mesmo paciente, deve apontar a mesma temperatura. Se em uma medida indica 41°, na outra 35° e logo em seguida aponta 38,5°, ou o paciente tem algo muito raro, ou o termômetro simplesmente não funciona. Isso significa que qualquer termômetro, para ser útil em sua função de medir a temperatura de um paciente, deve oferecer medidas confiáveis. A confiabilidade é o valor central de qualidade no processo de coleta de dados. Dados sem confiabilidade não servem para a construção de conhecimento científico. E isso vale tanto para teorias ancoradas em estudos experimentais como para outras baseadas em pesquisas observacionais.

Esta seção apresenta com mais detalhes as três modalidades de mensuração de efeitos experimentais: autodeclarações, observação do comportamento e mensuração de reações fisiológicas. O uso de autodeclarações, naturalmente, é exclusivo das áreas de conhecimento das ciências sociais, que estudam seres humanos. Os demais mecanismos de coleta são comuns também às áreas da saúde e às exatas.

4.2.1 Autodeclarações

Uma das modalidades mais comuns de coleta de dados experimentais nas ciências sociais está baseada em autodeclarações, sejam verbais ou escritas. Elas podem ser colhidas em uma folha de papel, em um questionário on-line ou por uma entrevistadora, que toma nota das respostas e informações dadas pelo indivíduo pesquisado. Uma das principais vantagens dessa forma de coleta é que ela normalmente é simples e barata, e, portanto, acessível a grupos de pesquisa e pesquisadoras com menos recursos, podendo inclusive ser utilizada por estudantes de graduação em seus trabalhos.

Além disso, as autodeclarações permitem a obtenção de dados sobre comportamentos difíceis ou impossíveis de serem observados diretamente pelas pesquisadoras, como os que ocorrem de modo privado e os que são socialmente reprováveis. Por exemplo, um estudo sobre padrões de uso de pornografia sempre dependerá da autodeclaração dos entrevistados para tentar saber quantas horas semanais cada um deles se expõe a esse conteúdo. Em temas como esse, não é possível nem desejável que esse comportamento seja observado diretamente. Não é possível porque esse é um comportamento que ocorre em um espaço privado, e não é desejável porque a observação direta produziria uma intervenção no próprio objeto da pesquisa, criando vieses sobre os dados, ou até mesmo invalidando internamente o estudo.

O uso de autodeclarações, entretanto, pode trazer problemas e limitações importantes para um experimento. Aqui, discutiremos três deles. Em primeiro lugar, algumas perguntas podem parecer ambíguas, confusas ou complexas demais para os entrevistados. Nesses casos, as respostas não permitirão medir o que se pretendia. Por exemplo, uma questão que busca saber a frequência de uso de pornografia entre pessoas poderia ter a seguinte formulação: "Em média, quantos minutos por dia você fica exposto a conteúdo pornográfico?". Essa redação espera que os indivíduos saibam o que é média, possam calculá-la e também que entendam que quem "fica exposto a conteúdo pornográfico" assiste a vídeos ou vê fotos com pessoas nuas ou fazendo sexo. Ainda que saibam e entendam esses dois pontos, podem duvidar entre fazer uma média de minutos entre todos os dias, incluindo zero para os dias em que não assistem a esse conteúdo, ou estimar um valor com base apenas nos dias em que usam. A imprecisão da pergunta poderia resultar, naturalmente, em medidas imprecisas sobre a intensidade de uso de pornografia. Uma alternativa aqui seria perguntar, simplesmente: "Normalmente, quantos dias por semana você assiste a vídeos ou vê fotos com pessoas nuas ou fazendo sexo?". A palavra "normalmente" substitui a necessidade de saber o que é "média", e a indicação específica do comportamento que se quer medir substitui o conceito de "exposição a conteúdo pornográfico".

Em segundo lugar, a ordem das perguntas também pode influenciar algumas respostas. Por exemplo, a questão sobre a frequência de exposição à pornografia poderia ser antecedida por questões que, inadvertidamente, inibissem uma resposta mais sincera. Imagine que as pesquisadoras pedissem aos participantes que indicassem alguns comportamentos que eles consideram ser socialmente reprovados atualmente, dentre uma lista que tivesse o consumo abusivo de álcool, a condução de veículos acima do limite da via quando não há radares de controle e o uso de pornografia. Essa questão poderia deixar mais saliente para cada participante a reprovação social que existe em relação ao uso de pornografia, e isso poderia estimular a subnotificação, que ocorre quando os respondentes informam dados inferiores aos reais. Logo, ao coletar dados de autodeclaração, é importante avaliar a existência de efeitos do questionário (*questionnaire bias*) ou da ordem das perguntas (*question order bias*) sobre as respostas coletadas.

Finalmente, alguns temas de pesquisa são mais delicados e podem causar constrangimento ou desconforto entre os participantes de um estudo. Sobre alguns assuntos, os entrevistados podem sentir-se coagidos a dar uma resposta que seja socialmente desejável em lugar de uma declaração sincera. Isso pode ocorrer, por exemplo, ao falarem sobre temas como preconceito racial (Blair *et al.*, 2014), comportamento sexual de risco (Rao *et al.*, 2017), consumo de álcool (Kypri *et al.*, 2016) e drogas (Islam *et al.*, 2012), aborto (Saraç & Koç, 2020), sonegação de impostos (Iraman *et al.*, 2022) ou uso de pornografia (Rasmussen *et al.*, 2018).

No capítulo anterior, vimos algumas estratégias que permitem lidar com esse problema e coletar dados que, de fato, representem a realidade e possam ampliar o conhecimento científico sobre assuntos como esses. Um recurso adicional – e mais simples – pode ser o uso de instruções cuidadosas no próprio questionário. Essas instruções buscam simplesmente dar mais conforto ao respondente, indicando que não há resposta certa ou errada, melhor ou pior sobre o assunto em questão. Por exemplo, ao investigarem o número de parceiros sexuais que o respondente já teve na vida, as pesquisadoras podem introduzir o assunto dizendo: "O número de parceiros(as) sexuais de cada um(a) de nós pode variar muito de pessoa para pessoa. Algumas pessoas relatam ter tido apenas um(a) parceiro(a) sexual na vida, enquanto outras pessoas relatam haver tido centenas de parceiros(as) sexuais. E você, desde que tem 18 anos, quantos parceiros(as) sexuais já teve?[2] A expectativa é que, ao serem lembradas de que não há um número certo ou ideal de parceiros(as) sexuais e de que as pessoas podem ter experiências muito diversas nesse campo da vida, os respondentes fiquem mais à vontade para informar um dado sincero. Ainda assim, estudos mostram que, em um mesmo país, homens heterossexuais declaram ter tido mais parceiras que mulheres heterossexuais, o que é logicamente improvável (leia mais sobre isso na Seção "Olha essa...").

4.2.2 Observação do comportamento

A observação é a modalidade mais antiga de coleta de dados, utilizada na Grécia Antiga, na Europa iluminista e entre cientistas contemporâneos, em todas as áreas do conhecimento. No contexto dos estudos experimentais, a observação permite comparar e mensurar, por exemplo, o efeito de diferentes dietas sobre o índice de massa corporal, o desempenho de novas sementes de milho ou soja na agricultura, a eficiência de medicamentos no enfrentamento de uma doença, os resultados escolares de planos pedagógicos alternativos e as taxas de mortalidade

2 Adaptado de Catania *et al.* (1996).

no trânsito após diferentes intervenções para controlar esse problema. A maior limitação dessa modalidade de coleta de dados está – como já vimos – na observação de comportamentos que ocorrem em espaços privados.

Sob um aspecto específico, a observação é uma forma de mensuração mais potente que as autodeclarações, porque ela não passa por juízos, elaborações ou artifícios que, ao fim, podem falsear a realidade que se pretende medir. Algumas pessoas podem dizer que conseguiram emagrecer após uma dieta, mas uma balança aponta claramente se houve ou não variação em seu peso e, se houve, de quantos quilogramas foi. O mesmo ocorre com sementes, medicamentos, resultados escolares e taxas de mortalidade no trânsito.

Em diversos países, uma das principais causas de morte são os acidentes de transporte. Dados da Organização Mundial de Saúde (World Health Organization, 2018) mostram que, em 2016, 80% das mortes em estradas ocorreram em países de renda média. Em países como Brasil, China, África do Sul, Índia e Rússia, o aumento de renda da população tem permitido a compra de milhares de motos e carros, mas a infraestrutura rodoviária e a legislação de trânsito ainda não parecem proteger adequadamente condutores, passageiros, ciclistas e pedestres. No Brasil, por exemplo, morreram mais de 30 mil pessoas em 2019 por acidentes no trânsito (Agência Brasil, 2021). Desses, mais de um terço era de motociclistas (Ramalho, 2021).

Para descobrir formas de reduzir a violência no trânsito, pesquisadoras de diferentes países têm realizado experimentos que buscam identificar que fatores estão mais

> Box 4.1 – Erro de tipo I e erro de tipo II.
>
> Os testes de hipóteses podem incorrer em dois tipos de erros.
>
> Os erros de tipo I são mais popularmente conhecidos como "falsos positivos". Eles significam que aceitamos a hipótese alternativa de um estudo quando, na verdade, a hipótese nula é verdadeira. Ou seja, diante do erro de tipo I, estamos errados quando dizemos, por exemplo, que a maneira de supervisionar os alunos contra trapaça nos exames finais tem influência no seu desempenho. Se essa afirmação incorre no erro de tipo I, a estratégia de supervisão analisada não tem qualquer relação com a nota dos alunos. Falsos positivos muito comuns são alguns testes rápidos de gravidez comprados em farmácia, que não têm a mesma confiabilidade dos testes laboratoriais.
>
> Já os erros de tipo II são conhecidos como "falsos negativos". Nesse caso, eles significam que rejeitamos indevidamente a hipótese alternativa de um estudo, pois a hipótese nula é falsa. Ou seja, se concluímos equivocadamente em nosso estudo que a maneira de supervisionar os alunos contra cola nos exames finais não tem influência no seu desempenho quando na verdade tem, estamos diante de um erro de tipo II. Em uma pandemia, o risco de resultados "falsos negativos" de detecção da covid-19 seria que pessoas infectadas manteriam contato com pessoas sadias porque desconheceriam sua condição médica.

associados a comportamentos de risco ao volante. Um estudo interessante sobre esse tema foi conduzido no Reino Unido, onde a taxa de mortalidade no trânsito é das mais baixas do mundo. Como homens morrem muito mais que mulheres no trânsito, o estudo recrutou 62 estudantes de graduação do gênero masculino, que foram aleatoriamente designados a quatro condições experimentais: um grupo controle e três grupos com diferentes mensagens, que recomendavam cuidados ao dirigir. Depois, cada estudante usou um simulador, com imagens reais de trânsito, em que tinha de acelerar até atingir a velocidade normal na qual costumava dirigir. Os pesquisadores utilizaram o tempo de aceleração como medida dos efeitos das mensagens de cuidado. Os resultados mostraram que algumas das mensagens reduziram a velocidade no simulador. No entanto – mais importante para os objetivos desta seção –, a medida utilizada, baseada na observação, ofereceu uma indicação mais precisa da influência das mensagens – que não passou pela reflexão e pela declaração de cada participante. Ainda que não seja uma situação real de trânsito, os pesquisadores obtiveram uma medida objetiva de um comportamento realizado em simulador. Essa característica traz mais validade ecológica ao estudo, uma vez que o importante para a segurança no trânsito não é o que os condutores dizem que fazem, mas o que eles efetivamente fazem sobre duas ou quatro rodas.

4.2.3 Reações fisiológicas

Há um nível de investigação, entretanto, que as autodeclarações e a observação do comportamento não captam: o que acontece ali onde o olho humano não alcança diretamente, seja no nível epidérmico, cardiorrespiratório, cerebral ou, no caso da biologia, da química ou da física, nos níveis celulares ou atômicos. Mensurações experimentais, nesses casos, dependem do uso de equipamentos laboratoriais como o escâner de ressonância magnética, a eletroencefalografia, os eletrodos de pele e os medidores de pressão arterial.

Um dos estudos mais citados sobre os efeitos cerebrais do uso intensivo de pornografia foi realizado utilizando-se um desses aparelhos por dois pesquisadores alemães (Kühn & Gallinat, 2014). Ambos estavam interessados em descobrir os possíveis efeitos no cérebro decorrentes da exposição ao vasto conteúdo que passou a ser acessível mundialmente com a expansão da internet. Como o consumo de pornografia costuma ser mais comum e precoce entre homens, não foram incluídas mulheres no estudo. Um grupo de 64 participantes aceitou um convite para participar do estudo, respondeu a um questionário sobre a intensidade de uso da pornografia e submeteu-se a um escâner cerebral em uma clínica em Berlim. Os resultados mostraram que o uso mais frequente de pornografia estava fortemente associado a um menor volume do corpo estriado (*striatum*), no qual há receptores de dopamina, um neurotransmissor responsável por sensações de prazer. Ou seja, pessoas que usam muita pornografia podem estar reduzindo o tamanho do seu corpo estriado, ou pessoas que têm essa parte do cérebro menor tendem a usar mais pornografia para terem maior sensação de prazer. Essa relação de causa e efeito ainda não foi identificada. Mas, segundo o estudo, a atividade cerebral observada assemelha-se a um comportamento aditivo, como o do uso de drogas, que pode levar à repetição, cada vez mais intensa, para a obtenção de prazer.

Estudos sobre os efeitos da pornografia em adolescentes e jovens, mais especificamente, têm se ocupado de seus efeitos sobre a autoimagem, as relações sociais (inclusive a violência de gênero) e o desenvolvimento físico e cerebral (Owens *et al.*, 2012). Dados de um dos maiores sites do gênero no mundo indicam que 25% dos seus usuários têm entre 18 e 24 anos (Pornhub, 2021). Compreender os padrões de comportamento que podem implicar risco à saúde individual ou produzir efeitos sociais negativos – como a violência sexual ou a violência no trânsito – é, às vezes, um desafio complexo, que requer a coleta de dados de diferentes tipos para que seja possível obter alguma aproximação (ainda que imperfeita) à realidade que se pretende estudar, como no caso dos efeitos de curto, médio e longo prazos da exposição individual à pornografia.

Uma das grandes vantagens da coleta de dados no nível das reações fisiológicas é que – assim como na observação do comportamento – os dados obtidos não passam por nenhuma avaliação subjetiva ou elaboração moral dos indivíduos antes de serem captados pelas pesquisadoras. Há, contudo, desvantagens no uso de dados dessa natureza. A primeira delas é que é mais caro e difícil recrutar participantes para um estudo que vai manter eletrodos conectados à sua pele ou escanear seus cérebros. Apenas projetos de pesquisa altamente financiados podem arcar com os custos de seu aluguel durante a etapa de coleta de dados. Em segundo lugar, ao serem informados sobre o objetivo da pesquisa, os participantes podem ter sua atenção ou suas reações moduladas por essa informação, gerando efeitos de demanda, como vimos no Capítulo 1.

4.3 MODELOS DE ANÁLISE

Coletar dados imprecisos ou enviesados pode arruinar qualquer pesquisa. Há uma expressão em inglês que diz que, se coletarmos dados ruins, que não representam o que queremos estudar, o resultado da análise não terá sentido algum – *garbage in, garbage out* (algo como "se entra lixo, sai lixo", ou simplesmente *GIGO*). Todavia, para que possamos construir conhecimento científico, não basta apenas coletarmos dados com qualidade; é preciso, também, contarmos com um bom modelo de análise do fenômeno que queremos estudar. Consultar teorias sólidas e pertinentes ao que pretendemos conhecer é a melhor forma de assegurarmo-nos de que vamos coletar dados pertinentes ao objeto da pesquisa e que poderemos obter resultados coerentes e relevantes para a construção coletiva e colaborativa do conhecimento científico.

Nesta seção, voltaremos a falar sobre variáveis, mas, aqui, não trataremos dos *tipos* de variáveis, senão de suas *funções* em modelos de análise que pretendam descrever ou explicar um fenômeno de interesse. O que guia a discussão dos modelos de análise é o desenho conceitual da pesquisa, fundamental na construção de argumentos e evidências baseados em relações de causa e efeito. Sobre o uso de diferentes técnicas estatísticas de análise de dados, sejam quantitativos ou qualitativos, já há abundante conteúdo bibliográfico (Bussab & Morettin, 2017; Cervi, 2017; Cervi, 2019; Creswell, 2007; Bauer & Gaskell, 2011).

4.3.1 Variáveis dependentes

A vida em sociedade oferece, com frequência, oportunidades de transgressão e trapaça. Pode ser ao ultrapassar um sinal vermelho, ao entrar em uma festa para a qual não foi convidado ou ao não avisar o garçom de que a conta não incluiu uma cerveja que foi consumida. No ambiente universitário, a cola em exames é uma das transgressões morais mais comuns, ainda que seja – como muitas outras dessa lista – um ato de desonestidade passível de denúncia judicial, neste caso por falsidade ideológica. Algumas pesquisadoras, portanto, podem querer descobrir as razões pelas quais alguns estudantes colam em provas da universidade, e outros, não.

Mas como definir precisamente que comportamento se quer investigar? Pesquisadoras podem estar interessadas em saber por que alguns estudantes colam em algum momento da sua experiência no ensino superior. Outras podem querer saber por que colam logo no primeiro semestre, em uma disciplina específica, no último teste de um curso ou só quando o exame é feito de modo remoto (on-line). Ainda que todos esses temas expressem eventos de fraude acadêmica, cada um deles remete a uma *variável dependente* diferente.

Uma variável dependente descreve, de modo específico, o que se quer explicar. Ela é chamada de dependente porque se assume que seu comportamento *depende* do comportamento de outras variáveis que produzem efeitos sobre ela. Em notações formais, convencionou-se identificar as variáveis dependentes com a letra y.

Um estudo que trate de investigar fatores associados a esse recurso fraudulento poderia perguntar a uma amostra de indivíduos se já colaram alguma vez durante sua graduação universitária, se colaram alguma vez no teste final de uma disciplina, ou se colaram em provas não presenciais (on-line). Esse estudo, portanto, teria três variáveis dependentes: cola durante a graduação (y_1), cola em prova final de curso (y_2) e cola em prova on-line (y_3).

4.3.2 Variáveis independentes

Muitos estudos se ocuparam de entender que características estão mais associadas à ocorrência de cola entre estudantes universitários. Essas características são chamadas de *variáveis independentes* ou *fatores*. Em um modelo explicativo, assume-se que essas *variáveis independentes* estão associadas ou são a causa de mudanças observadas em uma certa *variável dependente*.

A literatura científica sobre determinantes do uso de cola em universidades chama a atenção, com frequência, para dois conjuntos de variáveis independentes (Crown & Spiller, 1998). O primeiro deles, de caráter individual, sugere que mulheres colam menos que homens (ainda que vários estudos não tenham encontrado diferenças significativas), estudantes com melhor rendimento acadêmico colam menos que os de pior desempenho e aqueles que acreditam que suas conquistas dependem mais de seu esforço pessoal colam menos do que aqueles que acham que essas vitórias individuais decorrem de sorte ou da ajuda de outras pessoas – fenômeno que a psicologia chama de *lócus de controle*, interno, no primeiro caso; externo, no último.

O segundo conjunto de fatores tem caráter situacional ou ambiental. Na prática, indica as condições nas quais é mais provável que um estudante cole. São essencialmente dois os fatores mais associados à predominância dessa transgressão: a falta do juramento ou declaração de compromisso pessoal com um código de ética (*honors code*) e a reduzida ou nula supervisão de um professor ou inspetor de sala.

Assim como, em notações formais, convencionou-se identificar as variáveis dependentes com a letra y, as variáveis independentes são identificadas com a letra x. Nesse sentido, são variáveis independentes que ajudam a entender as razões pelas quais um estudante pode colar na universidade o gênero (x_1), o rendimento acadêmico (x_2), o lócus de controle (x_3), o juramento a um código de ética (x_4) e a presença de um inspetor de sala (x_5).

Em notação formal, poderíamos dizer que $y_1 = f(x_1, x_2, x_3, x_4, x_5)$. Ou seja, colar na graduação pode ser explicado como uma função do gênero do estudante, de seu rendimento acadêmico, do seu lócus de controle, do juramento a um código de ética e da presença de um inspetor de sala.

4.3.3 Variável de tratamento

Nem todas essas variáveis independentes podem ser manipuladas em um estudo experimental. Algumas delas só podem mesmo ser observadas. As três variáveis individuais, por exemplo, não estão sujeitas à manipulação experimental de uma pesquisadora, que não pode designar aleatoriamente indivíduos a um dos gêneros, a diferentes níveis de desempenho acadêmico ou a uma personalidade que tem lócus de controle interno ou externo. Mas é possível, sim, manipular as duas variáveis situacionais. Alguns estudantes podem ser designados aleatoriamente para um tratamento que prevê o juramento a um código de ética logo quando entrarem na universidade, enquanto no grupo controle os indivíduos não precisarão assumir esse compromisso. Da mesma forma, um grupo tratado pode realizar um exame sob a supervisão de um inspetor de sala, enquanto um grupo controle pode realizar o mesmo exame sem qualquer supervisão.

A consulta a estudos anteriores, portanto, é muito útil também para identificar mais claramente que variáveis independentes podem ser manipuladas em um estudo experimental e quais não podem, ainda que devam ser mensuradas, pois há evidências de que estejam associadas ao fenômeno que queremos explicar.

Nos últimos anos, o desenvolvimento tecnológico e de telecomunicações, e incentivos conjunturais, como a pandemia de covid-19, estimularam o crescimento do ensino remoto em diferentes níveis educacionais, incluindo no ensino superior. De 2009 a 2019 – antes do início da crise sanitária, portanto –, o número de novos alunos em modalidade remota do ensino superior já havia crescido em 378,9%. No mesmo período, o ingresso de novos alunos na modalidade presencial foi de somente 17,8% (Tenente, 2020). Apesar do aumento exponencial no número de matrículas do ensino remoto, ainda há muitas dúvidas sobre sua qualidade, em comparação com a modalidade presencial. Um dos grandes desafios nesse âmbito é, justamente, a dificuldade em supervisionar os estudantes durante exames, para evitar que tenham boas notas apenas porque podem colar à vontade, e não porque aprenderam o conteúdo avaliado.

Em 2017, três professores de microeconomia decidiram avaliar o efeito de um supervisor sobre as notas de estudantes matriculados em cursos presenciais e on-line da Universidade Urbana-Champaign, em Illinois, nos Estados Unidos (Vazquez *et al*, 2021). Ao todo, foram estudados 426 indivíduos no curso presencial e 83 na versão on-line. Na versão presencial, foram feitos experimentos em três provas. Na versão on-line, em duas provas. A cada teste, alguns foram sorteados para a condição experimental com supervisão, enquanto os demais faziam a prova sem supervisão. No curso presencial, os alunos faziam os testes em seus computadores pessoais, mas os sorteados para o grupo tratado realizavam a prova em uma sala da universidade, com a presença de um inspetor. No curso on-line, os estudantes também faziam os testes em seus computadores pessoais, mas os sorteados para o grupo tratado eram supervisionados por um inspetor digital. Nesse caso, foi utilizado o serviço *ProctorU*, que solicita acesso à câmera e à tela do computador do estudante.

Os resultados mostraram que os estudantes que fizeram os testes sob supervisão tiveram nota 11% inferior à dos outros colegas. Como os estudantes foram aleatoriamente designados para cada condição experimental, ambos os grupos – a cada teste – estavam balanceados quanto ao gênero, ao rendimento acadêmico médio e a outros fatores analisados no estudo. Segundo os pesquisadores, a presença de um inspetor (inclusive on-line) inibe a cola, que teria sido responsável pelo desempenho superior dos demais alunos que fizeram as provas sem supervisão.

4.3.4 Covariáveis

Em um estudo como esse, sobre a cola em provas de microeconomia da Universidade Urbana-Champaign, as pesquisadoras devem saber que a presença de um inspetor – presencial ou digital – não é o único fator que explica por que alguns estudantes copiam as respostas de colegas ou fazem consultas não autorizadas, enquanto outros, não. Há outros fatores que também explicam parte da variabilidade nesse comportamento, mas que não alteram a relação entre a variável de tratamento e a variável dependente. Esses fatores são chamados de *covariáveis* (Figura 4.1). As covariáveis ajudam a predizer parte do comportamento da variável dependente, tanto no grupo tratado como no grupo controle.

No estudo apresentado, os três pesquisadores coletaram também dados sobre o gênero dos estudantes, partindo da hipótese – baseada em alguns estudos já realizados – de que homens colam mais do que mulheres. Os resultados, entretanto, não confirmaram essa expectativa. Nas provas presenciais, não houve diferença significativa de notas entre homens do grupo tratado e homens do grupo controle. O mesmo ocorreu com as mulheres. Nos exames on-line, tampouco houve diferença significativa na última das duas provas analisadas. Entretanto, na primeira, os homens tiveram uma nota 7% mais alta que as mulheres, tanto na versão supervisionada quanto na não supervisionada.

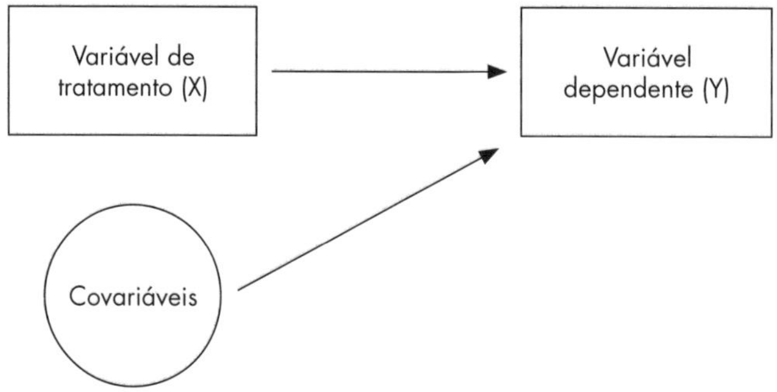

Figura 4.1 Diagrama da função das covariáveis na relação entre uma variável de tratamento e uma variável dependente.

4.3.5 Variáveis moderadoras

As variáveis moderadoras podem alterar o tamanho do efeito de um tratamento sobre a variável dependente ou até mesmo mudar sua direção. Ou seja, podem ter um efeito positivo entre indivíduos com certas características e efeito negativo entre indivíduos com outras características. No estudo sobre a cola em provas de microeconomia, a modalidade de ensino – presencial ou remoto – é uma variável moderadora do efeito da supervisão como forma de inibir a cola durante exames (Figura 4.2). Isso porque o efeito foi muito diferente entre os dois modos de ensino. Na modalidade presencial, os alunos acompanhados por um inspetor de sala tiveram desempenho 12% pior que os colegas que fizeram as provas em casa. Já na modalidade remota, os alunos supervisionados pelo inspetor digital tiveram um desempenho apenas 2% pior que os demais colegas da mesma turma. Ou seja, o ensino remoto parece não ter ainda formas tão eficientes de inibir a cola como o modo presencial.

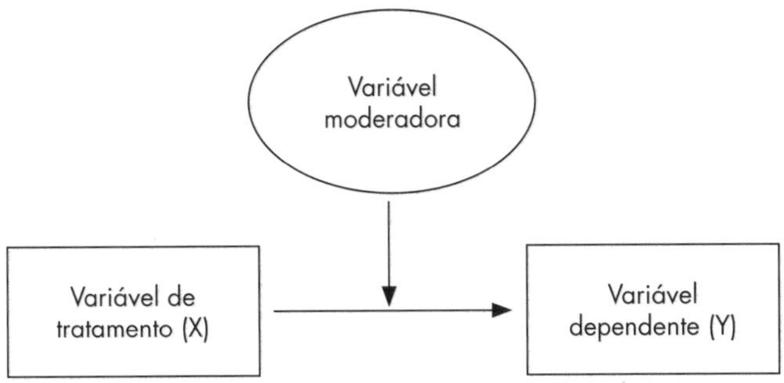

Figura 4.2 Diagrama da função das variáveis moderadoras na relação entre uma variável de tratamento e uma variável dependente.

Além de alterar o efeito de um tratamento sobre a variável dependente, uma variável moderadora pode ter também um efeito direto sobre essa variável dependente. Ou seja, a modalidade de ensino poderia ter tido também um efeito direto sobre as notas finais dos estudantes – o que não parece ter ocorrido entre os estudantes de microeconomia de Illinois, segundo os dados divulgados pelos pesquisadores.

Variáveis moderadoras são também muito importantes para ajudar a identificar os indivíduos e contextos que serão mais responsivos a um tratamento. Essa informação pode ser muito valiosa para a aplicação mais eficiente do conhecimento científico e para o desenho de novos estudos experimentais.

4.3.6 Variáveis mediadoras

As variáveis mediadoras, necessariamente, intervêm sobre a relação de causa e efeito que existe entre as variáveis de tratamento e a dependente (Figura 4.3). Estudos sobre transgressões, incluindo aqueles sobre desonestidade acadêmica, com frequência citam os mecanismos psicológicos que usamos para justificarmos comportamentos reprováveis moralmente, ou até mesmo ilegais. Bandura, Underwood & Fromson mostraram, em um trabalho empírico, que a desumanização das vítimas de violência física e a difusão de responsabilidade ("se todo mundo faz o mesmo, eu não tenho culpa") são alguns dos recursos mentais utilizados para aumentar a agressividade das pessoas (Bandura *et al.*, 1975). Esses e outros mecanismos elencados por esses autores em sua teoria sobre o "desengajamento moral" podem servir para justificar condutas como bullying (Menesini *et al.*, 2003), transgressão de deveres cívicos (Caprara & Capanna, 2005), uso de doping nos esportes (Lucidi *et al.*, 2004) e infrações de trânsito (Neto *et al.*, 2012). No caso da cola em provas, outro estudo feito com estudantes americanos identificou que a presença de uma justificativa é uma variável mediadora importante entre atitudes mais ou menos favoráveis à cola e a adesão a esse comportamento (Hendy & Montargot, 2019). Ou seja, ainda que alguns estudantes não se importem muito em colar ou em passar cola, normalmente essa atitude só se transforma em comportamento efetivo diante de alguma justificativa, como a ajuda a um amigo, a falta de tempo para estudar para muitas provas no fim do semestre ou o medo de ser reprovado. O estudo das variáveis mediadoras é muito importante porque, normalmente, permite entender melhor os mecanismos causais de uma relação que se pretende estudar.

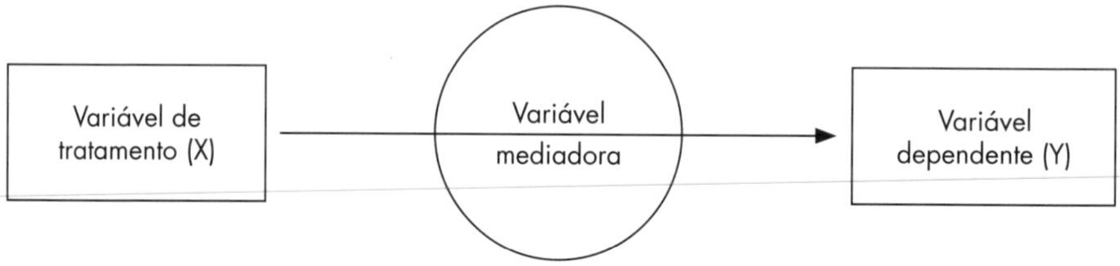

Figura 4.3 Diagrama da função das variáveis mediadoras na relação entre uma variável de tratamento e uma variável dependente.

Em suma, a diferença entre moderação e mediação trata da necessidade ou não da presença de uma variável mediadora (Z) na relação entre causa (X) e efeito (Y). No caso do estudo sobre fraude em provas, a modalidade não é condição necessária para que a supervisão cause efeitos sobre o desempenho do estudante. Essa variável, portanto, apenas intensifica o efeito causal. Já a justificativa é uma condição necessária para que o efeito causal exista entre supervisão e desempenho. Assim, chamamos essa variável de *mediadora da relação causal.*

4.3.7 Variáveis de confusão

Variáveis de confusão (ou variáveis não observáveis) são fatores que podem estar relacionados tanto com a variável de tratamento como com a variável dependente. Mas, ao contrário das variáveis moderadoras, elas não são parte do caminho causal (Figura 4.4). Na prática, como o nome diz, as variáveis de confusão atrapalham a observação de uma relação causal clara entre o tratamento e a resposta. No experimento sobre o uso de inspetores presenciais e digitais no curso de microeconomia em Illinois, os pesquisadores encontraram uma variável de confusão que tornou mais difícil interpretar claramente os resultados: a ansiedade. Ao fazerem provas sob a vigilância de um inspetor de sala (mesmo que na modalidade on-line), os estudantes podem ter sentido mais ansiedade que os colegas designados para o grupo controle. Se isso foi assim, estudantes do grupo tratado podem não ter tido notas piores não porque foram impedidos de colar, mas porque estavam mais ansiosos. Para compreender esses efeitos e lidar com a possível interferência de variáveis de confusão, é importante coletar dados sobre todas as variáveis que, segundo estudos anteriores, podem influenciar o comportamento do que se pretende estudar. Nem sempre, contudo, é possível elucidar esses efeitos, que podem exigir análises mais avançadas e, às vezes, limitar o alcance das conclusões de um estudo.

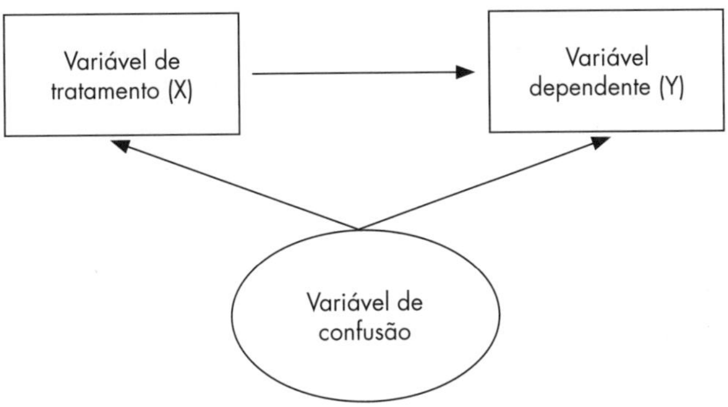

Figura 4.4 Diagrama da função das variáveis de confusão.

4.3.8 Variáveis de controle

As variáveis de controle não têm interesse substantivo ou teórico em um estudo, mas são incluídas nos modelos para tornar os resultados mais precisos e robustos (Figura 4.5). Se houver razão para acreditar que uma determinada variável tenha influência sobre o fenômeno que se quer estudar, convém coletar dados sobre ela e incluí-la no modelo de análise para que possamos estar seguros de que uma certa relação existe mesmo na presença de outras variáveis que também podem influenciar os resultados. Por exemplo, se houver razão para imaginar que a prática religiosa está correlacionada à conduta acadêmica, especificamente ao uso de cola, convém incluir dados sobre adesão e prática religiosa entre os estudantes, mesmo que em uma pesquisa que mede efeitos da supervisão sobre o uso de cola em provas da universidade. Nesse caso, a religião serviria apenas como variável controle, e não como uma variável de interesse na discussão sobre a eficácia de inspetores de sala presenciais e digitais.

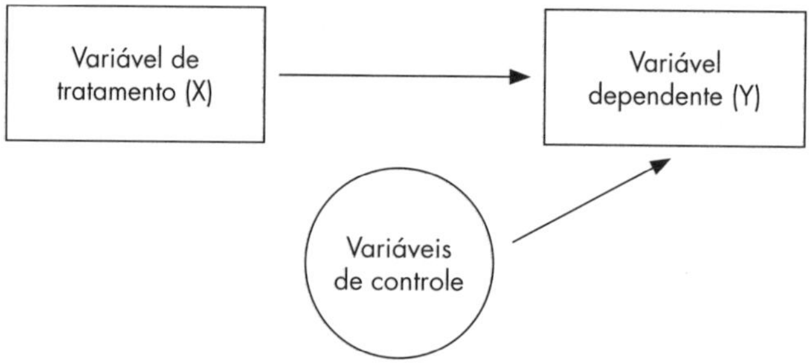

Figura 4.5 Diagrama da função das variáveis de controle na relação entre uma variável de tratamento e uma variável dependente.

4.4 CONCLUSÃO

Este capítulo procurou aterrissar conceitos mais abstratos sobre a metodologia experimental e uma discussão mais genérica sobre desenhos e contextos nos quais são realizados experimentos. Aqui, discutimos as três formas de medir resultados experimentais, os quatro tipos de variáveis e oito funções que elas podem ter em modelos de análise, resumidas na Figura 4.6. Agora, você tem melhores condições de interpretar resultados de artigos científicos que usam experimentos e discutir alguns de seus aspectos positivos e negativos, assim como suas limitações. Além disso, pode consultar estudos anteriores e usar a sua criatividade para começar a construir seu próprio modelo de análise de um tema do seu interesse. Só não vale colar...

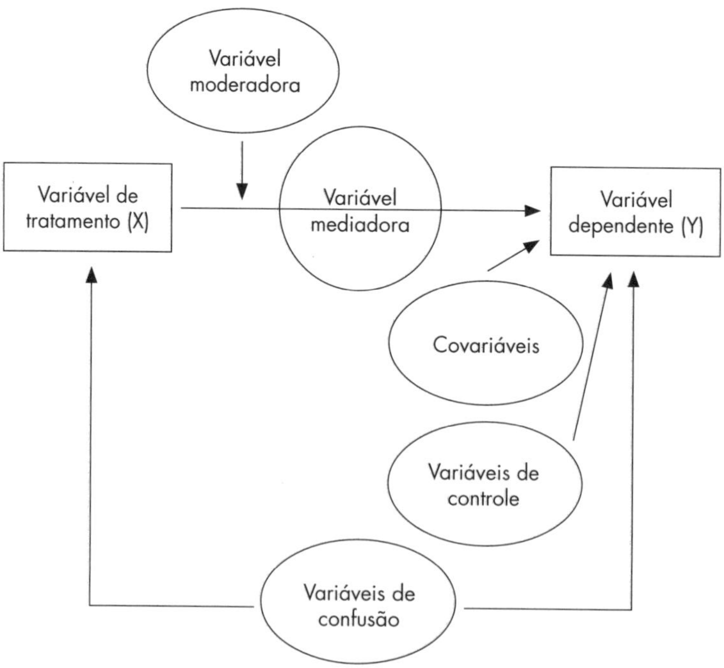

Figura 4.6 Diagrama da função de diferentes tipos de variáveis em modelos de análise.

EXERCÍCIOS

1) Um exemplo comum de variável nominal é:

   a) nível de ensino
   b) profissão
   c) classe social
   d) idade

2) O que distingue as variáveis ordinais das variáveis discretas é:

   a) a possibilidade de ordenação, nas variáveis ordinais
   b) o caráter qualitativo, nas variáveis discretas
   c) a diferença de valores medida em uma unidade constante, nas variáveis discretas
   d) a possibilidade de variação infinita entre dois valores, nas variáveis ordinais

3) A forma de coletar dados mais apropriada para mensurar o comportamento sexual dos participantes de uma pesquisa é:

   a) autodeclaração
   b) observação do comportamento
   c) mensuração de reações fisiológicas
   d) nenhuma das respostas acima

4) As instruções cuidadosas podem ser utilizadas para amenizar este tipo de problema:

   a) ambiguidade das perguntas
   b) efeitos da ordem das perguntas
   c) viés de desejabilidade social
   d) pré-tratamento

5) Uma vantagem das observações de comportamento sobre as autodeclarações é:

   a) aumento de efeito de demanda
   b) custo de implementação mais baixo
   c) aumento da validade interna
   d) aumento da validade ecológica

6) As variáveis independentes e dependentes são comumente denotadas, respectivamente, por:

   a) x e y

b) y e x
c) α e β
d) 0 e 1

7) Um exemplo de variável de tratamento, em um estudo sobre cola em universidades, é:

a) rendimento escolar
b) supervisão de um inspetor durante a realização de exames
c) gênero dos participantes
d) justificativa moral

8) Uma característica das variáveis de confusão (não observáveis) é:

a) alteram o tamanho do efeito de um tratamento sobre a variável dependente
b) explicam parte do comportamento da variável dependente tanto no grupo tratado como no grupo controle
c) fatores que podem estar relacionados com a variável de tratamento e com a variável dependente, mas não fazem parte do caminho causal
d) variáveis que não têm interesse substantivo ou teórico em um estudo

9) Sobre as variáveis de controle, não é possível dizer que:

a) são incluídas nos modelos para tornar os resultados mais precisos e robustos
b) deve-se utilizar sempre que houver razão para acreditar que essas variáveis possam ter influência sobre o fenômeno que se quer estudar
c) características sociodemográficas como gênero ou idade são utilizadas com frequência como variáveis controle
d) têm grande interesse substantivo ou teórico em um estudo

10) As variáveis mediadoras podem ser caracterizadas por:

a) sua necessária intervenção numa relação de causa e efeito
b) sua capacidade de mudar a direção do efeito de um tratamento
c) sua capacidade de aumentar o tamanho do efeito de um tratamento
d) ter um efeito positivo sobre a variável dependente de um estudo

OLHA ESSA... HOMENS HETEROSSEXUAIS FAZEM MAIS SEXO QUE MULHERES HETEROSSEXUAIS?

Por Victor Gomes

Um estudo feito por Tom Smith (1992) mostrou que, em pesquisas com amostras representativas da população em quatro países (Estados Unidos, Canadá, Reino Unido e Noruega), os homens heterossexuais sempre reportavam ter tido um número maior de parceiras sexuais do que as mulheres heterossexuais. Nos Estados Unidos, a discrepância chegou a uma média de 8,45 parceiras reportadas por homens para cada parceiro sexual reportado por mulheres. O pesquisador concluiu que a razão para essa diferença era uma mistura entre supernotificação, por parte dos homens, e subnotificação, por parte das mulheres. Em outro estudo, conduzido por Brown & Sinclair (1999), o mesmo padrão foi observado quando estudantes universitários americanos de ambos os gêneros davam estimativas do número de parceiros(as) sexuais que tiveram ao longo da vida. Entretanto, quando solicitados a estimar o número de parceiros(as) sexuais que tiveram no último ano, a diferença entre os gêneros desaparecia. Os autores argumentam que uma possível explicação para isso é o fato de que as mulheres, no geral, enumeram os parceiros que tiveram, independentemente do intervalo temporal indicado, enquanto os homens dão uma estimativa "de cabeça", o que pode funcionar na memória de curto prazo, mas acaba levando a erros quando a amplitude temporal da pergunta é maior. Esse caso ilustra muito bem o problema inferencial causado por opiniões e declarações que não correspondem com precisão ao comportamento das pessoas. Todos nós temos vieses e eles podem fazer com que nossas respostas estejam, às vezes, muito distantes da realidade.

Box 4.2 – Técnicas básicas para análise de dados experimentais

Por Álvaro Pereira Filho

Na busca de estimar o efeito médio do tratamento experimental, há diversas técnicas básicas para a análise dos dados experimentais. Essas técnicas podem ser separadas em dois tipos: (i) técnicas bivariadas, que estimam e testam hipóteses acerca da relação entre duas variáveis; e (ii) técnicas multivariadas, que estimam e testam hipóteses acerca de três ou mais variáveis.

Os testes bivariados permitem testar se grupos experimentais possuem efeitos sistematicamente distintos ou se essa diferença existe apenas por acaso ou coincidência. O teste t baseia-se na distribuição t, que é uma aproximação estatística com a curva normal, ou seja, é um teste paramétrico que produz um diagnóstico sobre a semelhança ou diferença dos efeitos de cada grupo. Ou seja, busca-se com o teste t a diferença estatística entre os grupos. O teste é apropriado para variáveis discretas ou contínuas. Por outro lado, o teste chi-quadrado de Pearson serve para qualquer tipo de variável. Além disso, é um teste não paramétrico, ou seja, ele não presume o formato da distribuição dos dados e sua interpretação também visa a distinção entre os grupos experimentais.

De longe, porém, os testes mais comuns em experimentos são a ANOVA (Análise de Variância) e a ANCOVA (Análise de Covariância). A ANOVA é semelhante ao teste t, porém, enquanto serve para comparação entre dois grupos, a ANOVA compara mais de dois grupos com uma métrica contínua ou discreta. A ANOVA basicamente compara estaticamente diferenças de médias, diferenças entre valores dentre de uma amostra e entre amostras. Além de comparar mais de um grupo, as taxas de erro tipo I para ANOVA são menores do que para o teste t. ANCOVA é uma extensão da ANOVA, com a diferença que a ANCOVA se preocupa com o controle de variáveis de confusão (*cofoundings*). Portanto, a ANCOVA combina características da ANOVA com as de uma regressão multivariada, técnica que busca relações entre variáveis explicativas e uma variável dependente que se quer estudar.

GABARITO DOS EXERCÍCIOS

1) Um exemplo comum de variável nominal é:

   b) profissão

2) O que distingue as variáveis ordinais das variáveis discretas é:

   c) a diferença de valores medida em uma unidade constante, nas variáveis discretas

3) A forma de coletar dados mais apropriada para mensurar o comportamento sexual dos participantes de uma pesquisa é:

   a) autodeclaração

4) As instruções cuidadosas podem ser utilizadas para amenizar este tipo de problema:

   c) viés de desejabilidade social

5) Uma vantagem das observações de comportamento sobre as autodeclarações é:

   d) aumento da validade ecológica

6) As variáveis independentes e dependentes são comumente denotadas, respectivamente, por:

   a) x e y

7) Um exemplo de variável de tratamento, em um estudo sobre cola em universidades, é:

   b) supervisão de um inspetor durante a realização de exames

8) Uma característica das variáveis de confusão (não observáveis) é:

   c) fatores que podem estar relacionados com a variável de tratamento e com a variável dependente, mas não fazem parte do caminho causal

9) Sobre as variáveis de controle, não é possível dizer que:

   d) têm grande interesse substantivo ou teórico em um estudo

10) As variáveis mediadoras podem ser caracterizadas por:

   a) sua necessária intervenção numa relação de causa e efeito

CAPÍTULO 5

A implementação dos experimentos

Este capítulo descreve a dinâmica prática da realização dos experimentos durante sua implementação. Os capítulos anteriores trouxeram conceitos gerais, apresentaram diferentes desenhos e contextos de pesquisa e discutiram aspectos fundamentais da construção de modelos de análise, incluindo tipos e funções de variáveis. Aqui, vamos ver alguns exemplos que mostram como tudo isso ocorre na prática e como, às vezes, pode ser desafiador implementar um projeto de pesquisa sem desvios que comprometam a validade interna de seus resultados. Exemplos sobre pesquisas de comunicação em saúde e o uso frequente de estudantes de graduação como sujeitos em estudos, entre outros temas, servirão de guia para descrever as diferentes etapas de implementação dos experimentos.

5.1 RECRUTAMENTO DE PARTICIPANTES

Em algumas áreas do conhecimento e temas de pesquisa, os sujeitos em estudos experimentais são materiais, como metais (Salur *et al.*, 2019); espécies vegetais, inclusive sementes (Smith *et al.*, 2008); ou outros animais, como roedores e primatas não humanos (Kilkenny *et al.*, 2009). Ainda que a seleção e a reunião desses sujeitos experimentais imponham desafios logísticos e, muitas vezes, éticos, os estudos com seres humanos são ainda mais complexos porque – na maioria dos casos – impõem desafios logísticos e éticos, mas também dependem da anuência prévia e explícita dos participantes em aderirem à pesquisa. A única exceção a essa regra geral são os experimentos de campo, em que os indivíduos ignoram que estão participando de um estudo, como vimos no Capítulo 2. Nesta seção, vamos discutir algumas técnicas amostrais, os tipos mais comuns de participantes em experimentos, o número de pessoas recrutadas e os incentivos que às vezes são utilizados para assegurar o engajamento dos participantes até o final do estudo.

5.1.1 Técnicas de amostragem

Há uma extensa literatura sobre teorias e técnicas de amostragem, que estão bem apresentadas e discutidas em outros livros (Lohr, 2021; Babbie, 1999). Aqui, basta termos clareza sobre uma distinção crucial entre as formas de selecionar uma amostra. Imagine uma população de interesse formada por todos os estudantes de graduação de uma universidade, absolutamente todos, desde os calouros até os que estão prestes a defender seus trabalhos finais e obter seus diplomas. Uma amostra desses alunos será probabilística se todos eles – sem exceção – tiverem a mesma chance de ser selecionados. Não importa se, em uma universidade com 10.000 alunos, selecionamos 100 ou 500 deles; não é o número de indivíduos de uma amostra que faz com que ela seja probabilística, mas a forma como eles foram selecionados. Ou seja, todos os indivíduos de uma população devem ter a mesma chance de ser selecionados para que se produza uma *amostra probabilística*.

Vimos nos capítulos anteriores a importância que a *designação aleatória* tem para a estimação do efeito causal em experimentos. A *amostragem aleatória* possui similar importância, porém produz estimadores não enviesados para a população e não na estimação de causa e efeito. Por essa razão, uma *amostragem aleatória* aumenta a validade externa de um estudo, enquanto a *designação aleatória* aumenta a validade interna. Essa distinção é fundamental, mas vimos que não significa um dilema em que o aumento da validade interna diminui a validade externa de um estudo. *Surveys* experimentais combinam amostras probabilísticas com a designação aleatória dos participantes em condições experimentais.

Há três técnicas de amostragem probabilísticas mais comuns. Na amostra aleatória simples, cada indivíduo é associado a um número de 1 a "N" (sendo "N" o número total de indivíduos dessa população), e são sorteados aleatoriamente "n" números (sendo "n" o número total de indivíduos que comporão a amostra).

Na amostra sistemática, cada indivíduo também é associado a um número de 1 a "N". Em seguida, essa lista é dividida em grupos, ou faixas, designados pela letra "k", usando a seguinte regra: k=N/n. Finalmente, sorteia-se um indivíduo aleatoriamente do total da população e selecionam-se, além dele, todos os demais indivíduos que ocupam a mesma posição em cada um dos grupos.

A terceira técnica de amostragem probabilística é a estratificada. Aqui, antes do sorteio, são definidos estratos, de modo que cada indivíduo só possa estar em um deles. Por exemplo, podemos dividir os estudantes de graduação em seus diferentes estratos, segundo os cursos em que estão matriculados. Uma amostra estratificada sortearia "n" estudantes de cada curso (n_{curso}), proporcionalmente ao número de indivíduos existentes em cada curso (N_{curso}). Portanto, se quiséssemos selecionar uma amostra com 100 estudantes em uma universidade em que o curso de Pedagogia tem 15% do total de matriculados na graduação e o de Psicologia, 13%, sortearíamos quinze estudantes entre os matriculados em Pedagogia e treze entre os matriculados em Psicologia.

Para selecionar uma amostra probabilística, as pesquisadoras devem ter uma lista de todos os alunos, com seus telefones, e-mails ou alguma outra forma de contato. Entretanto, se uma lista como essa não estiver disponível, há outros modos de recrutar estudantes para um experimento; mas nenhum deles dará a todos os estudantes a mesma probabilidade de serem selecionados. Ou seja, o resultado será uma *amostra não probabilística*. Isso pode ocorrer quando os estudantes forem convidados para participarem de um experimento em pontos de grande circulação de pessoas, como na parada de ônibus, no estacionamento, no restaurante universitário ou no portão de entrada. Em todos esses casos, um estudante que não pode ir à aula no dia em que foi feito o recrutamento não teve nenhuma chance de ser escolhido, pois não estava em nenhum desses locais. Essa é uma técnica conhecida como autosseleção, em que alguns indivíduos da população são convidados a participar do estudo, e podem aceitar ou não[1]. Outra forma comum de elaboração de amostras de autosseleção é a divulgação de convites em cartazes, redes sociais ou outros meios de comunicação. Além desta, há outras três técnicas mais comuns que produzem amostras não probabilísticas. Uma delas é conhecida como bola de neve (*snowball sampling*), em que cada sujeito que aceita participar do estudo indica ou convida diretamente outros sujeitos que podem ter interesse em participar da pesquisa. Outra é a amostragem por cotas, em que são previamente definidos o número de indivíduos com certas características, e o recrutamento obedece a esse planejamento. Por exemplo, uma amostra por cotas de gênero e idade que recrute 40 homens entre 18–20 anos, 40 mulheres entre 18–20 anos, 40 homens entre 21–23 anos e 40 mulheres entre 21–23 anos. Finalmente, a última dessas técnicas é a amostra por conveniência, que pode – simplesmente – recrutar estudantes matriculados nas diferentes turmas de uma disciplina para participarem de um experimento, oferecendo créditos em disciplinas, como vimos em alguns exemplos até aqui neste livro.

1 Essa característica também está presente em painéis on-line.

A principal desvantagem das amostras não probabilísticas é que essa modalidade de seleção pode introduzir algum viés nos resultados. Ou seja, estudantes matriculados em uma disciplina introdutória estão, com frequência, no começo do curso; portanto, tendem a ser mais jovens e a manifestar atitudes que provavelmente vão mudar ao longo de seu período de formação universitária. Nesse sentido, os resultados de um experimento podem estar limitados por características da amostra, o que tende a reduzir a validade externa do estudo, apesar de a designação aleatória assegurar em grande parte a validade interna de um experimento.

5.1.2 Tipos de participantes

Durante muitas décadas, estudantes de graduação foram os sujeitos mais comuns em estudos experimentais, chegando a estar presentes em 70% dos artigos publicados em algumas áreas (Kam *et al.*, 2007; Gramacho *et al.*, 2021). Duas principais vantagens explicavam esse padrão. Em primeiro lugar, havia uma conveniência logística; afinal, os estudantes já estavam na universidade e não precisavam deslocar-se de suas residências ou locais de trabalho para os *campi*. E, em segundo lugar, os estudantes de graduação não precisavam ser necessariamente remunerados com dinheiro por sua participação, podendo receber outros incentivos, como pontos-extra na avaliação de uma disciplina e até crédito no currículo do curso.

Há, inclusive, um intenso debate sobre a qualidade dos experimentos realizados apenas com estudantes de graduação, em que alguns autores consideram que certas características específicas desses indivíduos são muito diferentes da população não universitária e limitam a generalização dos resultados – como em estudos sobre processos cognitivos (Hanel & Vione, 2016) –, enquanto outros autores argumentam que o uso de estudantes não é, em si, uma limitação maior do que o contexto específico em que é realizada a pesquisa – no caso de estudos sobre opiniões ou atitudes (Druckman & Kam, 2011). Além disso, diferentes pesquisadoras e pesquisadores defendem a utilização de estudantes como sujeitos porque teriam maior facilidade para entender e seguir os comandos durante um experimento, em comparação com pessoas com menor nível de escolaridade (Friedman & Sunder, 1994; Guala, 2005; Drukman & Kam, 2011). O uso de estudantes universitários como sujeitos em experimentos, portanto, ainda é um debate em aberto.

Entretanto, novas formas de recrutamento de participantes foram reduzindo as vantagens logísticas e financeiras da opção por estudantes. Em diferentes países, plataformas como a Amazon Mechanical Turk (nos Estados Unidos) ou a Netquest (globalmente, inclusive no Brasil) deram às pesquisadoras acesso a milhares de indivíduos com um intervalo maior de idades, de níveis de escolaridade e de outras características individuais e culturais, ampliando a heterogeneidade das amostras utilizadas em pesquisas experimentais, além de oferecerem novas ferramentas de desenho e implementação experimental (Paolacci *et al.*, 2010).

Salvo por questões de conveniência – circunstancial, logística ou financeira –, a decisão sobre que tipo de participantes recrutar para um estudo experimental deve estar fundada na pergunta de pesquisa e no marco teórico que busca descrever e explicar determinado fenômeno de interesse. Sem surpresa, portanto, estudos que se interessam sobre o efeito de propagandas de cigarro saborizado em crianças buscarão a autorização de pais e mães para recrutar crianças (Vasiljevic *et al.*, 2016); os que analisam o uso de alertas gráficos sobre os riscos do tabagismo e seu impacto entre adolescentes recrutarão adolescentes (Andrews *et al.*, 2016); e os que investigam a influência de maços de cigarro em preto e branco sobre a intenção de compra de adultos fumantes recrutarão adultos (Nonnemaker *et al.*, 2016).

5.1.3 Tamanho da amostra

A definição do tamanho da amostra (ou número de participantes) de um estudo experimental pode implicar alguns riscos importantes para uma pesquisa. Por um lado, um experimento com poucos participantes pode impedir a observação de efeitos estatisticamente significativos de um tratamento. Ainda que esse efeito exista na prática, se há poucos dados, os testes estatísticos podem não encontrar diferenças significativas, pois os modelos de análise têm o tamanho da amostra como um de seus parâmetros. Por outro lado, um número muito grande – exagerado, até – de participantes pode ser ineficiente a partir de um ponto chamado de saturação, em que a inclusão de novos dados não altera os resultados, enquanto o custo financeiro de realização da pesquisa continua subindo com o aumento do número de participantes. Nesse caso, o risco seria apenas o desperdício de recursos.

Nos últimos anos, tem sido crescente o cálculo do poder do estudo (*power analysis*) na definição do número de participantes de um experimento (Cohen, 1988). Essa técnica permite calcular a probabilidade de se rejeitar a hipótese nula quando ela, de fato, for falsa. Em outras palavras, ela estima a segurança que as pesquisadoras podem ter em declarar que encontraram um efeito experimental estatisticamente significativo quando ele de fato existe, evitando um diagnóstico "falso positivo" ou erro tipo I (como vimos no Capítulo 4).

Essa técnica usa três parâmetros. O primeiro deles é o tamanho da amostra ("n"). Quanto maior o tamanho da amostra, naturalmente, maior o poder de um estudo em encontrar um efeito que realmente exista. O segundo é o tamanho do efeito ("d"), que, em um desenho entressujeitos, expressa a diferença entre as médias do grupo tratado e do grupo controle.[2] Há três níveis de referência para

2 O parâmetro "d" usa a diferença de médias em valores padronizados, isto é, transformados de modo a que a média tenha valor 0, e o desvio-padrão, valor 1.

o tamanho dos efeitos: pequeno (d = 0,2), médio (d = 0,5) e grande (d = 0,8). O terceiro e último parâmetros são o critério adotado sobre o nível de significância dos testes em um estudo ("α"). Normalmente, o nível de significância adotado por pesquisadoras considera $\alpha \leq 0{,}05$, que significa que há no máximo 5% de chance de se rejeitar a hipótese nula indevidamente. Ou seja, a chance de assumir que o efeito experimental existe, quando, na verdade, não existe.

Aplicados conjuntamente, esses parâmetros permitem estimar, por exemplo, o número de participantes necessários para um estudo que tenha poder de 80%, ou seja, que tenha uma probabilidade de 80% de encontrar um efeito que exista de fato e não seja simplesmente fruto de dados muito atípicos. Se estudos anteriores mostram que o efeito que pretendemos medir é médio (d = 0,5), precisaríamos contar com 130 participantes de um experimento com dois grupos (Brysbaert, 2019). Alguns programas, como *G-Power*, podem auxiliar no cálculo da amostra ideal para cada experimento (Perugini *et al.*, 2018).

5.1.4 Incentivos à participação

Ainda que possa causar estranhamento à primeira vista, é bastante comum o uso de incentivos à participação de indivíduos em pesquisas científicas. Afinal, quando os estudos têm como sujeitos seres humanos – e não roedores, plantas ou materiais –, é razoável supor que o tempo é valioso para cada um deles, assim como a disposição em submeter-se a estímulos e à mensuração de seus possíveis efeitos. Uma análise das características de experimentos em comunicação de utilidade pública divulgados em revistas de excelência acadêmica no ano de 2016, por exemplo, revelou que – entre os 38 estudos analisados – 61% deles utilizaram incentivos (Gramacho *et al.*, 2021).

Foram utilizados créditos para estudantes de graduação, cupom para sorteio de prêmios e brindes como camisetas ou chocolate. O mais comum foram pagamentos em dinheiro, que variavam de meros US$ 0,40 (cerca de R$ 2,00[3]), para responder a um estudo on-line sobre mensagens de venda de remédios diretamente a consumidores (Rosenberg & Jason, 2016), a US$ 185 (cerca de R$ 940,00), para participar de um estudo de quatro semanas sobre os efeitos de alertas dos prejuízos decorrentes do fumo (Brewer *et al.*, 2016). Em geral, o valor do incentivo em dinheiro é proporcional ao tempo dedicado à pesquisa e aos riscos ou ao desconforto que ela possa causar. Esse pagamento, entretanto, não elimina a necessidade de aprovação prévia de cada estudo experimental por comitês de ética, como veremos no Capítulo 7.

3 Com base na cotação do dólar em 16 de março de 2022 (R$ 5,08 = US$ 1,00).

5.2 FORMAÇÃO DOS GRUPOS

Assim como os sujeitos de um estudo são a unidade de observação em uma pesquisa experimental, os grupos congregam os sujeitos em uma condição experimental. Em qualquer estudo, ao menos um grupo é submetido a um certo tratamento, enquanto ao menos outro grupo serve como controle e não recebe nenhum tratamento, ou recebe um placebo. Diferentes desenhos experimentais implicarão também distintas estratégias de formação de grupos. Nesta seção, veremos apenas algumas delas.

5.2.1 Técnicas de designação aleatória

Como vimos no Capítulo 1, a designação aleatória dos participantes a uma das diferentes condições experimentais é um elemento crucial na construção de validade interna de um estudo. Nesse sentido, utilizar de modo apropriado alguma técnica de aleatorização pode fazer toda a diferença entre uma pesquisa que contribua para o conhecimento científico e outra que gere mais dúvidas do que certezas.

Dito de modo simples, a designação aleatória exige simplesmente que cada sujeito tenha a mesma chance de ser selecionado para qualquer uma das condições experimentais. Em um estudo com apenas duas condições experimentais (por exemplo, um grupo tratado e um grupo controle), isso pode ser feito com o lançamento de uma moeda ou de um dado para designar cada um dos sujeitos a um dos dois grupos. Para o grupo controle, podem ser designados os sujeitos cuja moeda parou com a "cara" para cima ou cujo dado parou com um número par para cima. Para o grupo tratado iriam todos os demais, cujos resultados foram "coroa" ou um número ímpar. Em estudos laboratoriais com um número não muito grande de participantes, essa pode ser uma boa solução. Além desses instrumentos tradicionais, a internet e os aplicativos de celular dispõem de vários outros "sorteadores digitais", que podem designar sujeitos para duas, três ou "n" condições experimentais em um estudo.

Para estudos on-line, existem plataformas que oferecem a função de designação aleatória já associada ao processo de coleta de dados de um *survey*. Ou seja, ao aceitar participar de um estudo, cada participante já é sorteado automaticamente para uma das condições experimentais da pesquisa. Algumas plataformas que oferecem esse serviço são LimeSurvey, Survey Monkey e Qualtrics – todas proprietárias –, além da eslovena 1KA, vinculada à Faculdade de Ciências Sociais da Universidade de Ljubljana.

Finalmente, um dos maiores desafios à designação aleatória de participantes em diferentes grupos se dá nos experimentos de campo. Como já vimos anteriormente, nesses contextos, é mais difícil, por exemplo, evitar que indivíduos do grupo controle não tenham contato com indivíduos do grupo tratado e, por causa disso, evitar que aqueles sejam parcialmente tratados. Ainda assim, técnicas de sorteio digital podem ser utilizadas nessa designação aleatória. Em um experimento pelo Twitter, a título de exemplo, os seguidores de uma conta que costuma disparar *fake news* podem ter seus nomes de usuários elencados em uma lista, e cada um desses nomes será sorteado para uma das condições experimentais. Digamos: um grupo receberá uma mensagem direta alertando para a presença de desinformações nessa conta, enquanto o outro funcionará como grupo controle. O importante é que, no contexto de cada pesquisa, as pesquisadoras avaliem a melhor forma de assegurar a designação aleatória dos participantes durante a formação dos grupos experimentais, ainda que eles sejam muitos.

5.2.2 Número de condições experimentais

Como já vimos, para a realização de um experimento, o número mínimo de condições experimentais é dois: um grupo tratado e um grupo controle. Mas e o número máximo? E o número ideal? Na prática, o número de condições experimentais de um estudo é resultado das perguntas de pesquisa, do desenho do estudo e dos recursos financeiros disponíveis. Um estudo com mais perguntas de pesquisa tenderá a ter mais condições experimentais se tiver dinheiro para isso. Já um estudo com menos recursos deverá concentrar sua atenção em um número menor de perguntas de pesquisa ou em uma só. Por outro lado, desenhos entressujeitos (*between-subjects*) tendem a ter menos condições experimentais do que outros de tipo fatorial, que podem otimizar a coleta de dados de um mesmo número de participantes.

No levantamento das características de experimentos de excelência sobre comunicação de utilidade pública divulgados em 2016, o número médio de condições experimentais dos 38 estudos analisados foi de quatro grupos por experimento de tipo entressujeitos, ou seja, um grupo controle e três grupos tratados. Um dos estudos, entretanto, contou com 12 condições experimentais para investigar fatores que possam incentivar homens a denunciar casos de assédio sexual contra mulheres (Mabry & Turner, 2016).

5.2.3 Número de participantes em cada condição experimental

O número de participantes em cada grupo deve ser estimado com base no cálculo do número total de participantes de um estudo, como vimos na Seção 5.1.3. Entretanto, o contexto de realização dos experimentos tende a influenciar a capacidade de recrutamento de indivíduos. De novo, com base na análise de 38 estudos sobre comunicação de utilidade pública, o número de participantes por grupo foi, em média, de 71 indivíduos em estudos laboratoriais e de 207 em experimentos on-line. Idealmente, é importante realizar um cálculo do poder do estudo para determinar o número de participantes em um experimento e em cada grupo. Entretanto, para estudos mais simples e com menor ambição de identificação de relações causais, pode-se usar uma regra convencional que define em 30 o número mínimo de participantes por condição experimental. Esse número está baseado no teorema do limite central, segundo o qual, para um n = 30, a distribuição das médias amostrais se aproxima da distribuição normal.

5.3 SESSÃO EXPERIMENTAL

Uma vez que os participantes estejam recrutados e aleatoriamente designados a uma das condições experimentais de um estudo, é importante planejar com atenção e cuidado o momento da introdução do tratamento experimental e a mensuração da resposta, assim como outros elementos importantes do que chamaremos de sessão experimental, ainda que essa expressão faça mais sentido em um contexto laboratorial. Em termos cronológicos, podemos organizar a implementação dessa etapa em três fases: antes, durante e após o tratamento e a mensuração.

5.3.1 Antes do tratamento e da mensuração

Dois elementos são especialmente importantes na etapa prévia ao tratamento e à mensuração em um estudo experimental. O primeiro deles é a definição do porta-voz e do conteúdo da comunicação introdutória com os participantes, isto é, a escolha da pessoa ou instituição que será responsável pelo contato com os participantes, assim como o conteúdo dessa mensagem. A regra mais importante nessa decisão é o que se poderia chamar de transparência ponderada. É importante que os participantes de um experimento saibam por que e o que estão fazendo ali, mas essas informações não podem revelar o objetivo do estudo nem enviesar as respostas.

Nesse sentido, um estudo sobre racismo deveria evitar que a equipe de pesquisadoras estivesse integrada só por pessoas negras ou só por pessoas brancas, o que poderia produzir vieses sobre as reações dos participantes. Da mesma forma, um estudo mercadológico sobre novos sabores de cerveja deveria evitar a citação a uma empresa, de modo que as respostas não estivessem associadas à imagem dessa empresa, senão ao produto específico que está sendo testado.

Uma solução aqui é a realização de um experimento duplo-cego, no qual as pesquisadoras que implementam o estudo não são as mesmas que desenharam a pesquisa e, portanto, não sabem quais são os tratamentos nem os objetivos desta. Esse recurso reduz as chances de ocorrência de efeitos de expectativa e de demanda, como vimos no Capítulo 1.

Sobre o conteúdo da apresentação do estudo, melhor do que dizer que são estudos sobre "racismo" e sobre "o lançamento de uma nova cerveja de determinada empresa" seria dizer que são estudos sobre "atitudes individuais em relação a determinados grupos sociais" e "preferências em relação a bebidas alcoólicas".

Experimentos de campo prescindem dessas preocupações, pois os participantes não sabem que estão sendo sujeitos de um experimento. Experimentos on-line não precisam preocupar-se com características sociodemográficas das pesquisadoras, pois não existe nessa modalidade de contato interpessoal, mas devem estar atentos à indicação das pessoas ou instituições responsáveis pelo estudo, assim como à mensagem de apresentação. Já os experimentos laboratoriais devem estar atentos a todos esses detalhes, sem exceção.

Uma vez feita a introdução ou apresentação do estudo, é necessário que – salvo em experimentos de campo – se peça a todos os indivíduos que assinem um Termo de Consentimento Livre e Esclarecido[4] (TCLE), no qual declaram sua concordância em participar do estudo e em ter seus dados utilizados na pesquisa. Há vários modelos disponíveis na internet. Eles podem ser utilizados como referência, mas é importante que cada estudo reflita sobre as informações exatas que pretende oferecer aos participantes e as que deseja inserir no TCLE – no Capítulo 7, trataremos das bases éticas desse documento.

5.3.2 Durante o tratamento e a mensuração

Os três contextos experimentais – laboratorial, em *survey* e de campo – impõem preocupações muito diferentes durante a implementação do tratamento e a mensuração de respostas. No laboratório, é importante evitar eventos que possam reduzir a validade interna de um estudo, como o ruído, o calor ou o frio excessivos, em parte ou durante toda a sessão. Esses fatores podem disputar a atenção dos participantes e interferir nos resultados, produzindo efeitos diferentes dos esperados em condições sonoras e climáticas mais confortáveis. Além desses, outros fatores também podem causar distração ou criar uma comunicação indevida entre a equipe de pesquisa e os participantes, como camisas com mensagens as quais os participantes podem encarar como associadas ao estudo ou conversas paralelas no local da pesquisa, cujos temas podem interagir com o assunto do experimento. Se o tempo não for uma variável relevante no desenho do experimento, convém

---

4 Palavras derivadas do verbo "esclarecer" foram eliminadas do texto original em respeito a reivindicações de grupos do movimento negro que buscam eliminar expressões da língua portuguesa que remetam ao racismo. Entretanto, por precisão técnica, essa expressão foi mantida para explicar o que é um TCLE e quais são suas funções em estudos experimentais. Bastaria um consenso normativo, contudo, para que o TCLE passasse a se chamar Termo de Consentimento Livre e *Explicado*.

evitar que os participantes se sintam cansados com sessões demasiado longas. Portanto, salvo se o interesse do estudo for medir a memorização de informações ou outra medida que possa estar associada ao tempo, quanto mais curta a sessão experimental, melhor.

Em um experimento inserido em *survey*, há três cenários possíveis: um presencial, outro telefônico e, finalmente, o digital. No contato presencial, cabem as recomendações do contexto laboratorial, que buscam evitar comunicações indevidas entre as pesquisadoras e os participantes, especificamente as que possam influenciar os resultados do experimento. Pelo telefone, além desse ponto de atenção, devem ser avaliados os possíveis efeitos do gênero, do timbre e do sotaque associados à voz do entrevistador, de modo a ponderar se algum desses fatores pode ter influência sobre os resultados. Finalmente, no *survey* on-line, a atenção deve estar voltada para o monitoramento da coleta de dados. Muitas plataformas disponibilizam painéis de dados nos quais é possível acompanhar o recebimento de questionários concluídos. Cabe, nesse caso, avaliar se todas as perguntas estão tendo respostas válidas ou se há algum problema de programação ou de redação que esteja impedindo a coleta de dados em alguma questão ou gerando demasiadas respostas inesperadas do tipo "não sei" ou "prefiro não responder".

Em experimentos de campo, o importante é observar o contexto informacional sob o qual atuam os participantes, esteja ele ocorrendo no Twitter, em comunicações dirigidas à residência dos indivíduos ou em qualquer outro contexto. Aqui, o mais importante é identificar a possível intervenção natural de outros estímulos que possam concorrer ou interagir com o tratamento experimental. Por exemplo, durante uma pesquisa sobre os efeitos de mensagens de estímulo à redução do consumo de água, a própria companhia responsável pelo serviço pode decidir lançar uma campanha de conscientização sobre o tema, o que poderia afetar de modo importante os resultados do estudo, ou mesmo comprometer sua validade interna. Nesse caso, teria sido conveniente aliar os esforços de pesquisa ao planejamento de comunicação da própria empresa prestadora de serviços. Cada experimento de campo, entretanto, terá desafios específicos de monitoramento do ambiente informacional a partir do problema e do planejamento da pesquisa.

5.3.3 Após o tratamento e a mensuração

A conclusão da sessão experimental deve ocupar-se de três pontos específicos. O primeiro deles é a indicação clara e expressa do uso de qualquer conteúdo que possa ter gerado engano durante a realização do experimento. Por exemplo, após a realização de um experimento sobre o efeito das *fake news* na intenção de vacinação dos participantes, é necessário informar que um ou mais conteúdos utilizados no estudo são falsos e a indicação das razões pelas quais esse conteúdo foi utilizado, assim como a apresentação da informação correta sobre esse assunto.

O segundo ponto é a indicação precisa de responsáveis pela pesquisa, com os quais os participantes possam entrar em contato e pedir informações sobre ela no futuro. Ainda que seja extremamente improvável que isso aconteça, esse é um direito dos participantes e uma ação que sugere boa-fé e fortalece a confiança no processo de pesquisa científica. Convém também, nesse momento, agradecer aos participantes pela contribuição com seu tempo e atenção. Afinal, ela é fundamental para o avanço da ciência.

Finalmente, tão logo forem coletados os dados, devem ser adotadas ações que evitem sua perda ou extravio, estejam eles em papel, na memória de um computador ou na *nuvem*. Assim que possível, os dados devem ser consolidados em um só arquivo, devem ser produzidas cópias de segurança (backups) e devem ser adotadas providências para se manter a integridade dessas informações, com o uso de mais de uma conta e a proteção contra vírus ou outras ameaças digitais que possam desperdiçar o esforço recém-realizado na coleta de dados.

5.4 CONCLUSÃO

Este capítulo descreveu a dinâmica de implementação dos experimentos, etapa crucial da pesquisa após o desenho e o planejamento de um estudo. É no momento da implementação que um experimento pode incorrer em problemas. Se estes forem pequenos, podem trazer limitações à capacidade explicativa do estudo. Mas, se forem grandes, podem desperdiçar totalmente o esforço de coleta de dados, o que exigiria começar de novo todo o processo empírico, o que implicaria voltar a recrutar participantes, formar grupos para cada condição experimental e realizar nova sessão de coleta de dados. Alguns cuidados e recomendações foram indicados nas seções anteriores, mas cada experimento exige uma reflexão específica sobre seus principais desafios na etapa de implementação, de modo a preservar sua validade interna e potencializar sua validade externa.

EXERCÍCIOS

1) Constitui um exemplo de amostra probabilística a seguinte técnica:
   a) recrutamento aleatório de participantes em uma rodoviária, em que o universo sejam brasileiros maiores de 25 anos;
   b) recrutamento aleatório a partir de uma lista com todos os alunos de uma instituição, em que o universo sejam os estudantes dessa instituição
   c) recrutamento a partir de convites em cartazes dispostos em uma universidade, em que o universo sejam brasileiros maiores de 25 anos
   d) recrutamento de uma turma inteira que está matriculada em certa disciplina, em que o universo sejam estudantes de uma instituição

2) Uma característica das amostras probabilísticas estratificadas é:
   a) sorteio em que cada indivíduo tem a mesma probabilidade de ser incluído na amostra
   b) escolha de indivíduos, sem sorteio, de modo que diversos estratos sociais de uma população sejam representados
   c) separação de indivíduos em diferentes estratos sociais e sorteio de indivíduos dentro de cada estrato
   d) sorteio em que cada indivíduo escolhido convida diretamente outros sujeitos que podem ter interesse em participar da pesquisa

3) A principal desvantagem das amostras não probabilísticas é que:
   a) elas podem introduzir vieses nos resultados da pesquisa
   b) elas são mais caras e difíceis de operacionalizar
   c) elas podem reduzir a significância estatística dos resultados
   d) elas estão associadas a efeitos pequenos (d=0,2)

4) O nível de significância dos resultados indica:
   a) o tamanho dos efeitos observados
   b) a probabilidade de a margem de erro ser maior que a encontrada
   c) o intervalo de confiança
   d) a probabilidade de rejeitar a hipótese nula indevidamente

5) O tipo de experimento em que é mais difícil designar aleatoriamente os participantes a um tratamento é:
   a) o experimento de laboratório
   b) o experimento em *survey*
   c) o experimento de campo
   d) o experimento remunerado

6) Convencionou-se que o número mínimo de participantes em um tratamento experimental é:
   a) 10
   b) 30
   c) 50
   d) nenhuma das alternativas acima

7) Uma forma de reduzir efeitos de expectativa e demanda nos experimentos é:
   a) escolher aplicadores que não conheçam os objetivos de um experimento de laboratório

b) submeter os participantes a um Termo de Consentimento Livre e Esclarecido
c) não oferecer nenhum tipo de incentivo à participação no experimento
d) evitar sessões experimentais muito longas

8) Após a etapa de tratamento e mensuração, em um experimento, é preciso:
a) revelar os objetivos da pesquisa aos participantes
b) informar os participantes caso eles tenham sido submetidos a enganos, como notícias falsas, durante o tratamento
c) registrar dados como nome e e-mail dos participantes
d) apagar os dados coletados, para preservar o anonimato das respostas

9) Alguns estudos experimentais utilizam incentivos à participação nas pesquisas. Sobre esses incentivos, não é correto dizer que:
a) em experimentos com maior risco é preciso pagar valores mais altos
b) eles permitem recompensar as pessoas pelo tempo dedicado ao estudo
c) em áreas como a comunicação, mais da metade dos experimentos costumam oferecer algum tipo de incentivo aos participantes
d) esses incentivos podem ser em dinheiro, em vouchers ou mesmo em brindes

10) Algumas características de participantes em estudos experimentais são as seguintes:
i) estudantes de graduação constituem uma amostra de conveniência muito frequente em estudos publicados
ii) estudantes de graduação devem ser remunerados financeiramente por sua participação em experimentos
iii) há consenso entre pesquisadores de que estudantes de graduação representam perfeitamente a população geral de um país.

Sobre essas afirmações, é possível dizer que:
a) todas estão corretas
b) apenas i está correta
c) apenas i e ii estão corretas
d) apenas i e iii estão corretas

OLHA ESSA... O MAIOR EXPERIMENTO DA HISTÓRIA

Por Victor Gomes

Em 1954, um experimento de campo a respeito dos efeitos da vacina contra a poliomielite foi conduzido nos Estados Unidos, com a participação de mais de 1 milhão de crianças e custo estimado em mais de 5 milhões de dólares – algo como 250 milhões de reais. Este que foi, provavelmente, o experimento mais caro e com maior número de participantes da história, infelizmente não foi tão bem-sucedido (Meier, 1989). Poucos dias depois do aparente sucesso da vacina, a partir da divulgação dos resultados do experimento, começaram a surgir casos de paralisia infantil entre quem havia sido vacinado, e iniciou-se a investigação dos possíveis erros do trabalho. Em algumas cidades, crianças da 2ª série foram inoculadas com a vacina, enquanto crianças da 1ª e da 3ª séries não o foram, o que violou a regra da designação aleatória às condições experimentais. Os médicos sabiam que, em suas cidades, apenas crianças da 2ª série haviam sido vacinadas. Como o diagnóstico da doença não era inequívoco, isso fez com que crianças sabidamente vacinadas fossem diagnosticadas como saudáveis, sem que isso fosse necessariamente verdadeiro. Por ser voluntária, a participação no estudo também pode levar a diferenças de suscetibilidade à doença entre os filhos de pais que aceitaram participar do estudo e de pais que não aceitaram. Parece ter sido o caso desse estudo, já que houve mais incidência de poliomielite no grupo inoculado com o placebo (voluntários) do que no grupo que não recebeu a vacina nem o placebo (não voluntários). Além desses problemas de desenho e implementação do experimento que geraram dúvidas sobre os efeitos da vacina (Moses, 1992), descobriu-se que alguns lotes do imunizante continham o vírus ativado, causando paralisia e morte em crianças. Esses problemas fizeram com que as autoridades em saúde aumentassem o rigor dos estudos clínicos e experimentais de vacinas, mas podem ter deixado, como possível legado, o aumento na hesitação vacinal.

GABARITO DOS EXERCÍCIOS

1) Constitui um exemplo de amostra probabilística a seguinte técnica:

   b) recrutamento aleatório a partir de uma lista com todos os alunos de uma instituição, em que o universo sejam os estudantes dessa instituição

2) Uma característica das amostras probabilísticas estratificadas é:

   c) separação de indivíduos em diferentes estratos sociais e sorteio de indivíduos dentro de cada estrato

3) A principal desvantagem das amostras não probabilísticas é que:

   a) elas podem introduzir vieses nos resultados da pesquisa

4) O nível de significância dos resultados indica:

   d) a probabilidade de rejeitar a hipótese nula indevidamente

5) O tipo de experimento em que é mais difícil designar aleatoriamente os participantes a um tratamento é:

   c) o experimento de campo

6) Convencionou-se que o número mínimo de participantes em um tratamento experimental é:

   b) 30

7) Uma forma de reduzir efeitos de expectativa e demanda nos experimentos é:

   a) escolher aplicadores que não conheçam os objetivos de um experimento de laboratório

8) Após a etapa de tratamento e mensuração, em um experimento, é preciso:

   b) informar os participantes caso eles tenham sido submetidos a enganos, como notícias falsas, durante o tratamento

9) Alguns estudos experimentais utilizam incentivos à participação nas pesquisas. Sobre esses incentivos, não é correto dizer que:

   a) em experimentos com maior risco é preciso pagar valores mais altos

10) Algumas características de participantes em estudos experimentais são as seguintes:

    Sobre essas afirmações, é possível dizer que:

    b) apenas i está correta

CAPÍTULO 6

A qualidade em experimentos

Os experimentos têm um lugar tão importante na ciência contemporânea porque podem oferecer condições ideais para a identificação de relações de causa e efeito. Mas, para que essas condições ideais se transformem em realidade, os estudos devem tomar uma série de cuidados. Neste capítulo, veremos como o uso de alguns recursos podem elevar a qualidade dos experimentos, seja durante o desenho do estudo (como pré-testes e testes de balanceamento), após a coleta de dados (como as checagens de atenção e de manipulação) e no momento de divulgação dos resultados (como na descrição transparente da pesquisa ou na concessão de acesso aos dados). Alguns exemplos ilustrativos sobre o uso desses recursos vêm de estudos sobre estratégias de enfrentamento do absenteísmo de professores ao estigma contra o aborto e a violência de gênero, mas também de um curioso estudo sobre a capacidade de premonição entre seres humanos.

6.1 PRÉ-TESTES E ESTUDOS PILOTO

Pesquisas dependem de recursos finitos e, com frequência, escassos e difíceis de se obter. Desperdiçá-los, portanto, pode ser muito frustrante, sobretudo quando alguns erros pequenos e evitáveis jogam fora todo o esforço de realização de um experimento que, inevitavelmente, tem custos em tempo da equipe de pesquisadoras e de outras pessoas, em recursos materiais e mesmo em recursos financeiros. Para evitar esses problemas, é comum a realização de pré-testes e estudos piloto, que permitem avaliar o tratamento e o instrumento de mensuração, entre outros elementos, antes da etapa final e decisiva de coleta de dados.

Os pré-testes são uma etapa preliminar de elaboração do experimento, em que as pesquisadoras podem avaliar alternativas para a definição do tratamento e comparar diferentes modos de mensuração de respostas. É o momento de avaliar o que outras pesquisadoras já fizeram a partir de estudos publicados e refletir sobre que palavras utilizar em uma mensagem, que imagem específica mostrar aos participantes ou como elaborar uma pergunta do questionário. Ou seja, é uma oportunidade para refletir sobre o potencial de efeitos do estímulo experimental e a melhor forma de mensurar a resposta a esse tratamento. É comum, nesta fase, o uso de outras técnicas de pesquisa – como grupos de discussão e entrevistas em profundidade – para entender como os futuros participantes do estudo interpretarão os tratamentos e as perguntas do questionário, como serão suas reações fisiológicas ou como pode ser seu comportamento (em caso de experimentos de campo). Essa etapa também é importante para avaliar em que medida o interesse da pesquisa fica óbvio ou não para os participantes e se é preciso recorrer a alguma estratégia de distração ou camuflagem.[1]

Uma vez testados e definidos o tratamento e o instrumento de coleta, pode-se realizar também um estudo piloto, que é basicamente um teste do experimento planejado, aplicado a amostras pequenas, que podem ter de 10 a 100 participantes, conforme a escala do projeto de pesquisa. Esses estudos piloto – também conhecidos como *soft launch* – permitem avaliar se estão funcionando corretamente elementos cruciais da pesquisa, como a designação aleatória de participantes, a exibição do tratamento planejado para cada condição experimental e o arquivamento off-line ou o recebimento on-line dos dados.

Mas é importante lembrar que, se os pré-testes e os estudos piloto são muito úteis para polir o tratamento e o instrumento de coleta de experimentos, eles não servem para antecipar seus resultados. Por utilizarem amostras pequenas, seus resultados estão sujeitos a grande variabilidade e não oferecem medidas precisas dos efeitos potenciais de cada estudo. Pré-testes servem, portanto, para resolver questões práticas e operacionais dos experimentos. Por exemplo, sabemos que – em geral – adultos conhecem mais palavras em seu idioma do que jovens. Afinal, já

1 Para evitar que o tema de um estudo fique muito evidente para os participantes, convém utilizar elementos de distração ou camuflagem. Por exemplo, um estudo sobre o efeito de propagandas de carro na TV que exibem cenas de direção perigosa pode usar no questionário não apenas perguntas sobre a atitude dos respondentes no trânsito, mas também acerca de seus hábitos de consumo de álcool e de exposição a esportes de aventura (GRAMACHO, 2022).

tiveram mais oportunidades na vida para consultar o dicionário ou o Google. Mas alguns estudos com poucos indivíduos (n≈20) podem sugerir o contrário (Brystaert, 2019). Ou seja, não trate os resultados de pré-testes ou estudos piloto como uma estimativa preliminar de possíveis efeitos experimentais. O que está em avaliação nessas etapas são os tratamentos que serão utilizados, assim como as técnicas de mensuração de respostas.

A realização de pré-testes e estudos piloto pode reduzir as chances de ocorrência de um erro operacional na fase principal de coleta de dados de um experimento, mas não elimina completamente essa possibilidade. As próximas seções indicam outros recursos para avaliar o êxito total, o êxito parcial ou o fracasso na implementação de um experimento.

6.2 TESTES DE BALANCEAMENTO

O poder de um experimento para identificar e mensurar relações de causalidade reside em vários elementos, mas o principal deles está baseado na designação aleatória dos participantes às diferentes condições experimentais. É essa estratégia que permite dizer que um certo tratamento foi "a causa" da mudança da variável dependente de um estudo. Mas por que é tão importante que os grupos estejam balanceados? Já discutimos isso no Capítulo 1, porém, cabe aqui uma outra forma de se responder a essa questão.

Imagine que você quer investigar a eficiência de uma nova metodologia de aquisição de vocabulário por pessoas adultas – isto é, quer saber em que medida essa técnica pedagógica diferente pode ajudar as pessoas a aprenderem mais rápido e melhor o significado de novas palavras. Você consegue recrutar 100 participantes para um estudo e sorteia-os para as condições experimentais: 50 deles fazem exercícios com uma metodologia convencional e os outros 50, com a nova metodologia. E se esse segundo grupo – mesmo havendo sido formado aleatoriamente – tiver uma idade média mais alta que o primeiro grupo? Quer dizer, e se o sorteio não tiver produzido grupos muito balanceados quanto à idade? Caso a designação dos indivíduos às condições experimentais tenha sido feita de modo aleatório, é improvável que ocorra um desbalanceamento entre os grupos, mas não é impossível. Como vimos na seção anterior, é esperável que pessoas mais velhas conheçam mais palavras que pessoas mais jovens. Ao final do estudo, o segundo grupo pode ter melhores resultados por causa da nova metodologia, mas também porque era um grupo mais velho, que já tinha um vocabulário mais amplo.

Para evitar essa confusão entre efeitos experimentais e o desbalanceamento dos grupos quanto a covariáveis relevantes (como a idade média, nesse caso), é importante realizar alguns testes. Em condições ideais, as pesquisadoras devem avaliar o balanceamento dos grupos antes da implementação do tratamento experimental.

Se os grupos estiverem balanceados, segue-se para as etapas seguintes, de exposição ao estímulo e mensuração dos resultados. Se não estiverem balanceados, a melhor solução é simplesmente voltar a designar aleatoriamente os participantes e refazer os testes de balanceamento (Morgan & Rubin, 2012). Se for possível, esse procedimento deve ser repetido até a obtenção de grupos balanceados em relação às covariáveis relevantes para o estudo. Entretanto, quando apenas uma ou duas covariáveis forem fatores importantes na explicação do fenômeno analisado, pode ser mais eficiente o uso de um desenho de pesquisa com blocagem (*blocking design*), como vimos no Capítulo 3.

Quando são muitas as covariáveis que podem explicar o resultado de uma variável dependente, a utilização de um número maior de indivíduos na pesquisa aumenta a probabilidade de que a designação aleatória produza grupos balanceados, em que todas as características médias ou mais comuns dos indivíduos em cada grupo formem grupos muito parecidos. Para saber se essas diferenças existem, ainda que sejam pequenas e estatisticamente irrelevantes, é importante fazer alguns testes. Os dois mais comuns são o teste t de Student, para covariáveis discretas (como idade), e o teste chi-quadrado, para variáveis nominais (como gênero), para ordinais (como escolaridade) e também as variáveis discretas.

6.3 USO DE PLACEBO

A esta altura, já sabemos que, em geral, os experimentos comparam um grupo tratado e um grupo controle. Por exemplo, para medir a eficiência de uma vacina contra a covid-19, um grupo tratado poderia receber uma dose recomendada dessa vacina, enquanto o grupo controle serviria como referência para avaliar o poder preventivo dessa imunização. Mas, desde o século XVIII, pesquisadores da área da saúde têm mostrado a existência de um efeito indireto, psicológico, em testes experimentais de vacinas e medicamentos, denominado *efeito placebo* (Jütte, 2013). Esse efeito mostra que a mera sensação de estar sendo tratado e a expectativa de melhora pode provocar, por si só, resultados benéficos. Um paciente com dor física, por exemplo, pode relatar menor sensação de dor se souber que recebeu uma injeção com analgésico, ainda que nenhuma droga tenha sido ministrada (Tracey, 2010).

Um importante aspecto do efeito placebo, entretanto, é que ele permite separar resultados observados em experimentos em duas partes: uma delas mensura o *efeito específico* do tratamento (por exemplo, a substância contida em uma vacina), e a outra mensura o *efeito difuso* de estar sendo tratado (como a injeção dada em um posto de saúde durante um estudo sobre vacinação). A separação desses efeitos pode aumentar a qualidade dos experimentos sempre que oferecer maior precisão à mensuração do efeito específico do tratamento e reunir informações interessantes ou até mesmo relevantes cientificamente sobre os possíveis efeitos difusos desse tratamento.

Nos últimos anos, diversas formas de cuidado com o bem-estar social vêm sendo estudadas com técnicas experimentais, muito além de vacinas e medicamentos. Intervenções de grande escala financiadas por políticas públicas de Estado ou ações de organizações não governamentais (ONG) têm buscado melhorar as condições de alimentação, o acesso a serviços de saúde e educação e o respeito mútuo entre indivíduos, sobretudo em populações mais vulneráveis. Um tipo de intervenção bastante comum tem sido campanhas de comunicação pública que buscam dirigir mensagens cuidadosamente desenhadas a grupos sob algum risco, com a intenção de mudar comportamentos individuais (Atkin & Rice, 2012). Mas, exatamente, que efeito podem ter, na prática, essas mensagens? E como separar efeitos específicos da mensagem dos possíveis efeitos placebo?

Um grupo de pesquisadores americanos ocupou-se dessas questões ao analisar efeitos de vídeos curtos sobre três temas sensíveis em Uganda, um dos países mais pobres do mundo (Wilke *et al.*, 2020). Ali, professores faltam de modo sistemático às aulas (Akseer & Karamperidou, 2020), enquanto as mulheres põem sua vida em risco devido aos estigmas em torno do aborto (Mulumba *et al.*, 2017) e sofrem violência sexual, sejam elas ainda crianças ou até mesmo membros do Parlamento (Ssenkaaba, s.d.). Para avaliar estímulos que possam mudar atitudes e comportamentos da população sobre esses temas, os pesquisadores gravaram vídeos dramatizados por atores locais sobre cada um desses três problemas e os utilizaram em um experimento de campo. Esses três dramas, com duração de até 8 minutos, foram inseridos em intervalos de filmes americanos exibidos gratuitamente em festivais de cinema populares que ocorreram em 2015 e 2016 em vilas no centro do país.

Em cada um desses dois anos, um grupo de vilas assistiu ao filme americano com a inserção de um ou dois desses vídeos nos seus intervalos comerciais (*grupo tratado*), enquanto outro grupo de vilas assistiu apenas ao filme americano, sem nenhum dos três vídeos (*grupo placebo*). Esse grupo não foi considerado como o grupo controle do estudo porque seus assistentes saíram de suas casas e foram ao festival de cinema. Ou seja, os pesquisadores assumiram a possível existência de um efeito difuso pela mera experiência de participar de um evento como esse e expor-se ao conteúdo de um filme americano, ainda que seu conteúdo não tivesse qualquer relação com os vídeos dramatizados.[2]

Aproximadamente dois meses depois de cada festival, os pesquisadores aplicaram *surveys* com milhares de moradores das 150 vilas incluídas no estudo para mensurar suas atitudes em relação a esses três problemas. Foram entrevistadas pessoas que pertenciam ao grupo tratado e ao grupo placebo, mas também outras

2 O filme exibido foi *Quem quer ser um milionário?* (*Slumdog Millionaire*), que conta a história da participação de um rapaz pobre em um concurso de TV na Índia.

que nem sequer haviam ido ao festival. Analisados os resultados, os indivíduos que assistiram aos vídeos dramatizados sobre os três problemas pesquisados manifestaram uma maior disposição em agir contra a falta sistemática de professores nas salas de aula, a denunciar casos de violência contra as mulheres e a ajudar mulheres que estejam sofrendo de complicações pós-aborto. Em média, os vídeos dramatizados produziram um efeito específico de aproximadamente 10%, considerado alto pelos pesquisadores para uma exposição de curto prazo como a que experimentaram.

E o efeito placebo? Nesse estudo, não foram encontradas diferenças significativas entre as atitudes de quem foi ao festival, mas não viu os vídeos dramatizados, e outras pessoas que não foram ao evento. Ainda assim, a previsão de que poderiam existir efeitos placebo ajudou a aprimorar a medida dos efeitos experimentais desse estudo, além de outros benefícios para a pesquisa.[3]

6.4 CHECAGEM DE MANIPULAÇÃO

Uma premissa dos estudos experimentais é que um certo tratamento produz um efeito esperado porque os indivíduos designados para o grupo tratado foram, de fato, tratados. Ou seja, submeteram-se efetivamente a uma manipulação, como a exposição a uma técnica nova para a ampliação de vocabulário. E se a explicação dessa nova técnica não deixou clara sua diferença em relação a outras técnicas de memorização de palavras, por exemplo? Nesse caso, os indivíduos do grupo tratado não foram realmente tratados.

Imagine que um professor acredita que o uso de humor pode ter uma influência decisiva no ensino do conteúdo de sua disciplina. Ele, então, pode separar aleatoriamente seus estudantes em dois grupos, que terão aulas separadamente. Para um deles, esse professor dá boas aulas, mas centradas unicamente na definição de conceitos e na indicação de exemplos abstratos. Para outro grupo, esse mesmo professor inclui no conteúdo a referência a episódios constrangedores que ele viveu quando tentou aprender ou explicar pela primeira vez esses conceitos a outros estudantes. Para o professor, esse relato pode parecer engraçado e trazer um elemento humorístico às aulas; mas os estudantes acham o mesmo? Para saber se a manipulação planejada foi devidamente operacionalizada nesse experimento, é crucial pedir aos estudantes que avaliem o nível de humor contido no relato desses "episódios constrangedores". Se só o professor estiver achando graça no que conta,

3 Os pesquisadores também estavam interessados em medir os efeitos indiretos da exibição dos vídeos dramatizados, ou seja, sua possível influência sobre pessoas que não os viram, mediante comentários ou relatos feitos pelos assistentes.

o resultado de seu experimento não terá validade interna, e, definitivamente, não será um bom teste empírico da hipótese de que o uso de humor facilita o aprendizado.[4]

O uso da checagem de manipulação é especialmente importante em estudos que utilizam tratamentos mais sutis e discretos, que podem facilmente passar despercebidos. Esse professor que quer melhorar suas aulas utilizando humor pode acreditar que basta um mero sorriso ao final de algumas frases acompanhado por um pronunciado "hummm!". Muitos estudantes podem nem sequer perceber o sorriso ou ficar confusos sobre a intenção dessas reações. Portanto, quanto mais sutis forem os estímulos, mais necessária é a checagem de manipulação, para que fique claro se os indivíduos designados para o grupo tratado foram, de fato, estimulados.

Há, no entanto, alguns contextos nos quais é desnecessária a checagem de manipulação. Por exemplo, quando as pesquisadoras aumentam a temperatura da sala em um experimento laboratorial (Griffit & Veitch, 1971), quando ministram mais gotas de um determinado medicamento ou vacina (Pniewski *et al.*, 2018), ou quando apresentam um texto com número muito maior de palavras (O'Keefe, 2003). Em todos esses casos, é objetiva e inequívoca a diferença entre essas condições e outras em que a temperatura da sala está mais baixa, utilizaram-se menos gotas de uma vacina ou em um texto com um número muito menor de palavras.

6.5 CHECAGEM DE ATENÇÃO

Experimentos realizados com seres humanos impõem alguns desafios específicos decorrentes de algumas de nossas ações e de nossos comportamentos mais naturais. Um deles é a dificuldade que temos em manter nossa atenção em um único objeto por muito tempo, já que nosso cérebro encarrega o sistema de atenção de três tarefas simultâneas: manutenção do estado de vigilância, orientação sensorial e detecção de sinais que são usados no processo cognitivo (Posner & Petersen, 1990). Fazer tudo isso junto é cansativo para qualquer pessoa. Por isso, convém avaliar se os participantes de um experimento estavam prestando atenção ao que faziam durante o estudo ou se estavam simplesmente distraídos.

Suponha que a avaliação da nova metodologia de ensino de vocabulário tenha sido feita em um contexto de ensino a distância (EAD). Cansados de estar diante da tela de um computador ou celular, alguns participantes podem ter ido à cozinha

4 Uma revisão de literatura sobre os estudos que investigam os efeitos do uso de humor no ensino mostra que esse recurso cria um ambiente pedagógico mais interessante e relaxado, melhora a avaliação que os estudantes fazem dos professores e aumenta a motivação para aprender. Entretanto, isso só ocorre se o humor não usa referências agressivas ou violentas. Quando as usa, o efeito é o oposto (Banas *et al.*, 2011).

pegar um café durante a explicação de um exemplo interessante, mesmo que tenham assumido o compromisso de estarem atentos a toda a aula. Essa desatenção, ainda que seja uma reação humana e compreensível, pode comprometer a análise dos resultados do experimento, reduzindo o EMT, pois alguns indivíduos do grupo tratado podem não ter aprendido totalmente a nova técnica.

Digamos que essa ilustração interessante da metodologia tenha utilizado a palavra "estrovenga", que significa "esquisitice" ou "coisa estranha". Uma checagem de atenção pode, ao final da aula, perguntar aos participantes que palavra, dentre as seguintes, foi utilizada como exemplo: "estorno", "escaravelho", "estandarte" ou "estrovenga". É possível utilizar apenas uma questão de checagem de atenção ou várias, caso o estudo exija ou as pesquisadoras desejem aprimorar a qualidade da mensuração (Abbey & Meloy, 2017). Além disso, o tempo pode ser um bom indicativo para detectar distrações. Imagine que 95% dos participantes de um estudo levam 1 minuto para desempenhar uma atividade, enquanto os outros 5% levam 10 minutos ou mais para realizá-la. Claramente, esse pequeno grupo ultrapassou o tempo razoável para a realização da tarefa e, muito provavelmente, esteve mais distraído durante o experimento.

6.6 ANÁLISE DE EFEITOS AURA E CHIFRE

Além da desatenção, a pressa ou a preguiça são outras possíveis reações humanas diante de tarefas como o preenchimento de um questionário que busca medir efeitos de um estudo experimental. Participantes indolentes podem utilizar alguns atalhos cognitivos comuns para chegarem mais rapidamente a respostas que considerem ser satisfatórias, ainda que imprecisas – por exemplo, quando são convidados a avaliar diferentes características ou dimensões de um objeto, seja uma pessoa, um tema ou um produto. Quando o respondente tem uma atitude claramente positiva em relação a esse objeto – ou a forma rapidamente a partir da primeira característica avaliada –, ele pode tender a indicar uma resposta positiva e às vezes idêntica às demais características desse objeto, por pressa, preguiça ou uma combinação de ambas as razões. Um comportamento bastante natural e humano.

Um exemplo pode ilustrar esse efeito na prática. Imagine que alguns estudantes são convidados a participarem de um experimento sobre o uso de humor em aulas de graduação. Um grupo assiste a uma aula convencional gravada por um professor, o outro também assiste a uma aula gravada pelo mesmo professor – mas, neste caso, o roteiro inclui alguns comentários que pretendem ser engraçados. Ao final, os participantes podem avaliar a experiência segundo uma série de atributos: qualidade geral da aula, interesse sobre o assunto, avaliação geral do professor, carisma do professor, clareza das explicações e utilidade do conteúdo da aula. Cada item poderia ser avaliado com base em uma nota de 0 a 10. Estudantes que avaliaram muito positivamente a qualidade geral da aula podem ter uma tendência a dar nota 10 para todos os itens, em um claro exemplo de efeito aura (*halo effect*). Outros que avaliaram muito negativamente a qualidade geral da aula podem manifestar a tendência oposta, dando nota 0 para todos os itens, um exemplo de efeito chifre (*horn effect*).

A ocorrência episódica desses efeitos não compromete, por si só, a validade interna dos experimentos. Mas, se os dados contiverem padrões de efeitos aura ou chifre, a qualidade da mensuração específica de cada item avaliado provavelmente estará bastante comprometida. Nesse sentido, convém analisar os padrões de resposta dos participantes do experimento antes de tirar conclusões de possíveis efeitos do tratamento. O uso de humor em uma aula pode torná-la mais interessante, mas nem por isso aumentar sua percepção de utilidade. Diante de efeitos aura ou chifre, essa distinção tende a desaparecer.

Uma estratégia eficiente para evitar esse problema no preenchimento de questionários é destacar a importância do estudo na mensagem de apresentação do experimento e, além disso, elaborar uma redação específica para cada item que se pretenda avaliar, criando um intervalo temporal maior entre uma resposta e outra e evitando um comportamento inercial e repetitivo dos respondentes ao analisarem uma bateria de itens.

6.7 A TRANSPARÊNCIA NO RELATO DO EXPERIMENTO

Alguns aspectos da qualidade dos experimentos ocorrem no momento do desenho da pesquisa e outros durante sua implementação. Mas até mesmo a divulgação dos resultados oferece oportunidades valiosas de elevar o nível de um estudo, como as que veremos nesta e na próxima seção. A transparência sobre os resultados de um experimento é um elemento fundamental de comunicação científica e de integração do conhecimento gerado por um novo estudo ao que já se sabe sobre determinado objeto. Esse relato, entretanto, precisa destacar não apenas aquilo que saiu exatamente como o planejado, como também os imprevistos e as possíveis ameaças à validade interna do experimento. Durante a realização de um estudo, as próprias pesquisadoras tendem a encontrar fatores que impõem limitações às conclusões de uma pesquisa. Essas limitações, em si, não são problemas que necessariamente ameaçam a qualidade de um experimento. Mas elas circunscrevem o potencial explicativo do estudo, indicando em que contextos ou para que indivíduos os resultados podem ser extrapolados.

Ao apresentar os resultados de um estudo, portanto, cabe oferecer uma descrição detalhada dos participantes da pesquisa, do estímulo e do contexto durante a coleta dos dados. Sobre os participantes, se forem seres humanos, é comum a apresentação dos principais dados sociodemográficos da amostra. Entre eles, estão gênero, idade, nível de escolaridade, classe social e raça, além de outros dados que podem ser relevantes segundo o tema de cada estudo, como a distribuição por região geográfica, religião ou preferências políticas. Alguns bons exemplos podem ser encontrados em estudos que investigaram a eficácia das vacinas contra a covid-19 (Wilke *et al.*, 2020), o papel da informação nutricional na escolha de alimentos (Bialkova *et al.*, 2014) e os efeitos da discriminação racial no mercado de trabalho (Bertrand & Mullainathan, 2004).

Do mesmo modo, o tratamento deve ser descrito do modo mais minucioso possível, seja com a apresentação da composição de uma substância utilizada em pacientes do grupo tratado, das diferentes sementes utilizadas em áreas plantadas ou dos vídeos dramatizados sobre problemas sociais como o absenteísmo docente, o estigma sobre o aborto ou a violência de gênero. Essas informações podem aparecer ao longo do texto, ao final, como anexo, ou até mesmo ser disponibilizada em repositório on-line. Os vídeos do experimento em Uganda, por exemplo, podem ser vistos neste endereço: <https://bityli.com/PSPCr>.

O contexto da implementação de um experimento também pode oferecer informações importantes para ajudar os leitores a interpretarem e refletirem sobre os resultados, assim como facilitam a replicação do estudo por outras pesquisadoras. Se um estudo sobre o uso de humor em sala de aula ocorre pouco depois de um evento trágico na universidade, é possível que os resultados do experimento registrem menos a influência do tratamento do que o estado de ânimo geral da comunidade acadêmica, provavelmente deprimido naquele momento. Da mesma forma, a mensuração do efeito de vídeos sobre temas sensíveis em festivais de cinema na Uganda poderia ter sido afetada pela realização de eleições bastante tumultuadas. O festival de 2016, por exemplo, ocorreu entre julho e setembro daquele ano, muitos meses depois das eleições de fevereiro, nas quais o presidente Yoweri Museveni conseguiu manter-se no poder após 30 anos, em meio à prisão do principal candidato de oposição e do bloqueio de acesso da população a redes sociais como Facebook e Twitter (Duggan, 2016). No contexto da eleição, as pessoas provavelmente estavam menos à vontade para falar sobre temas sensíveis em termos sociais e políticos.

Finalmente, a descrição do instrumento de coleta pode ajudar a entender exatamente como os dados foram obtidos ou como estavam redigidas as perguntas e alternativas de respostas em um questionário – veja no Box 6.1 algumas dicas para a elaboração de questionários on-line. Nesse caso, a mera publicação, como anexo ou em repositório digital, do instrumento de mensuração dos resultados experimentais é suficiente para dar transparência a essa etapa do estudo.

6.8 A DISPONIBILIZAÇÃO DOS DADOS E O INCENTIVO À REPLICAÇÃO

O conhecimento científico está baseado, sobretudo, no acúmulo de evidências empíricas a favor de hipóteses e teorias que buscam explicar como funcionam diferentes objetos de estudo, sejam essas explicações sobre minerais, vegetais ou animais, incluídos aqui os seres humanos e suas relações sociais. Esse acúmulo de evidências pode dar-se por diferentes estratégias, mas duas são especialmente valiosas, porque privilegiam as possibilidades de comparação. A primeira delas é a reanálise de dados coletados em um estudo. Nesse caso, outras pesquisadoras não buscariam, por exemplo, novas evidências empíricas sobre o efeito de vídeos dramatizados na mudança de atitudes de pessoas a respeito de temas socialmente sensíveis. Elas simplesmente analisariam, de modo independente, um banco de dados já existente, como o do estudo sobre a Uganda.[5] Essa reanálise poderia encontrar erros que invalidassem os achados publicados, novas relações não identificadas pela equipe de pesquisadores do estudo original, ou poderia produzir exatamente os mesmos resultados, o que nos daria mais certezas sobre as conclusões daquele estudo. Serviços de compartilhamento de dados de pesquisa são oferecidos gratuitamente em diversos sites.[6]

Box 6.1 – Dez dicas para fazer um bom experimento on-line

1. Use sempre um texto de apresentação do estudo;
2. solicite a concordância dos participantes após a exibição do Termo de Consentimento Livre e Esclarecido (TCLE);
3. mantenha o questionário o mais curto possível para evitar a desistência dos respondentes;
4. evite perguntas desnecessárias, já que, com o uso da designação aleatória, não é preciso medir muitas covariáveis;
5. mantenha uma linguagem acessível e que respeite os códigos sociais de diferentes segmentos;
6. use conteúdo que possa ser acessado em diferentes dispositivos, desde celulares a desktops;
7. separe o conteúdo em diferentes páginas, para evitar que o participante leia todo o questionário antes de responder;
8. inclua checagens de atenção e manipulação;
9. avalie o tempo total de resposta e o tempo utilizado em cada página, eliminando questionários respondidos rápido demais ou devagar demais;
10. analise a possível existência de efeitos aura (*halo*) e chifre (*horn*).

5 Dados para replicação disponíveis neste endereço: <https://journals.sagepub.com/doi/suppl/10.1177/0010414020912275>.

6 Alguns deles são Zenodo, Open Science Framework e Mendeley Data.

A segunda forma de se acumularem evidências sobre uma determinada descoberta, ainda mais potente que a anterior, é a realização de estudos de replicação. Nesse caso, a análise dos dados estará baseada em novas evidências coletadas com amostras diferentes, de modo a validar todas as etapas da pesquisa, e não apenas a análise do banco de dados. Se os resultados de diferentes estudos que compartilham um mesmo desenho e objeto de pesquisa são convergentes, podemos estar mais seguros sobre a solidez de suas conclusões. No entanto, se não convergem, voltamos à estaca zero e não podemos dizer nada sobre a relação entre duas ou mais variáveis que estejamos estudando. Um exemplo ilustra bem essas duas estratégias.

Você acredita em premonição? Acha que podemos receber informações energéticas do futuro? Pois, em 2011, o *Journal of Personality and Social Psychology*, um dos periódicos científicos mais influentes na psicologia, publicou um artigo que dizia que sim. Segundo o autor, Daryl Bem (2011), da Universidade de Cornell, nos Estados Unidos, "A precognição e a premonição são casos especiais de um fenômeno mais geral: a influência retroativa anômala de algum evento futuro nas respostas atuais de um indivíduo, sejam essas respostas conscientes ou inconscientes, cognitivas ou afetivas" (Bem, 2011, p. 407).

Em um dos nove experimentos feitos por Bem para sustentar suas conclusões, os participantes tinham de adivinhar, por exemplo, a posição de imagens eróticas na tela do computador, que ficavam à esquerda ou à direita, mas escondidas atrás de uma cortina. Após as sessões de adivinhação, o estudo concluiu que os participantes acertaram mais que erraram na maioria das vezes, e isso seria evidência de uma capacidade antecipatória de eventos futuros.

Outros pesquisadores na psicologia, naturalmente, interessaram-se por um estudo tão inusitado. Quatro deles (Wagenmakers *et al.*, 2011), da Universidade de Amsterdam, reanalisaram os dados coletados por Bem, mas chegaram a outras conclusões. Utilizando testes estatísticos mais robustos, eles identificaram diversas falhas na análise dos dados, encontrando evidências nulas ou muito fracas que pudessem sustentar cientificamente o poder premonitório dos seres humanos.

Outros quatro pesquisadores (Galak *et al.*, 2012), de diferentes universidades americanas, adotaram a segunda estratégia e fizeram sete experimentos que replicaram dois dos estudos feitos por Bem. Resultado: "Conduzimos ainda uma metanálise de todas as tentativas de replicação desses experimentos e descobrimos que o tamanho médio do efeito (d 0,04) não é diferente de 0". Ou seja, não encontraram nenhuma evidência científica de que os seres humanos têm capacidades premonitórias.

Esse caso ilustra bem a importância do compartilhamento de dados de um estudo com outras pesquisadoras e o incentivo à replicação, seja por meio da reanálise dos dados existentes, seja com a coleta de dados originais, e também permite distinguir o conhecimento científico do senso comum, ou mesmo de outras formas de conhecimento, como o religioso. Os resultados desse conjunto de estudos mostram que não há evidências científicas de que tenhamos faculdades premonitórias. Elas podem até existir, mas acreditar nesse poder é uma questão de fé individual, e não um fenômeno validado cientificamente.

6.9 PRÉ-REGISTRO DE EXPERIMENTOS

Uma das inovações mais recentes no esforço por aumentar a qualidade dos experimentos é o pré-registro dos estudos em sites especializados.[7] Em geral, esse procedimento consiste em cadastrar em uma plataforma pública as principais informações sobre um desenho de pesquisa, *antes* da coleta dos dados ou *antes* da análise desses dados. Essas informações costumam incluir não só o objetivo da pesquisa, mas, sobretudo, suas hipóteses, a descrição do(s) tratamento(s) experimental(is) e do instrumento de coleta, assim como as características da amostra e a estratégia de análise dos dados. O pré-registro de experimentos tem crescido de modo exponencial nos últimos anos (Simmons *et al.*, 2021).

A principal razão para divulgar o desenho de um experimento antes da coleta dos dados é dar transparência ao grau de correspondência entre as expectativas das pesquisadoras e os resultados encontrados. Ao revelarem antecipadamente suas expectativas em relação ao efeito de um tratamento experimental, as pesquisadoras perdem incentivos para – caso nenhuma de suas hipóteses se confirme – buscar nos dados outra relação entre variáveis que possa ser interessante a ponto de ser publicada em uma revista científica.

A publicação de artigos é um dos indicadores mais importantes de avaliação do trabalho de pesquisadoras e costuma estar fortemente associada à progressão na carreira e à obtenção de financiamento para pesquisas. Entretanto, o esforço por encontrar resultados interessantes estimula uma prática analítica perigosa, chamada de *data dredging* (escavação de dados), *data fishing* (pesca de dados) e *selective inference* (inferência seletiva), entre outros nomes comuns. Seu principal risco para a construção do conhecimento científico é que ela tende a aumentar o número de casos de resultados falsos positivos – erros do tipo I (Simonsohn *et al.*, 2014). Ou seja, o esforço por encontrar relações estatisticamente significativas entre variáveis pode produzir resultados enganosos, que não correspondem – de fato – à forma como um determinado fenômeno ocorre na realidade.

6.10 CONCLUSÃO

A esta altura, você já sabe como é importante que os experimentos tenham validade interna para poderem reivindicar a existência de uma relação de causalidade.

7 Alguns deles são aspredicted.org, Open Science Framework e clinicaltrials.gov.

É essa validade interna que dá aos experimentos um lugar tão importante na ciência contemporânea. Como vimos no Capítulo 1, os experimentos têm validade interna quando são capazes de demonstrar que *um tratamento experimental foi, de fato, a única causa de uma mudança observada*. Não há, entretanto, uma fórmula pronta para construir essa demonstração. Em cada área de conhecimento, para cada objeto de pesquisa e sob cada desenho de pesquisa específico, será preciso refletir sobre as dúvidas e certezas de que um certo tratamento experimental seja a única causa de mudanças observadas na variável dependente de cada estudo. Neste capítulo, vimos alguns recursos que podem melhorar a qualidade dos experimentos realizados e, com isso, aumentar sua validade interna. Cuidar da qualidade dos experimentos é importante em termos científicos e aplicados. No primeiro caso porque estudos sem qualidade não passam em crivos de seleção em congressos acadêmicos e periódicos de pesquisa; portanto, não contribuem para a construção de conhecimento científico. Já no segundo caso porque estudos sem qualidade desperdiçam recursos que normalmente são escassos, como as horas de trabalho de pesquisadoras e estudantes e, às vezes, um financiamento de pesquisa com recursos públicos.

EXERCÍCIOS

1) Não se inclui entre os objetivos do pré-teste, em um experimento, o seguinte:
   a) evitar o desperdício de tempo e dinheiro
   b) saber como futuros participantes do estudo interpretarão tratamentos e perguntas
   c) descobrir se é preciso recorrer a estratégias de distração ou camuflagem
   d) antecipar resultados do experimento

2) Os testes de balanceamento consistem em:
   a) uma forma de saber se os participantes foram aleatoriamente designados a uma condição experimental
   b) uma forma de saber se há homogeneidade entre os participantes de cada condição experimental em relação a características importantes
   c) uma forma de saber se o efeito observado se deve ao tratamento ou à sensação de estar submetido a um tratamento
   d) uma forma de garantir que apenas um dos grupos (controle ou tratado) percebeu a manipulação no estímulo

3) Uma estratégia que não corresponde ao aumento da probabilidade de que os grupos estejam balanceados é:
   a) aumento do número de participantes

b) designação aleatória de participantes a um tratamento
c) realização dos testes “t de Student” e “chi-quadrado”
d) introdução de checagens de atenção e manipulação

4) O efeito aura (*halo*) ocorre quando:

a) os participantes atribuem uma mesma nota, elevada, na avaliação de diversos itens
b) os participantes atribuem uma mesma nota, baixa, na avaliação de diversos itens
c) os participantes atribuem notas inconsistentes ou incoerentes na avaliação de diversos itens semelhantes
d) os participantes atribuem notas consistentes e coerentes na avaliação de diversos itens semelhantes

5) Uma estratégia para coibir o efeito chifre (*horn*) é:

a) estipular tempo mínimo e máximo para que os participantes respondam a cada item
b) impedir que o participante retifique a resposta dada em um item
c) criar um intervalo entre os itens avaliados de modo a evitar esse efeito inercial
d) manter o questionário o mais curto possível

6) Uma boa pergunta para checar a atenção dos participantes em um estudo poderia ser:

a) “Quantas pessoas morreram no acidente aéreo, segundo o texto?”
b) “Você percebeu aumento na temperatura da sala enquanto lia o texto?”
c) “Você se lembra de ter visto alguma propaganda sobre violência de gênero no intervalo do programa?”
d) “Qual é a sua avaliação sobre a qualidade da aula ministrada?”

7) O pré-registro de experimentos busca evitar que:

a) haja violação de direitos autorais ou propriedade intelectual
b) haja desperdício de recursos, especialmente públicos
c) haja o fenômeno conhecido como *data fishing*
d) haja dois experimentos muito parecidos sendo conduzidos simultaneamente

8) O conceito e uma decorrência negativa da inferência seletiva são, respectivamente:

a) designação não aleatória de participantes a uma condição experimental e viés

b) esforço para encontrar dados interessantes inicialmente não previstos e erros do tipo I
c) designação não aleatória de participantes a uma condição experimental e erros do tipo II
d) esforço para encontrar dados interessantes inicialmente não previstos e viés

9) Sobre os estudos piloto, não é possível dizer que:

a) eles ocorrem depois dos pré-testes
b) eles são aplicados a amostras menores, de até 100 participantes
c) eles permitem avaliar se um instrumento de coleta está pronto para ser aplicado para a amostra total
d) eles eliminam completamente as chances de ocorrência de um erro operacional durante a coleta de dados

10) Em alguns experimentos, como no caso do teste de fármacos e vacinas, é importante distinguir entre o efeito do tratamento e o efeito de estar sendo tratado. Essa distinção permite descobrir:

a) o efeito da variável moderadora
b) o efeito aura (*halo*)
c) o efeito nulo
d) o efeito placebo

OLHA ESSA... ESTUDANTES DESMASCARAM FRAUDE DE PROFESSOR

Por Álvaro Pereira Filho

Em 2011, um caso de fraude acadêmica na Holanda chocou a comunidade científica mundial. Diederik Stapel, diretor da Faculdade de Ciências Sociais e Comportamentais da Universidade de Tilburg, era um pesquisador respeitado e famoso por suas contribuições em estudos sobre atitudes e comportamentos. Um de seus trabalhos havia sido, inclusive, publicado na revista *Science*, uma das mais influentes do mundo.

A falta de transparência nos dados utilizados por Stapel, entretanto, estimulava a desconfiança de seus estudantes. Um de seus alunos de pós-graduação, por exemplo, utilizou resultados de um estudo de Stapel, mas, quando pediu os dados ao professor, ouviu que ele não os tinha mais. Como era um pesquisador respeitado e diretor da faculdade, raramente seus experimentos eram questionados.

Até que, em 2010, dois alunos orientados por Stapel perceberam anomalias nos dados coletados pelo professor. Os indícios sugeriam que se tratava de uma fraude. Stapel construía suas bases de dados para confirmar suas expectativas, isto é, imputava manualmente valores nos bancos de dados para que as diferenças entre os grupos experimentais fossem significativas. Stapel era cauteloso, pois buscava manter a diferença entre os grupos pequenas e, com isso, não chamar muita atenção. Todavia, o professor, por desatenção, duplicou diversas linhas nessa base dos dois alunos, o que ficou claro para eles que se tratava de uma fraude.

Desmascarado, Stapel teve vários artigos retirados das principais revistas científicas nas quais havia publicado, e vários alunos foram prejudicados em suas teses e dissertações, que haviam sido redigidas com base em dados falsos do professor trapaceiro. Em 2013, o jornal *The New York Times* publicou uma longa entrevista com Stapel e outras pessoas que testemunharam a fraude (Bhattacharjee, 2013). Stapel foi demitido, perdeu sua reputação como pesquisador e enfrentou processos de investigação por fraude e mau uso de recursos públicos para financiamento de pesquisas.

GABARITO DOS EXERCÍCIOS

1) Não se inclui entre os objetivos do pré-teste, em um experimento, o seguinte:

   d) antecipar resultados do experimento

2) Os testes de balanceamento consistem em:

   b) uma forma de saber se há homogeneidade entre os participantes de cada condição experimental em relação a características importantes

3) Uma estratégia que não corresponde ao aumento da probabilidade de que os grupos estejam balanceados é:

   d) introdução de checagens de atenção e manipulação

4) O efeito aura (*halo*) ocorre quando:

   a) os participantes atribuem uma mesma nota, elevada, na avaliação de diversos itens

5) Uma estratégia para coibir o efeito chifre (*horn*) é:

   c) criar um intervalo entre os itens avaliados de modo a evitar esse efeito inercial

6) Uma boa pergunta para checar a atenção dos participantes em um estudo poderia ser:

   a) "Quantas pessoas morreram no acidente aéreo, segundo o texto?"

7) O pré-registro de experimentos busca evitar que:

c) haja o fenômeno conhecido como *data fishing*

8) O conceito e uma decorrência negativa da inferência seletiva são, respectivamente:

b) esforço para encontrar dados interessantes inicialmente não previstos e erros do tipo I

9) Sobre os estudos piloto, não é possível dizer que:

d) eles eliminam completamente as chances de ocorrência de um erro operacional durante a coleta de dados

10) Em alguns experimentos, como no caso do teste de fármacos e vacinas, é importante distinguir entre o efeito do tratamento e o efeito de estar sendo tratado. Essa distinção permite descobrir:

d) o efeito placebo

CAPÍTULO 7

Questões éticas sobre experimentos

Este capítulo relata alguns dos principais eventos históricos que marcaram o debate sobre os limites éticos de pesquisas experimentais que estudam seres humanos. Infelizmente, episódios trágicos e abusos contra pessoas vulneráveis provocaram danos irreparáveis a indivíduos, familiares e comunidades inteiras, como a população negra, que ainda hoje relata os efeitos do estudo de Tuskegee, em que centenas de pessoas foram observadas em seu sofrimento e morte por sífilis quando já existia tratamento para a doença. Desde então, códigos de ética e sistemas de supervisão foram criados para estabelecerem os limites morais de estudos com seres humanos e devem ser obedecidos antes, durante e depois da implementação de experimentos.

7.1 OS PIORES EXPERIMENTOS DA HISTÓRIA

O século XX testemunhou a realização de alguns eventos que, sob o pretexto de promover algum avanço científico, transformaram-se em tétricos casos de crueldade, desprezo e dano a seres humanos. Talvez o exemplo mais trágico entre esses tenham sido as violações cometidas por médicos nazistas contra presos em campos de concentração durante a II Guerra Mundial. A gravidade daquelas ações pseudocientíficas levou o Tribunal de Nuremberg a declará-las crimes contra a humanidade e foi decisiva na condenação de dezesseis médicos nazistas, dos quais sete à morte por enforcamento (Shuster, 1997).

Mas, infelizmente, antes, durante e mesmo depois desses julgamentos célebres, cientistas utilizaram procedimentos polêmicos e até mesmo violentos em experimentos que também entraram para a história pela porta traseira, como nos três casos relatados a seguir – todos ocorridos nos Estados Unidos, que, ironicamente, compuseram o júri na condenação de nazistas.

Em 1939, Mary Tudor, uma estudante de mestrado em distúrbios de comunicação na Universidade de Iowa, e seu orientador, Wendell Johnson, decidiram realizar um experimento para entender que fatores podem levar crianças a gaguejar (Ambrose & Yairi, 2002). Vinte e duas crianças de um orfanato foram selecionadas para o estudo: algumas delas já gaguejavam; outras, não. O tratamento experimental, entretanto, previa sessões nas quais um grupo de crianças recebia avaliações positivas sobre seu modo de falar, e o outro, comentários negativos. No grupo que recebeu comentários negativos, incluindo alguns que diziam que a criança era gaga, havia seis crianças que falavam normalmente. O resultado – que ficou conhecido como o Estudo Monstro (*Monster Study*) – foi que algumas daquelas crianças teriam desenvolvido gagueira e relataram isso a um jornalista muitos anos depois, em 2001, quando o caso foi descoberto.

Outro experimento polêmico foi realizado em um porão da Universidade de Yale, onde o psicólogo social Stanley Milgram instalou um cenário no qual participantes de um suposto estudo sobre aprendizado deveriam responder ao comando de um instrutor e aplicar falsos choques a um aprendiz como punição por seus erros (Milgram, 1963). O problema foi que os 40 participantes do estudo – homens entre 20 e 50 anos – não sabiam que os choques eram falsos, que um professor de biologia se passava pelo instrutor desse suposto estudo e que um contador se passava por aprendiz. Ambos haviam sido contratados para atuarem no experimento, que, na verdade, tratava da disposição de indivíduos a obedecer a ordens dadas por autoridades. O estudo foi criticado por dar um tratamento "indigno" aos 40 participantes, que foram ludibriados e submetidos a situações de estresse, sob risco de sofrerem prejuízos psicológicos de longo prazo, como a perda da autoestima e da confiança em autoridades (Baumrind, 1964), e marcou o debate ético sobre experimentos na área de psicologia.

Finalmente, um estudo que durou 40 anos assistiu ao sofrimento e à morte de dezenas de homens negros no estado americano do Alabama apenas para tentar entender se a sífilis produzia efeitos diferentes segundo a raça dos indivíduos, afetando o sistema neurológico dos brancos e cardiovascular dos negros (Thomas & Quinn, 1991). Para elucidar essa questão, pesquisadores à frente de um trabalho realizado pelo sistema público de saúde dos Estados Unidos (*Public Health Service – PHS*) e pela Universidade Tuskegee recrutaram, em 1928, centenas de trabalhadores rurais negros para um amplo diagnóstico sobre a prevalência da sífilis e a eficácia dos tratamentos disponíveis. No ano seguinte, entretanto, a grave crise econômica conhecida como o *crash* da bolsa de 1929 cortou grande parte do financiamento para o estudo, e os pesquisadores decidiram deixar um dos grupos recrutados sem tratamento, justamente aquele no Alabama. Mesmo com a descoberta da penicilina nos anos 1940, que passaria a ser o tratamento-padrão contra a sífilis em todo o mundo, os coordenadores do estudo omitiram essa informação dos participantes, que sofreram com a doença até 1972, quando a existência desse experimento foi descoberta. Esse episódio produziu danos de longo prazo na comunidade negra americana, que desconfia mais dos serviços de saúde e, por isso, acabou ficando mais exposta a doenças que poderiam ser prevenidas. Quase 50 anos depois, por exemplo, quando a pandemia de covid-19 matou quase um milhão de pessoas nos Estados Unidos, a comunidade negra americana resistiu mais à vacina (Reiter *et al.*, 2020) e sofreu com mais casos e mortes (Millett *et al.*, 2020). Para alguns, essa desconfiança ainda pode ser atribuída ao fatídico estudo de Tuskegee (Elliott, 2021) e seus danos de longo prazo sobre a comunidade negra.

7.2 O RELATÓRIO BELMONT E SUAS LIMITAÇÕES

A repercussão negativa da descoberta do experimento em Tuskegee chocou a sociedade americana e foi decisiva para a instalação da Comissão Nacional para a Proteção de Seres Humanos em Pesquisas Biomédicas e Comportamentais.[1] Entre 1974 e 1978, seus onze integrantes promoveram audiências e analisaram documentos, cujo resultado foi a redação de um código de princípios éticos que deveriam ser seguidos em estudos futuros envolvendo seres humanos. O texto final, publicado em 1979, ficou conhecido como *Relatório Belmont* (*Belmont Report*) – em referência ao Centro de Conferência Belmont, onde foram realizadas algumas reuniões.

Suas diretrizes estão compostas por três princípios: respeito pelas pessoas, beneficência e justiça (Friesen *et al.*, 2017). O relatório sugere que o respeito pelas pessoas seja o princípio norteador na obtenção do consentimento de seres humanos em participarem de estudos científicos, uma decisão que deve ser autônoma e estar baseada na compreensão dos riscos envolvidos. Por sua vez, a beneficência envolve uma análise detalhada, justamente, dos riscos e benefícios envolvidos em qualquer estudo. Finalmente, o princípio da justiça pretende proteger populações desfavorecidas (como pessoas pobres, com pouca escolaridade, com deficiências cognitivas ou menores de idade, entre outras) de seleções para participar de estudos

1 Em inglês, *National Commission for the Protection of Human Subjects of Biomedical and Behavioral Research.*

que possam enganá-las, feri-las ou explorá-las – como no Estudo Monstro, no Experimento de Milgram ou na pesquisa em Tuskegee.

Os princípios registrados no Relatório Belmont foram, em boa parte, inspirados em documentos anteriores redigidos em reação a abusos contra seres humanos, como o Código de Nuremberg, de 1947; a Declaração de Helsinki, de 1964; e o *National Research Act*, de 1974 (Miracle, 2016). Uma das principais consequências práticas dessas recomendações foi a instalação de comitês de ética em pesquisa em universidades e instituições públicas, que devem revisar e aprovar planejamentos de estudos experimentais antes que seres humanos sejam expostos a tratamentos e tenham seus dados coletados.

Nos últimos anos, entretanto, cientistas têm dirigido algumas críticas ao Relatório Belmont. Não porque discordem de suas três diretrizes fundamentais, mas porque têm encontrado sérios problemas em sua aplicação prática (Friesen *et al.*, 2017). Algumas das críticas se referem ao tratamento mais rigoroso dado às pesquisas, quando comparadas a práticas que utilizam procedimentos semelhantes. Por exemplo, enquanto estudos que apresentam pequenos riscos aos participantes têm sido retardados à espera de aprovação por comitês de ética em pesquisa, tratamentos equivalentes são realizados em clínicas e hospitais sem supervisão, documentação ou transparência. Isso ocorre na área médica, mas também em outras, nas quais seres humanos são expostos a tratamentos em campanhas de comunicação, políticas públicas ou produtos mercadológicos sem qualquer avaliação prévia sobre seus riscos éticos. Outra crítica ao relatório é o possível efeito paradoxal da diretriz que sugere justiça e busca proteger comunidades e pessoas mais vulneráveis. Ao não serem selecionadas para pesquisas, não há dados sobre elas nem conhecimento relevante que possa ser útil ao seu desenvolvimento e bem-estar.

Apesar dos debates recentes sobre a forma como as diretrizes do Relatório Belmont têm sido implementadas em algumas áreas de conhecimento e em alguns estudos, é inegável que sua existência produziu um marco histórico ao denunciar erros e abusos contra seres humanos cometidos em nome da ciência, e tornou-se uma referência científica ao oferecer um conjunto de princípios que devem nortear o desenho, a implementação e a curadoria de dados em experimentos.

7.3 O SISTEMA BRASILEIRO DE ÉTICA EM PESQUISA

No Brasil, a resolução 196 do Conselho Nacional de Saúde, publicada em 1996, criou a Comissão Nacional de Ética em Pesquisa (Conep). Essa comissão é a instância colegiada máxima no país, que analisa, discute e decide sobre a adequação ética de pesquisas que envolvam seres humanos. Essa resolução também prevê que instituições que façam estudos com seres humanos constituam seus próprios Comitês de Ética em Pesquisa (CEPs) para analisarem os riscos envolvidos em projetos a serem realizados.

As regras de constituição dos CEPs e da Conep buscaram dar diversidade à composição desses colegiados. Os CEPs, por exemplo, precisam ter ao menos sete integrantes e devem incluir profissionais das áreas de saúde, ciências exatas, sociais e humanas, além de ao menos um membro da sociedade representando os usuários da instituição. No caso específico de estudos com grupos vulneráveis, um representante dessa comunidade deve ser convidado como membro "ad hoc" para a análise do projeto.

Todos os registros de pesquisas no país que envolvem seres humanos estão depositados na *Plataforma Brasil*, sistema on-line criado em setembro de 2011 para administrar o processo de submissão e apreciação ética dos projetos de pesquisa. Com pouco mais de 10 anos de funcionamento, essa plataforma registrava, em março de 2022, cerca de 1 milhão de usuários cadastrados, 800 mil projetos de pesquisa submetidos (Brasil/CNPq, 2022b) e quase 900 comitês de ética em pesquisa em funcionamento no país (Brasil/CNPq, 2022a).

7.4 O TERMO DE CONSENTIMENTO LIVRE E ESCLARECIDO (TCLE)

O Termo de Consentimento Livre e Esclarecido (TCLE) é, provavelmente, o documento individual mais concreto e aplicável resultante dos avanços promovidos pelos códigos de ética aprovados em diferentes países no fim do século XX. Sempre que possível,[2] todos e cada um dos participantes de um estudo devem assiná-lo, manifestando estarem bem informados sobre os propósitos da pesquisa, concordarem com sua realização e estarem livres de qualquer coação para atuar como participantes.

Seguindo as diretrizes do Relatório Belmont, esse termo deve estar baseado em informação, compreensão e voluntariedade (Bazzano *et al.*, 2021). O conteúdo informativo deve, sempre que possível, descrever procedimentos, propósitos, riscos e possíveis benefícios a serem obtidos com o estudo. A compreensão, tão importante quanto a própria informação, deve assegurar que os participantes entenderam o que lhes foi informado, e a voluntariedade diz respeito não apenas a participar do estudo, mas a desistir de fazê-lo a qualquer tempo, sem que precise justificar ou indenizar os pesquisadores.

Há diferentes modelos para a elaboração de um TCLE, de acordo com as características de cada área de conhecimento ou estudo específico. Por exemplo, em

2 Os experimentos de campo podem impor um dilema ético inevitável ao uso do TCLE, pois os desenhos de pesquisa implicam tratar parte dos participantes sem que eles tomem conhecimento de que estão participando de um estudo experimental (Gerber, 2011; Nyhan & Reifler, 2015; Einstein & Glick, 2017).

alguns experimentos, os tratamentos são a exposição a diferentes versões de um texto; em outros, a diferentes conteúdos injetáveis no corpo humano. Naturalmente, os riscos envolvidos neste segundo tipo de estudos exigem muito mais informação sobre as condições, efeitos e possíveis benefícios esperados com o trabalho.

Ainda assim, a redação de um TCLE deve conter um convite claro à participação voluntária no estudo, uma explicação sobre em que consistirá essa participação (incluindo tempo necessário), a indicação da existência de riscos (se houver algum previsível), o objetivo e a importância social e científica da pesquisa, o direito a abandonar o estudo a qualquer momento e a confidencialidade no uso e armazenamento dos dados a serem coletados (veja um modelo no Box 7.1).

Box 7.1 – Um modelo de Termo de Consentimento Livre e Esclarecido (TCLE)

Termo de Consentimento Livre e Esclarecido

Você está sendo convidada(o) a participar da pesquisa "Atitudes da sociedade brasileira durante a pandemia de covid-19", conduzida pela pesquisadora (nome da pesquisadora), da (nome da instituição). O objetivo deste estudo é conhecer as opiniões e comportamentos de brasileiras e brasileiros em relação à doença e os cuidados para evitá-la.

Seu nome e outras informações que permitam identificá-la(o) não serão divulgados, e os dados ficarão sob responsabilidade da equipe de pesquisa, que apenas os utilizará para fins científicos. Sua participação na pesquisa não implica nenhum risco, é voluntária e livre de qualquer remuneração ou benefício. Você pode recusar-se a participar, retirar seu consentimento ou interromper sua participação a qualquer momento, sem prejuízos.

Se tiver qualquer dúvida em relação à pesquisa, você pode contatar os responsáveis pelo telefone (00) 00000-0000, ou pelo e-mail (endereço de e-mail). Este projeto foi revisado e aprovado pelo Comitê de Ética em Pesquisa da (nome da instituição).

Estou ciente de todas as cláusulas do Termo de Consentimento Livre e Esclarecido e aceito participar da pesquisa.

____

Assinatura da participante

7.5 O USO DE ENGANO

Ainda que os cuidados éticos dos experimentos tenham avançado significativamente nas últimas décadas, diversos objetos de pesquisa podem impor dilemas desafiadores no desenho de estudos quando se avaliam as relações de custo-benefício. Pode-se enganar por alguns minutos os participantes de um experimento para se encontrarem respostas científicas cujas vantagens se prolonguem por décadas? Pode-se produzir algum dano passageiro em um pequeno grupo de pessoas para descobrir algo que beneficie toda a sociedade? Seguidores do imperativo categórico de Immanuel Kant (2009) diriam que não. Já os utilitaristas, baseados na doutrina de Jeremy Bentham (1984), provavelmente diriam que depende das circunstâncias.

Um dos procedimentos mais controversos ainda presentes em estudos experimentais é o engano (*deception*). Em termos gerais, ele ocorre quando as pesquisadoras mentem aos participantes, de modo intencional e explícito, sobre o propósito de um estudo ou a identidade das pessoas responsáveis pela pesquisa – exatamente como no experimento de Milgram.

Segundo Hertwig e Ortmann (2008), há basicamente duas situações que poderiam justificar o uso do engano. A primeira ocorre quando as pesquisadoras querem estudar a reação de indivíduos diante de situações que raramente ocorrem – como convulsões, afogamentos, ataques cardíacos ou outras situações de emergência. Nesses casos, pode ser importante contar com um confederado, como são chamadas – no jargão de pesquisa experimental – as pessoas que pertencem à equipe de pesquisa, mas se fazem passar por participantes do estudo. A segunda situação seria quando as pesquisadoras estão interessadas em comportamentos muito sujeitos à conformidade social, em que conviria desviar a atenção dos participantes para outro tema, de modo a permitir que os indivíduos ajam com maior naturalidade.

Diferentes áreas de conhecimento têm lidado de modo distinto com o uso desse recurso. Estudos de economia experimental proíbem o uso de engano, e sua utilização na psicologia social tem diminuído, mas cresceu nas pesquisas de marketing, por exemplo, entre os anos 1970 e 1990 (Hertwig & Ortmann, 2008). Os benefícios no uso do engano também são discutíveis, pois há evidências de que, uma vez informados, os participantes que foram enganados sentem-se ressentidos em relação às pesquisadoras e podem desenvolver uma desconfiança em relação ao processo científico como um todo. Além disso, quando o engano não tem êxito, indivíduos que suspeitam da pesquisa e, ainda assim, participam do estudo podem influenciar os resultados do experimento – que, nesse caso, perde validade interna. Portanto, há razões suficientes para evitar o uso de engano em estudos experimentais, salvo em raras exceções.

O exemplo de um estudo sobre fobia social feito com estudantes de graduação em Londres traz importantes lições. A fobia social é um transtorno de ansiedade que pode ser muito desconfortável e afetar qualquer um de nós. No contato com outras pessoas, podemos nos sentir tímidos ou encabulados, temer que os demais nos julguem de forma negativa e, inclusive, sentir as mãos suadas, uma palpitação no coração e um calor no rosto. Para entender melhor o processo cognitivo de pessoas que podem desenvolver essa patologia, quatro pesquisadores desenharam um experimento para analisar uma interação social entre dois indivíduos (Wild *et al.*, 2008). Pediram a 72 estudantes que interagissem com uma pessoa desconhecida, conversando sobre qualquer assunto de seu interesse, enquanto equipamentos monitoravam seus sinais vitais. O detalhe é que os participantes não sabiam que a mulher que se passava por operadora desses equipamentos era, na verdade, uma integrante da equipe de pesquisa. Além disso, nos grupos tratados, essa "operadora" estava instruída a mentir sobre o que estava ocorrendo, fazendo falsos comentários (*false feedbacks*), que são um tipo mais sutil de engano.

Esses falsos comentários consistiam em dizer a um dos grupos que as vibrações regulares de uma das peças conectadas ao tórax do participante significavam um aumento da frequência cardíaca e, a outro dos grupos, que significavam uma redução da frequência cardíaca. O grupo controle ouviu, simplesmente, que essas vibrações não tinham nenhum significado. Os resultados do estudo sugeriram que os participantes que foram levados a acreditar que sua frequência cardíaca havia aumentado durante a conversa com um estranho se sentiram mais ansiosos e relataram mais sensações corporais do que os participantes que não receberam feedback ou aqueles que foram levados a acreditar que sua pulsação havia diminuído.

Isso, porém, afetou tanto estudantes com nível alto de ansiedade social quanto os que tinham baixo nível de ansiedade social – medida antes do experimento com base num questionário. Ou seja, não foi possível compreender de forma precisa se pessoas com maiores chances de desenvolverem fobia social processam de modo diferente informações sobre o que estão sentindo durante uma interação com outros indivíduos. Além disso, dentre os 72 estudantes recrutados originalmente, dez tiveram de ser substituídos porque não acreditaram no falso comentário que receberam durante o experimento – reduzindo a validade interna do estudo.

É importante registrar, entretanto, que o uso do engano não se confunde com o uso de camuflagem. Como vimos anteriormente, a antecipação do tratamento e dos objetivos gerais da pesquisa pode alterar o comportamento dos seus participantes. Para evitar que eles descubram ou desconfiem do que trata um estudo, é natural o uso de alguma camuflagem, de modo a não chamar a atenção para o objetivo central do experimento. Todavia, o engano ultrapassa muito a preocupação com a camuflagem, pois induz ou desinforma o comportamento dos sujeitos.

7.6 CONCLUSÃO

A desconfiança institucional é um dos fenômenos sociais mais importantes dos últimos anos, afetando a reputação de governos, de empresas, da mídia e também do trabalho científico. Portanto, o zelo no desenho de experimentos que obedeçam aos princípios dos códigos em vigor e na submissão de projetos a comitês de ética em pesquisa que validem os estudos antes da etapa de contato com seres humanos para a coleta de dados é, também, um cuidado com a imagem da própria ciência junto aos indivíduos pesquisados e à sociedade em geral. A resistência da comunidade negra americana em se vacinar contra a covid-19, por exemplo, mostra os perigosos efeitos de longo prazo que estudos desumanos ou simplesmente descuidados podem provocar. Neste capítulo, vimos alguns dos principais eventos que provocaram uma reação social, política e científica rumo a melhores padrões éticos na condução de estudos com seres humanos. Ainda assim, alguns procedimentos polêmicos – como o engano – ainda vêm sendo utilizados, o que mostra que o debate sobre os limites morais da ciência continua aberto. E você? Acha que se pode enganar por alguns minutos os participantes de um experimento para se encontrarem respostas científicas cujas vantagens se prolonguem por décadas? E seria aceitável produzir algum dano passageiro a um pequeno grupo de pessoas para se descobrir algo que beneficie toda a sociedade?

EXERCÍCIOS

1) Os três princípios contidos no Relatório Belmont são:
   a) beneficência, respeito pelas pessoas e justiça
   b) transparência, beneficência e igualdade
   c) transparência, respeito pelas pessoas e beneficência
   d) igualdade, beneficência e respeito pelas pessoas

2) O princípio da beneficência orienta as pesquisadoras a:
   a) obterem o consentimento informado dos participantes
   b) analisarem os riscos e benefícios do estudo
   c) protegerem populações desfavorecidas
   d) privilegiarem o bem-estar coletivo sobre o bem-estar individual

3) Uma possível crítica, citada neste capítulo, à proteção de populações desfavorecidas em experimentos é:
   a) tratamento desigual, de acordo com o perfil sociodemográfico dos participantes
   b) pretensão de paternalismo das pesquisadoras
   c) dificuldade de identificar, na prática, quais são as populações desfavorecidas
   d) injustiça ao não incluir essas populações na pesquisa, cujos resultados poderiam beneficiá-las

4) Os registros de pesquisas com seres humanos feitas no Brasil podem ser encontrados:
   a) na Comissão Nacional de Ética em Pesquisa (Conep)
   b) nos Comitês de Ética em Pesquisa (CEPs)

c) na Plataforma Brasil
d) na Comissão Nacional para a Proteção de Seres Humanos em Pesquisas Biomédicas e Comportamentais

5) Segundo o Relatório Belmont, o Termo de Consentimento Livre e Esclarecido (TCLE) deve estar baseado em:

a) transparência, objetividade e voluntariedade
b) informação, compreensão e voluntariedade
c) transparência, beneficência e voluntariedade
d) liberdade, justiça e voluntariedade

6) Uma das situações que podem justificar o uso do engano em experimentos é:

a) estudo sobre reações de indivíduos diante de um afogamento
b) estudo sobre comportamentos de risco no trânsito, feito em simulador
c) estudo sobre eficácia de medicamentos em relação a um placebo
d) estudo sobre condições para o desaparecimento da gagueira em crianças

7) Uma consequência sabidamente negativa do uso do engano em experimentos é:

a) crença permanente, de alguns participantes, na mentira contada
b) resultados sem validade externa, uma vez que os participantes não seriam enganados na "vida real"
c) desconfiança em pesquisas científicas
d) processos judiciais contra as pesquisadoras

8) Um estudo experimental que colocou em risco a saúde de indivíduos negros e afetou a confiança dessa população sobre as instituições de saúde nos Estados Unidos foi o:

a) Estudo de Tuskegee
b) Experimento de Milgram
c) Estudo Monstro
d) Tribunal de Nuremberg

9) Estudos que envolvam serem humanos devem ser avaliados eticamente em primeira instância:

a) na Comissão Nacional de Ética em Pesquisa (Conep)
b) nos Comitês de Ética em Pesquisa (CEPs)
c) na *Plataforma Brasil*
d) no Conselho Nacional de Saúde

10) O uso de camuflagem:

a) é banido pela Comissão Nacional de Ética em Pesquisa (Conep)
b) é idêntico ao uso de engano e não deve ser utilizado
c) deve ser utilizado para desviar a atenção dos participantes do objetivo central do experimento
d) só pode ser utilizado em experimentos presenciais, em laboratório

OLHA ESSA... OBAMA PEDIU DESCULPAS POR EXPERIMENTO NA GUATEMALA

Por Victor Gomes

Entre 1946 e 1948, o governo estadunidense financiou um experimento de campo na Guatemala, sem o conhecimento dos participantes, que consistiu em infectar com doenças sexualmente transmissíveis – como sífilis e gonorreia – mais de mil pessoas (Rodriguez & García, 2013). O principal objetivo era testar os efeitos da penicilina no combate a essas doenças. Os infectados, porém, nunca receberam acompanhamento médico adequado. Órfãos, prostitutas, leprosos e presidiários foram o principal alvo dos pesquisadores, que contaram com a ajuda das autoridades guatemaltecas. A opção por conduzir a pesquisa naquele país decorreu de duas razões principais (CNN, 2010): o fato de a prostituição ser legalizada e de os prisioneiros poderem receber visitas íntimas das profissionais do sexo. O caso só veio à tona após mais de 50 anos, quando uma historiadora se deparou com documentos relativos ao experimento acidentalmente, enquanto pesquisava sobre o caso de Tuskegee, dirigido pelo mesmo médico. Em 2010, o então presidente Barack Obama pediu desculpas ao governo e ao povo da Guatemala, assim como Bill Clinton havia feito, em 1997, em relação ao experimento de Tuskegee (CNN, 2010; Quinn & Thomas, 2001). Entretanto, não houve, até o momento, compensação às vítimas ou às suas famílias no caso da Guatemala, ao contrário do que ocorreu em relação ao experimento implementado em território americano.

GABARITO DOS EXERCÍCIOS

1) Os três princípios contidos no Relatório Belmont são:

a) beneficência, respeito pelas pessoas e justiça

2) O princípio da beneficência orienta as pesquisadoras a:

b) analisarem os riscos e benefícios do estudo

3) Uma possível crítica, citada neste capítulo, à proteção de populações desfavorecidas em experimentos é:

   d) injustiça ao não incluir essas populações na pesquisa, cujos resultados poderiam beneficiá-las

4) Os registros de pesquisas com seres humanos feitas no Brasil podem ser encontrados:

   c) na Plataforma Brasil

5) Segundo o Relatório Belmont, o Termo de Consentimento Livre e Esclarecido (TCLE) deve estar baseado em:

   b) informação, compreensão e voluntariedade

6) Uma das situações que podem justificar o uso do engano em experimentos é:

   a) estudo sobre reações de indivíduos diante de um afogamento

7) Uma consequência sabidamente negativa do uso do engano em experimentos é:

   c) desconfiança em pesquisas científicas

8) Um estudo experimental que colocou em risco a saúde de indivíduos negros e afetou a confiança dessa população sobre as instituições de saúde nos Estados Unidos foi o:

   a) Estudo de Tuskegee

9) Estudos que envolvam serem humanos devem ser avaliados eticamente em primeira instância:

   b) nos Comitês de Ética em Pesquisa (CEPs)

10) O uso de camuflagem:

   c) deve ser utilizado para desviar a atenção dos participantes do objetivo central do experimento

CAPÍTULO 8

Conclusões

Este livro buscou oferecer de modo ao mesmo tempo acessível e rigoroso uma introdução ao uso da metodologia experimental no âmbito científico. Os conceitos e exemplos utilizados cobriram diversas áreas do conhecimento, entre elas a comunicação, a ciência política, a psicologia, a pedagogia, a nutrição, a administração, o marketing etc. Ainda que a linguagem adotada tenha buscado dar clareza a estudantes de graduação que possam ter tido seu primeiro contato com um livro de metodologia científica, alguns tópicos e exemplos podem ter sido de interesse também de estudantes de pós-graduação e pesquisadoras que desejem utilizar experimentos em suas respectivas etapas de formação e trabalhos.

Ao longo de sete capítulos, foram discutidos aspectos conceituais fundamentais, como a definição de experimentos, sua diferença em relação aos quase experimentos e aos experimentos naturais, a importância dos cuidados com a validade interna dos estudos e a possibilidade de reivindicar a validade externa de seus resultados. Além disso, vimos para que servem os experimentos não só no âmbito científico, mas também na prática, cuidando sempre de enfatizar as vantagens no uso dessa metodologia, sem ignorar que – como em qualquer opção metodológica – a pesquisa experimental também tem suas desvantagens. Exploramos, ainda, os contextos em que são realizados os experimentos, sejam em laboratórios, inseridos em *surveys* ou no campo, incluindo a nova fronteira oferecida pelo uso difundido e intenso das mídias sociais.

Um capítulo inteiro foi dedicado a descrever uma grande variedade de desenhos experimentais muito reconhecidos, validados em milhares de estudos e extremamente úteis para diferentes problemas de pesquisa. Além do mais famoso desenho entressujeitos, vimos como funcionam os desenhos intrassujeito, os fatoriais completos, os fatoriais fracionários e os fatoriais mistos, os experimentos em lista, de endosso, de resposta randomizada e os de escolha declarada (pareados ou simples), os desenhos multinível, os que utilizam blocagem e os de pares combinados. Cada um deles pode oferecer uma solução interessante e inovadora para seu problema de pesquisa.

Para leitoras e leitores menos familiarizados com a metodologia científica, um capítulo foi dedicado à explicação sobre as diferentes variáveis utilizadas para se medirem fenômenos ou características que nos interessam pesquisar, como as variáveis nominais, ordinais e discretas, além da variável especial chamada *dummy*. Vimos que as três formas de coletar dados experimentais medidos por essas variáveis são as autodeclarações, a observação do comportamento e o monitoramento de reações fisiológicas. E, finalmente, analisamos o papel que cada variável pode ter em modelos descritivos ou explicativos, sejam elas variáveis dependentes, independentes, de tratamento, covariáveis, moderadoras, mediadoras ou de controle, que sempre buscam limitar e isolar as chamadas variáveis de confusão.

Como "o diabo mora nos detalhes" – segundo o famoso provérbio alemão –, um capítulo foi dedicado à implementação dos experimentos, desde o recrutamento de participantes, o uso de técnicas de amostragem, a descrição dos tipos de participantes mais comuns nesses estudos, o número de indivíduos normalmente presentes nessas pesquisas, o uso de incentivos à participação, as técnicas de designação aleatória na formação de grupos experimentais e o número de condições experimentais, assim como o número de participantes em cada condição experimental. Seções específicas descreveram a dinâmica de realização dos experimentos antes, durante e após a introdução dos tratamentos e a mensuração das respostas.

Por fim, dois capítulos foram destinados ao debate sobre alguns critérios de qualidade dos experimentos e as preocupações éticas com estudos que podem representar riscos para os seres humanos. Como vimos, recursos para aprimorar a qualidade de experimentos são, entre outros, o uso de pré-testes e estudos piloto, os testes de balanceamento, o uso de placebo, as checagens de manipulação e atenção, as análises de efeitos aura (*halo*) e chifre (*horn*), os cuidados com a transparência no relato do experimento, o pré-registro de estudos, a disponibilização dos dados e o incentivo à replicação.

Já a discussão sobre os limites éticos da pesquisa experimental esteve baseada no relato de alguns dos piores experimentos da história, no surgimento do Relatório

Belmont e na reflexão sobre suas limitações no contexto atual, que ainda convive com o polêmico recurso do engano. Esse capítulo também descreveu o sistema brasileiro de ética em pesquisa e o uso mandatório de um importante documento, o Termo de Consentimento Livre e Esclarecido (TCLE).

8.1 E AGORA, O QUE MAIS?

Este livro, contudo, não cobriu outros tópicos mais avançados sobre o uso de metodologia experimental. Há dezenas de questões complexas que derivam de cada um dos princípios indicados neste livro. Quando um indivíduo se nega a participar de um estudo experimental, por exemplo, que tipo de viés ele está introduzindo nos dados? Isto é, em que medida as conclusões obtidas em estudos científicos valem também para indivíduos que jamais participariam dessas pesquisas? Em estudos sobre medicamentos ou respostas fisiológicas a estímulos visuais, talvez essa questão seja menos relevante. No entanto, quando o interesse das pesquisadoras é conhecer atitudes, opiniões e comportamentos em temas psicológicos, sociais, políticos ou econômicos, esse problema pode criar um viés nos dados.

Outro tópico importante diz respeito a inovações no desenho de pesquisas observacionais que têm permitido analisar dados à moda dos experimentos, como em regressões descontínuas. Essa estratégia, desenvolvida em estudos educacionais nos anos 1960, tem ganhado adeptos em áreas como economia, ciência política e ciências da saúde. Em síntese, ela consiste em usar um ponto de corte para observar grupos tratado e controle. Por exemplo, em muitos cursos, a nota necessária para aprovação é 5,0, mas, a rigor, estudantes que obtêm nota 4,9 ou 4,8 não são muito diferentes dos que somaram 5,0 ou 5,1 como menção final de um curso. Uma estratégia de regressão descontínua poderia analisar o efeito da reprovação em uma disciplina introdutória de graduação – como "Introdução à Economia" ou "Introdução à Psicologia" – sobre o desempenho acadêmico dos estudantes ao longo de todo o curso universitário. Para isso, poderia comparar o desempenho de amostras de estudantes que foram reprovados nessa disciplina com notas 4,9 ou 4,8 e compará-lo com o desempenho dos que foram aprovados nesse mesmo curso com notas 5,0 e 5,1.

Um aspecto muito característico da metodologia experimental é seu amplo espaço para inovação e criatividade, não apenas na seleção das perguntas de pesquisa, mas no desenho dos experimentos, na definição e administração dos tratamentos, na seleção dos contextos e na forma de mensuração de respostas. Mesmo com poucos recursos, é possível oferecer importantes contribuições à literatura científica e obter valiosos insights sobre como o mundo à nossa volta funciona e como podemos identificar e apresentar relações de causa e efeito que ampliem nossa capacidade de aprimorar as condições de saúde, justiça e bem-estar social.

Neste livro, dezenas de exemplos mostraram também como a metodologia experimental pode ser útil para iluminar aspectos sombrios das desigualdades de gênero e raça, para desmentir desinformações que põem em risco a vida de algumas pessoas ou até mesmo de democracias inteiras, para constranger fraudes acadêmicas ou entender como a exposição continuada a conteúdos como a pornografia pode afetar nosso cérebro. Ou seja, a contribuição científica e aplicada da metodologia experimental, em praticamente 100 anos de existência, já foi muito além da aparentemente ingênua curiosidade em explicar a capacidade humana de descobrir que líquido chegou primeiro a uma xícara de chá com leite.

Assim como Ronald Fisher se beneficiou das contribuições científicas de várias gerações anteriores a ele, milhares de pesquisadoras e pesquisadores utilizaram, neste século, suas inovações para fazer avançar nosso conhecimento científico sobre muitos assuntos. É bem verdade que a narrativa da ciência é imperfeita e incompleta em vários aspectos, mas – apesar dessas limitações – continua sendo o modo mais transparente e replicável de aprender sobre a realidade que nos cerca e fazer prognósticos sobre o que está por vir. Se você chegou até esta frase do livro, já deve ter entendido que também pode participar desse esforço coletivo por construir o conhecimento científico. Bem-vinda(o)!

Bibliografia

ABBEY, J. D.; MELOY, M. G. Attention by design: Using attention checks to detect inattentive respondents and improve data quality. *Journal of Operations Management*, v. 53-56, p. 63-70, 2017. DOI: https://doi.org/10.1016/j.jom.2017.06.001.

AGÊNCIA BRASIL. Em uma década, Brasil reduziu em 30% mortes por acidentes de trânsito. *Agência Brasil*, Brasília, 31 out. 2021. Disponível em: https://agenciabrasil.ebc.com.br/geral/noticia/2021-10/em-uma-decada-brasil-reduziu-em-30-mortes-por-acidentes-de-transito. Acesso em: 15 mar 2022.

AKSEER, S.; KARAMPERIDOU, D. Time to teach. *Unicef*, s.d. Disponível em: https://www.unicef-irc.org/publications/1154-time-to-teach-teacher-attendance-and-time-on-task-uganda.html. Acesso em: 18 jul. 2022.

ALVARENGA, D. Campanha 'Gente boa também mata' do governo vira alvo de processo no Conar. *G1*, 10 jan. 2017. Disponível em: https://g1.globo.com/economia/midia-e-marketing/noticia/campanha-gente-boa-tambem-mata-do-governo-vira-alvo-de-processo-no-conar.ghtml. Acesso em: 19 jan. 2022.

AMBROSE, N. G.; YAIRI, E. The Tudor Study: Data and ethics. *American Journal of Speech-Language Pathology*, v. 11, n. 2, p. 190-203, 2002. DOI: https://doi.org/10.1044/1058-0360(2002/018).

ANDREWS, J.; NETEMEYER, R.; BURTON, S.; KEES, J. Effects of plain package branding and graphic health warnings on adolescent smokers in the USA, Spain and France. *Tobacco Control*, v. 25, n. 2, p. 120-126, 2016.

ATKIN, C.; RICE, R. *Public communication campaigns*. SAGE Publications, 2012.

BABBIE, E. *Métodos de pesquisas de survey*. v. 1. Belo Horizonte: Editora da UFMG, 1999.

BANAS, J. A.; DUNBAR, N.; RODRIGUEZ, D.; LIU, S.-J. A Review of Humor in Educational Settings: Four Decades of Research. *Communication Education*, v. 60, n. 1, p. 115-144, 2011.

BANDURA, A.; UNDERWOOD, B.; FROMSON, M. E. Disinhibition of aggression through diffusion of responsibility and dehumanization of victims. *Journal of Research in Personality*, v. 9, p. 253-269, 1975.

BARBERÁ, P. Birds of the same feather tweet together: Bayesian ideal point estimation using Twitter data. *Political Analysis*, 23(1), 2015, pp. 76-91.

BARBERIS, N. C. Thirty years of prospect theory in economics: A review and assessment. *Journal of Economic Perspectives*, v. 27, n. 1, p. 173-196, 2013.

BAUER, M.; GASKELL, G. *Pesquisa Qualitativa com Texto Imagem e Som: um manual prático*. 9ª ed. Petrópolis: Vozes, 2011.

BAUMRIND, D. Some Thoughts on Ethics of Research: After Reading Milgram's "Behavioral Study of Obedience". *The American Psychologist*, v. 19, n. 6, p. 421-423, 1964. DOI: https://doi.org/10.1037/h0040128.

BAZZANO, L. A.; DURANT, J.; BRANTLEY, P. R. A Modern History of Informed Consent and The Role of Key Information. *Ochsner Journal*, v. 21, n. 1, p. 81-85, 2021. DOI: https://doi.org/10.31486/toj.19.0105.

BEM, D. J. Feeling the Future: Experimental Evidence for Anomalous Retroactive Influences on Cognition and Affect. *Journal of Personality and Social Psychology*, v. 100, n. 3, p. 407-425, 2011. DOI: https://doi.org/10.1037/a0021524.

BENTHAM, J. *Uma introdução aos princípios da moral e da legislação*. São Paulo: Abril Cultural, 1984.

BERINSKY, A. J. Rumors and Health Care Reform: Experiments in Political Misinformation. *British Journal of Political Science*, v. 47, n. 2, p. 241-62, 2017.

BERNSTEIN, R. A.; POLLY, J. D. Race, Class and Support for Female Candidates. *The Western Political Quarterly*, v. 28, n. 4, p. 733-36, 1975.

BERTRAND, M.; MULLAINATHAN, S. Are Emily and Greg more employable than Lakisha and Jamal? A field experiment on labor market discrimination. *American Economic Review*, v. 94, n. 4, p. 991-1013, 2004.

BHATTACHARJEE, Y. The Mind of a Con Man. *New York Times*, 28 abr. 2013. Disponível em: https://www.nytimes.com/2013/04/28/magazine/diederik-stapels-audacious-academic-fraud.html. Acesso em: 31 mar. 2022.

BIALKOVA, S.; GRUNERT, K. G.; JUHL, H. J.; WASOWICZ-KIRYLO, G.; STYSKO-KUNKOWSKA, M.; VAN TRIJP, H. C. Attention mediates the effect of nutrition label information on consumers' choice. Evidence from a choice experiment involving eye-tracking. *Appetite*, v. 76, p. 66-75, 2014.

BIROLI, F. *Gênero e desigualdades: limites da democracia no Brasil*. São Paulo: Boitempo Editorial,2018.

BLAIR, G.; IMAI, K.; LYALL, J. Comparing and Combining List and Endorsement Experiments: Evidence from Afghanistan. *American Journal of Political Science*, v. 58, n. 4, p. 1043-1063, 2014. DOI: https://doi.org/10.1111/ajps.12086.

BOX, G. E. P.; HUNTER, W. H.; HUNTER, S. *Statistics for experimenters*. Vol. 664. New York: John Wiley and Sons, 1978.

BOWYER, B.; ROGOWSKI, J. C. Mode Matters: Evaluating Response Comparability in a Mixed-Mode Survey. *Political Science Research and Methods*, v. 5, n. 2, p. 295-313, 2017.

BRADLEY, J. V. Complete Counterbalancing of Immediate Sequential Effects in a Latin Square Design. *Journal of the American Statistical Association*, v. 53, n. 282, p. 525-528, 1958. DOI: https://doi.org/10.1080/01621459.1958.10501456.

BRANNIGAN, A.; ZWERMAN, W. The real "Hawthorne effect". *Society*, v. 38, n. 2, p. 55-60, 2001.

BRASIL. CONSELHO NACIONAL DE SAÚDE. COMISSÃO NACIONAL DE ÉTICA EM PESQUISA. *Comitês de Ética em Pesquisa*. Disponível em: http://conselho.saude.gov.br/comites-de-etica-em-pesquisa-conep?view=default. Acesso em: 22 mar. 2022.

BRASIL. CONSELHO NACIONAL DE SAÚDE. COMISSÃO NACIONAL DE ÉTICA EM PESQUISA. *Plataforma Brasil*. Disponível em: http://conselho.saude.gov.br/plataforma-brasil-conep?view=default. Acesso em: 22 mar. 2022.

BRASIL. INSTITUTO NACIONAL DE ESTUDOS E PESQUISAS EDUCACIONAIS ANÍSIO TEIXEIRA (Inep). *Censo da Educação Superior 2020: notas estatísticas*. Brasília, DF: Inep, 2022. Disponível em: https://download.inep.gov.br/publicacoes/institucionais/estatisticas_e_indicadores/notas_estatisticas_censo_da_educacao_superior_2020.pdf. Acesso em: 18 jul. 2022.

BREWER, N.; HALL, M.; LEE, J.; PEEBLES, K.; NOAR, S.; RIBISL, K. Testing warning messages on smokers' cigarette packages: a standardised protocol. *Tobacco Control*, v. 25, n. 2, p. 153-159, 2016.

BRYSBAERT, M. How Many Participants Do We Have to Include in Properly Powered Experiments? A Tutorial of Power Analysis with Reference Tables. *Journal of Cognition*, v. 2, n. 1, p. 1-38, 2019.

BROWN, N. R.; SINCLAIR, R. C. Estimating Number of Lifetime Sexual Partners: Men and Women Do it Differently. *The Journal of Sex Research*, v. 36, n. 3, p., 292-297, 1999. DOI: 10.1080/00224499909551999.

BUSSAB, W. O.; MORETTIN, P. A. *Estatística básica*. Saraiva, 2017.

CALVERT, R. L. The Value of Biased Information: A Rational Choice Model of Political Advice. *The Journal of Politics*, v. 47, n. 2, p. 530-55, 1985. Disponível em: https://www.jstor.org/stable/2130895. Acesso em: 19 jul. 2022.

CAMPANHA transforma Cleo Pires e Paulinho Vilhena em paratletas e revolta internautas. *Folha de S.Paulo*, São Paulo, 24 ago. 2016. Disponível em: https://f5.folha.uol.com.br/celebridades/2016/08/campanha-transforma-cleo-pires-e-paulinho-vilhena-em-paratletas-e-revolta-internautas.shtml. Acesso em: 19 jan. 2022.

CAMPBELL, D. T. Factors Relevant to the Validity of Experiments in Social Settings. *Psychological Bulletin*, v. 54, n. 4, p. 297-312, 1957.

CAMPBELL, D. T. Quasi-Experimental Design. In: SILLS, D. L. (ed.). *International Encyclopedia of the Social Sciences*. New York: Mcmillan, p. 259-63, 1968.

CAMPBELL, D. T.; STANLEY, J. C. *Experimental and Quasi-Experimental Designs for Research*. Boston: Houghton Mifflin Company, 1963.

CAPRARA, G. V.; CAPANNA, C. Moral civic disengagement and values. *Ricerche di Psicologia*, v. 28, p. 67-84, 2005.

CAREY, R. N.; SARMA, K. M. Threat Appeals in Health Communication: Messages That Elicit Fear and Enhance Perceived Efficacy Positively Impact on Young Male Drivers. *BMC Public Health*, v. 16, n. 645, p. 1-16, 2016. DOI: http://dx.doi.org/10.1186/s12889-016-3227-2.

CARO, F. G.; HO, T.; MCFADDEN, D.; GOTTLIEB, A. S.; YEE, C.; CHAN, T.; WINTER, J. Using the internet to administer more realistic vignette experiments. *Social Science Computer Review*, v. 30, n. 2, p. 184-201, 2012. DOI: https://doi.org/10.1177/0894439310391376.

CATANIA, J. A.; BINSON, D.; CANCHOLA, J.; POLLACK, L. M.; COATES, T. J. Effects of Interviewer Gender, Interviewer Choice, and Item Wording on Responses to Questions Concerning Sexual Behavior. *Public Opinion Quarterly*, v. 60, p. 345-375, 1996.

CERVI, E. *Manual de métodos quantitativos para iniciantes em Ciência Política*. v. 1. Curitiba: CPOP-UFPR, 2017. 260p.

CERVI, E. *Manual de métodos quantitativos para iniciantes em Ciência Política*. v. 2. Curitiba: CPOP-UFPR, 2019. 314p.

CHAKRABORTY, B.; COLLINS, L. M.; STRECHER, V. J.; MURPHY, S. A. Developing multicomponent interventions using fractional factorial designs. *Statistics in Medicine* 28, n. 21. p. 2687-2708, 2009.

CHARNESS, G.; GNEEZY, U.; KUHN, M. A. Experimental methods: Between--subject and within-subject design. *Journal of Economic Behavior and Organization*, v. 81, n. 1, p. 1-8, 2012. DOI: https://doi.org/10.1016/j.jebo.2011.08.009.

CHONG, D.; DRUCKMAN, J. N. Dynamic Public Opinion: Communication Effects over Time. *American Political Science Review*, v. 104, n. 4, p. 663-680, 2010.

CHONG, D.; DRUCKMAN, J. N. Counterframing effects. *Journal of Politics*, v. 75, n. 1, p. 1-16, 2013. DOI: https://doi.org/10.1017/S0022381612000837.

CLIFFORD, S.; JERIT, J. Cheating on Political Knowledge Questions in Online Surveys: An Assessment of the Problem and Solutions. *Public Opinion Quarterly*, v. 80, n. 4, p. 858-887, 1 dez. 2016. Disponível em: https://doi.org/10.1093/poq/nfw030. Acesso em: 19 jul. 2022.

CNN. US apologizes for infecting Guatemalans with STDs in the 1940s. *CNN*, 2 out. 2010. Disponível em: http://edition.cnn.com/2010/WORLD/americas/10/01/us.guatemala.apology/index.html. Acesso em: 26 mar. 2022.

COCHRAN, W. G. The Design of Experiments. In: SILLS, D. L. (ed.). *International Encyclopedia of the Social Sciences*. v. 5. London, New York: The Macmillan Company, The Free Press, 1968. p. 245-254.

COHEN, J. *Statistical power analysis for the behavioral sciences*. 2. ed. Hillsdale, NJ: Erlbaum, 1988.

COLBOURN, C.; DINITZ, J. (eds.). *Handbook of combinatorial designs*. Boca Raton, FL: CRC press, 2007.

COOPERMAN, A.; MCLARTY, A. R.; SEIM, B. Drivers of successful common-pool resource management: A conjoint experiment on groundwater management in Brazil. *Global Environmental Change*, v. 74, 2022.

CRESWELL, J. W. *Projeto de pesquisa: métodos qualitativo, quantitativo e misto*. Tradução de Luciana Oliveira da Rocha. 2. ed. Porto Alegre: Artmed, 2007.

CROWN, D. F.; SPILLER, M. S. Learning from the literature on collegiate cheating: A review of empirical research. *Journal of Business Ethics*, v. 17, n. 6, p. 683-700, 1998. DOI: https://doi.org/10.1023/A:1017903001888.

DARCY, R.; SCHRAMM, S. S. When Women Run Against Men. *Public Opinion Quarterly*, v. 41, n. 1, p. 1-12, 1977.

DAVIS, D. W.; SILVER, B. D. Stereotype Threat and Race of Interviewer Effects in a Survey on Political Knowledge. *American Journal of Political Science*, v. 47, n. 1, p. 33-45, 2003.

DAVIS, R. (ed.). *Politics and the Media*. Englewood-Cliffs: Prentice Hall, 1994.

DE LEEW, J.; MEIJER, E.; GOLDSTEIN, H. *Handbook of multilevel analysis*. New York: Springer, 2008.

DERTWINKEL-KALT, M.; KERKHOF, A.; MÜNSTER, J. Incumbency Dominance in Letters to the Editor: Field Experimental Evidence. *Political Communication*, v. 36, n. 3, p. 337-56, 2019. DOI: https://doi.org/10.1080/10584609.2018.1540447.

DESTEFANO F. *et al.* Increasing exposure to antibody-stimulating proteins and polysaccharides in vaccines is not associated with risk of autism. *The Journal of Pediatrics*, 2013. DOI: 10.1016/j.jpeds.2013.02.001.

DOHERTY, D.; DOWLING, C. M.; MILLER, M. G. Do local party chairs think women and minority candidates can win? Evidence from a conjoint experiment. *The Journal of Politics*, v. 81, n. 4, p. 1282-1297, 2019.

DOLAN, K.; KIRA, S. Candidate gender and experimental political science. In: DRUCKMAN, J. N.; GREEN, D. P.; KUKLINSKI, J. H.; LUPIA, A. (eds.). *Cambridge handbook of experimental political science*. New York: Cambridge University Press, 2011.

DRUCKMAN, J. N.; GREEN, D. P.; KUKLINSKI, J. H.; LUPIA, A. Experiments: An Introduction to Core Concepts. In: DRUCKMAN, J. N.; GREEN, D. P.; KUKLINSKI, J. H.; LUPIA, A. (eds.). *Cambridge handbook of experimental political science*. New York, NY: Cambridge University Press, 2011. p. 19-41.

DRUCKMAN, J. N.; KAM, C. D. Students as experimental participants: A defense of the 'narrow data base. In: DRUCKMAN, J. N.; GREEN, D. P.; KUKLINSKI, J. H.; LUPIA, A. (eds.). *Cambridge handbook of experimental political science*. New York, NY: Cambridge University Press, 2011. p. 41-57.

DRUCKMAN, J. N.; LEVENDUSKY, M. S.; McLAIN, A. No need to watch: How the effects of partisan media can spread via interpersonal discussions. *American Journal of Political Science*, v. 62, n. 1, p. 99-112, 2018.

DU, H.; VENKATAKRISHNAN, A.; YOUNGBLOOD, G. M.; RAM, A.; PIROLLI, P. A Group-Based Mobile Application to Increase Adherence in Exercise and Nutrition Programs: A Factorial Design Feasibility Study. *JMIR Mhealth Uhealth*, v. 4, n. 1, 2016. DOI: 10.2196/mhealth.4900.

DUGGAN, B. Uganda shuts down social media; candidates arrested on election day. *CNN*, 18 fev. 2016. Disponível em: https://edition.cnn.com/2016/02/18/world/uganda-election-social-media-shutdown/index.html. Acesso em: 24 jun. 2022.

DUNNING, T. *Natural Experiments in the Social Sciences: A Design-Based Approach*. Cambridge: Cambridge University Press, 2012.

EFRON, B. R.A. Fisher in the 21st Century [with discussion]. *Statistical Science*, v. 13, n. 2, p. 95-122, 1998.

EGGERS, A. C.; VIVYAN, N.; WAGNER, M. Corruption, accountability, and gender: Do female politicians face higher standards in public life? *The Journal of Politics*, v. 80, n. 1, p. 231-326, 2018.

EINSTEIN, K. L.; GLICK, D. M. Does Race Affect Access to Government Services? An Experiment Exploring Street-Level Bureaucrats and Access to Public Housing. *American Journal of Political Science*, v. 61, n. 1, p. 100-116, 2017.

ELLIOTT, D. In Tuskegee, Painful History Shadows Efforts To Vaccinate African Americans. *NPR*, 16 fev. 2021. Disponível em: https://www.npr.org/2021/02/16/967011614/in-tuskegee-painful-history-shadows-efforts-to-vaccinate-african-americans. Acesso em: 19 jul. 2022.

FALK, A.; HECKMAN, J. J. Lab Experiments Are a Major Source of Knowledge in the Social Sciences. *Science*, v. 326, n. 5952, p. 535-38, 2009.

FERREE, M. M. A Woman for President? Changing Responses: 1958-1972. *Public Opinion Quarterly*, v. 38, n. 3, p. 390-99, 1974.

FISHER, R. A. *Statistical Methods for Research Workers*. London: Oliver and Boyd, 1925.

FRIEDMAN, D.; SUNDER, S. *Experimental Economics: A Primer for Economists*. New York: Cambridge University Press, 1994.

FRIESEN, P.; KEARNS, L.; REDMAN, B.; CAPLAN, A. L. Rethinking the Belmont Report? *American Journal of Bioethics*, v. 17, n. 7, p. 15-21, 2017. DOI: https://doi.org/10.1080/15265161.2017.1329482.

GALAK, J.; LEBOEUF, R. A.; NELSON, L. D.; SIMMONS, J. P. Correcting the past: Failures to replicate psi. *Journal of Personality and Social Psychology*, v. 103, n. 6, p. 933-948, 2012. DOI: https://doi.org/10.1037/a0029709.

GASKINS, B.; BARABAS, J.; JERIT, J. Qualitative quotes: The prevalence and effects of survey respondent exemplars in political news coverage. *The International Journal of Press/Politics* 25, n. 1, p. 96-114, 2020.

GERBER, A. S.; GREEN, D. P.; LARIMER, C. W. Social Pressure and Voter Turnout: Evidence from a Large-Scale Field Experiment. *American Political Science Review*, v. 102, n. 1, p. 33-48, 2008.

GERBER, A. S.; KARLAN, D.; BERGAN, D. Does the Media Matter? A Field Experiment Measuring the Effect of Newspapers on Voting Behavior and Political Opinions. *American Economic Journal: Applied Economics*, v. 1, n. 2, p. 35-52, 2009.

GERBER, A. Field Experiments in Political Science. In: DRUCKMAN, J. N.; GREEN, D. P.; KUKLINSKI, J. H.; LUPIA, A. (eds.). *Cambridge Handbook of Experimental Political Science Laboratory*. Cambridge University Press, 2011. p. 115-138.

GERBER, A. S.; GIMPEL, J. G.; GREEN, D. P.; SHAW, D. R. How Large and Long-Lasting Are the Persuasive Effects of Televised Campaign Ads? Results from a Randomized Field Experiment. *American Political Science Review*, v. 105, n. 1, p. 135-50, 2011.

GERBER, A. S.; GREEN, D. P.; SHAW, D. R. How Large and Long-lasting Are the Persuasive Effects of Televised Campaign Ads? Results from a Randomized Field Experiment. *American Political Science Review*, v. 105, n. 1, p. 135-150, 2011. DOI: https://doi.org/10.1017/S000305541000047X.

GERBER, A. S.; GREEN, D. P. *Field Experiments: Design, Analysis, and Interpretation*. New York and London: W.W. Norton & Company, 2012.

GERBER, A.; GREEN, D.; KAPLAN, H. The illusion of learning from observational research. In: TEELE, D. (org.). *Field experiments and their critics*. New Haven, Yale University Press, 2014.

GRABER, D. (ed.). *Media Power in Politics*. Washington, D.C.: Congressional Quarterly Press, 1984.

GRAHAM, M. H.; SVOLIK, M. W. Democracy in America? Partisanship, Polarization, and the Robustness of Support for Democracy in the United States. *American Political Science Review*, v. 114, n. 2, p. 392-409, 2020. Disponível em: https://cpb-us-w2.wpmucdn.com/campuspress.yale.edu/dist/6/1038/files/2020/06/Graham-and-Svolik-2020-APSR.pdf. DOI:10.1017/S0003055420000052.

GRAMACHO, W. G.; BEHNKE, E. R.; SOUZA, V. C. de. A pesquisa experimental sobre comunicação de utilidade pública: uma revisão sistemática. *Cadernos de Comunicação*, v. 24, n. 3, 2021. DOI: https://doi.org/10.5902/2316882X48074.

GRAMACHO, W. G.; TURGEON, M. When politics collides with public health: COVID-19 vaccine country of origin and vaccination acceptance in Brazil. *Vaccine*, v. 39, n. 19, p. 2608-2612, 2021.

GRAMACHO, W. It's Dangerous: An Experiment Study about the Glorification of Risk in the Media and Young People's Attitudes relating to Driving. *Revista Brasileira de Ciências da Comunicação*. Aceito para publicação, 2022.

GRAMACHO, W., GARCIA, R., BEHNKE, E., & GOMES, V. (2022). If you make it wrong, fix it: an experimental study on health news in G1 and WhatsApp. *Brazilian Journalism Research*, 18(2), 374-405. https://doi.org/10.25200/BJR.v18n2.2022.1488

GREEN, D. P.; ARONOW, P. M. Analyzing Experimental Data Using Regression: When is Bias a Practical Concern? (March 7, 2011). Disponível em

SSRN Electronic Journal: https://ssrn.com/abstract=1466886 ou http://dx.doi.org/10.2139/ssrn.1466886

GREEN, P. E.; RAO, V. R. Conjoint Measurement for Quantifying Judgmental Data. *Journal of Marketing Research*, v. 8, n. 3, p. 355-363, 1971.

GREENWALD, A. G. Within-subjects designs: To use or not to use? *Psychological Bulletin*, v. 83, n. 2, p. 314-320, 1976. DOI: https://doi.org/10.1037//0033-2909.83.2.314.

GRIFFIT, W.; VEITCH, R. Hot and crowded: Influence of population density and temperature on interpersonal affective behavior. *Journal of Personality and Social Psychology*, v. 17, n. 1, p. 92-98, 1971. DOI: https://doi.org/10.1037/h0030458.

GUALA, F. *The Methodology of Experimental Economics*. New York: Cambridge University Press, 2005.

GUEDES, M. D. C.; AZEVEDO, N.; FERREIRA, L. O. A produtividade científica tem sexo? Um estudo sobre bolsistas de produtividade do CNPq. *Cadernos Pagu*, n. 45, p. 367-399, 2015.

GUESS, A. M. Experiments Using Social Media Data. In: DRUCKMAN, J.; GREEN, D. (ed.). *Advances in Experimental Political Science*. Cambridge University Press, 2021. p. 184-198. DOI: https://doi.org/10.1017/9781108777919.013.

GUNST, R. F.; MASON, R. L. Fractional factorial design. *Wiley Interdisciplinary Reviews: Computational Statistics*, v. 1, n. 2, p. 234-244, 2009. DOI: https://doi.org/10.1002/wics.27.

HAINMUELLER, J.; HOPKINS, D. J.; YAMAMOTO, T. Causal inference in conjoint analysis: Understanding multidimensional choices via stated preference experiments. *Political Analysis*, v. 22, n. 1, p. 1-30, 2014. DOI: https://doi.org/10.1093/pan/mpt024.

HANEL, P. H. P.; VIONE, K. C. Do student samples provide an accurate estimate of the general public? *PLoS ONE*, v. 11, n. 12, p. 1-10, 2016. DOI: https://doi.org/10.1371/journal.pone.0168354.

HATCHETT, S.; SCHUMAN, H. White Respondents and Race-of-Interviewer Effects. *The Public Opinion Quarterly*, v. 39, n. 4, p. 523-28, 1975.

HAYS, R. D.; LIU, H.; KAPTEYN, A. Use of Internet Panels to Conduct Surveys. *Behavior Research Methods*, v. 47, n. 3, p. 685-90, 2015.

HENDERSON, C. R. Statistical methods in animal improvement: Historical Overview. In: GIANOLA, D.; HAMMOND, K. (eds.). *Advances in statistical methods for genetic improvement of lifestock*. Berlin: Springer, 1986. p. 2-14.

HENDY, N. T.; MONTARGOT, N. Understanding Academic dishonesty among business school students in France using the theory of planned behavior. *International Journal of Management Education*, v. 17, n. 1, p. 85-93, 2019. DOI: https://doi.org/10.1016/j.ijme.2018.12.003.

HERTWIG, R.; ORTMANN, A. Deception in Experiments: Revisiting the Arguments in Its Defense. *Ethics and Behavior*, v. 18, n. 1, p. 59-92, 2008. DOI: https://doi.org/10.1080/10508420701712990.

HOLLAND, P. W. Statistics and Causal Inference. *Journal of the American Statistical Association*, v. 81 n. 396, p. 945-960, 1986.

HOPKINS, D. J. The Upside of Accents: Language, Inter-Group Difference, and Attitudes toward Immigration. *British Journal of Political Science*, v. 45, n. 3, p. 531-57, 2014.

HOPKINS, D. J.; KING, G. Improving anchoring vignettes: Designing surveys to correct interpersonal incomparability. *Public Opinion Quarterly*, v. 74, n. 2, p. 201-222, 2010.

HOVLAND, C. I.; LUMSDAINE, A. A.; SHEFFIELD, F. D. *Experiments on Mass Communication*. Princeton: Princeton University Press, 1949.

HWANG, K. O.; OTTENBACHER, A. J.; LUCKE, J. F.; ETCHEGARAY, J. M.; GRAHAM, A. L.; THOMAS, E. J.; BERNSTAM, E. V. Measuring social support for weight loss in an Internet Weight Loss Community. *Journal of Health Communication*, v. 16, n. 2, p. 198-211, 2011.

HYDE, S. D. Catch us if you can: Election monitoring and international norm diffusion. *American Journal of Political Science*, v. 55, n. 2, p. 356-369, 2011.

IRAMAN, E.; ONO, Y.; KAKINAKA, M. Tax compliance and social desirability bias of taxpayers: Experimental evidence from Indonesia. *Journal of Public Policy*, v. 42, n. 1, p. 92-109, 2022. DOI: 10.1017/S0143814X21000040.

IYENGAR, S.; PETERS, M. D.; KINDER, D. R. Experimental Demonstrations of the 'Not-So-Minimal' Consequences of Television News Programs. *The American Political Science Review*, v. 76, n. 4, p. 848-58, 1982.

ISLAM, M. M. *et al*. The reliability of sensitive information provided by injecting drug users in a clinical setting: clinician-administered versus audio computer--assisted self-interviewing (ACASI). *AIDS care*, v. 24, n. 12, p. 1496-503, 2012. DOI: 10.1080/09540121.2012.663886.

IYENGAR, S. Experimental Designs for Political Communication Research: From Shopping Malls to the Internet. In: *Workshop in Mass Media Economics Department of Political Science London School of Economics*, 31., 2002, London.

JONES, S. R. Was there a Hawthorne effect? *American Journal of Sociology*, v. 98, n. 3, p. 451-468, 1992.

JUSTESEN, M. K.; KOOB, S. A.; SMID, S. Programmatic Redistribution and Clientelism: Evidence from a Conjoint Survey Experiment in Brazil. In: AMERICAN POLITICAL SCIENCE ASSOCIATION, *APSA Annual Meeting*, 2021.

JÜTTE, R. The early history of the placebo. *Complementary Therapies in Medicine*, v. 21, n. 2, p. 94-97, 2013. ISSN: 0965-2299. DOI: https://doi.org/10.1016/j.ctim.2012.06.002.

KAHNEMAN, D.; TVERSKY, A. Prospect Theory: An Analysis of Decision under Risk. *Econometrica*, v. 47, n. 2, p. 263-92, 1979.

KAM, C. D. Implicit attitudes, explicit choices: When subliminal priming predicts candidate preference. *Political Behavior*, v. 29, n. 3, p. 343-367, 2007.

KAM, C. D.; WILKING, J. R.; ZECHMEISTER, E. J. Beyond the "Narrow Data Base": Another Convenience Sample for Experimental Research. *Political Behavior*, v. 29, n. 4, p. 415-440, 2007.

KANT, I. *Fundamentação da Metafísica dos costumes*. Tradução de Guido Antônio de Almeida. São Paulo: Barcarolla, 2009.

KATZ, D.; GRINSTEIN, A.; KRONROD, A.; NISAN, U. Evaluating the Effectiveness of a Water Conservation Campaign: Combining Experimental and Field Methods. *Journal of Environmental Management*, v. 180, p. 335-43, 2016. DOI: http://dx.doi.org/10.1016/j.jenvman.2016.05.049.

KATZ, E. The Two-Step Flow of Communication: An Up-To-Date Report on an Hypothesis. *Public Opinion Quarterly*, v. 21, n. 1, p. 61-78, primavera 1957. Disponível em: https://doi.org/10.1086/266687. Acesso em: 19 jul. 2022.

KEREN, G. Between or within-subjects design: A methodological dilemma. In: KEREN, G.; LEWIS, C. (eds.). *A handbook for data analysis in the behavioral sciences: Methodological issues*. Hillsdale, NJ: Eribaum, 1993. p. 257-272.

KILKENNY, C. *et al.* Survey of the Quality of Experimental Design, Statistical Analysis and Reporting of Research Using Animals. *PLoS ONE*, v. 4, n. 11, 2009. DOI: https://doi.org/10.1371/journal.pone.0007824.

KIM, E. Entertaining Beliefs in Economic Mobility. *American Journal of Political Science*, 2022. Disponível em: https://doi.org/10.1111/ajps.12702. Acesso em: 19 jul. 2022.

KINDER, D.; PALFREY, T. (eds.). *Experimental Foundations of Political Science*. Ann Arbor: University of Michigan Press, 1993.

KING. G.; WAND, J. Comparing incomparable survey responses: New tools for anchoring vignettes. *Political Analysis*, v. 15, n. 1, p. 46-66, 2007.

KLAPPER, J. T. *The effects of mass communication*. New York: Free Press, 1960.

KLOFSTAD, C. A.; ANDERSON, R. C.; NOWICKI, S. Perceptions of Competence, Strength, and Age Influence Voters to Select Leaders with Lower-Pitched Voices. *PLoS ONE*, v. 10, n. 8, p. 1-15, 2015.

KRESSEL, N. (ed.). *Political Psychology: Classic and Contemporary Readings*. New York: Paragon House, 1993.

KÜHN, S.; GALLINAT, J. Brain Structure and Functional Connectivity Associated with Pornography Consumption: The Brain on Porn. *JAMA Psychiatry*, v. 71, n. 7, p. 827-834, 2014. DOI: https://doi.org/10.1001/jamapsychiatry.2014.93.

KUKLINSKI, J. H.; COBB, M. D.; GILENS, M. Racial attitudes and the "New South". *The Journal of Politics*, v. 59, n. 2, p. 323-349, 1997.

KYPRI, K.; WILSON, A.; ATTIA, J.; SHEERAN, P.; MILLER, P.; MCCAMBRIDGE, J. Social desirability bias in the reporting of alcohol consumption: a randomized trial. *Journal of Studies on Alcohol and Drugs*, v. 77, n. 3, p. 526-31, 2016. DOI: https://doi.org/10.15288/jsad.2016.77.526.

LEVITT, S. D.; LIST, J. A. Field Experiments in Economics: The Past, the Present, and the Future. *European Economic Review*, v. 53, n.1, p. 1-18, 2009.

LOHR, S. L. *Sampling: Design and Analysis*. 3. ed. Chapman and Hall/CRC, 2021. DOI: https://doi.org/10.1201/9780429298899.

LUCIDI, F.; GRANO, C.; LEONE, L.; LOMBARDO, C.; PESCE, C. Determinants of the intention to use doping substances: An empirical contribution in a sample of Italian adolescents. *International Journal of Sport Psychology*, v. 35, p. 133-148, 2004.

MABRY, A.; TURNER, M. M. Do Sexual Assault Bystander Interventions Change Men's Intentions? Applying the Theory of Normative Social Behavior to Predicting Bystander Outcomes. *Journal of Health Communication: International Perspective*, v. 21, n. 3, p. 276-292, 2016.

MANIN, B. *Principles of representative government*. Cambridge: Cambridge University Press, 1997.

MAXWELL, S. E.; DELANEY, H. D.; KELLEY, K. *Designing Experiments and Analyzing Data: A Model Comparison Perspective*. 3ª ed. n. 3. Routledge, 2018. DOI: https://doi.org/10.2307/2348301.

MCCOMBS, M. C.; SHAW, D. The agenda setting function of the mass media. *Public Opinion Quarterly*, v. 36, n. 2, p. 176-187, 1972.

MCCOMBS, M. C. (ed.). *Agenda-Setting: Readings on Media, Public Opinion and Policy Making*. Hillsdale: Lawrence Erlbaum, 1989.

MCDERMOTT, R. Experimental Methods in Political Science. *Annual Review of Political Science*, v. 5, n. 1, p. 31-61, 2002.

MCDONALD, J. Avoiding the Hypothetical: Why "Mirror Experiments" are an Essential Part of Survey Research. *International Journal of Public Opinion Research*, v. 32, p. 266-83, 2020. DOI: https://doi.org/10.1093/ijpor/edz027.

MEIER, P. The biggest public health experiment ever, the 1954 field trial of the Salk poliomyelitis vaccine. In: TANUR, J. M.; MOSTELLER, F.; KRUSKAL, W. H. (eds.). *Statistics: A Guide to the Unknown*. 3. ed. Wadsworth, Belmont, CA: Duxbury Resource Center, 1989. p. 3-14.

MENESINI, E.; SANCHEZ, V.; FONZI, A.; ORTEGA, R.; CONSTABILE, A.; LO FEUDO, G. Moral emotions and bullying: A cross-national comparison of differences between bullies, victims and outsiders. *Aggressive Behavior*, v. 29, p. 515-530, 2003.

MILGRAM, S. Behavioral Study of obedience. *Journal of Abnormal and Social Psychology*, v. 67, n. 4, p. 371-378, 1963. DOI: https://doi.org/10.1037/h0040525.

MILLETT, G. A.; JONES, A. T.; BENKESER, D.; BARAL, S.; MERCER, L.; BEYRER, C.; HONERMANN, B.; LANKIEWICZ, E.; MENA, L.; CROWLEY, J. S.; SHERWOOD, J.; SULLIVAN, P. S. Assessing differential impacts of COVID-19 on black communities. *Annals of Epidemiology*, v. 47, p. 37-44, 2020. ISSN: 1047-2797. DOI: https://doi.org/10.1016/j.annepidem.2020.05.003.

MINISTÉRIO da Justiça tira do ar publicidade acusada de machista. *G1*, São Paulo, 5 fev. 2015. Disponível em: https://g1.globo.com/bemestar/noticia/2015/02/ministerio-da-justica-tira-do-ar-publicidade-acusada-de-machista.html. Acesso em: 19 jan. 2022.

MIRACLE, V. A. The Belmont Report: The Triple Crown of Research Ethics. *Dimensions of Critical Care Nursing*, v. 35, n. 4, p. 223-228, 2016. DOI: https://doi.org/10.1097/DCC.0000000000000186.

MOEHLER, D. C.; CONROY-KRUTZ, J. Partisan Media and Engagement: A Field Experiment in a Newly Liberalized System. *Political Communication*, v. 33, n. 3, p. 414-32, 2016.

MORGAN, K. L.; RUBIN, D. B. Rerandomization to improve covariate balance in experiments. *The Annals of Statistics*, v. 40, n. 2, p. 1263-1282, 2012. DOI: https://doi.org/10.1214/12-AOS1008.

MOSES, L. E. Statistical concepts fundamental to investigations. In: BAILAR, J. C.; MOSTELLER, F. (ed.). *Medical Uses of Statistics*. Boston, MA: New England Journal of Medicine Books, 1992. p. 5-26.

MUGGAH, E. M.; MCSWEENEY, M. B. Females' attitude and preference for beer: a conjoint analysis study. *International Journal of Food Science and Technology*, v. 52, n. 3, p. 808-816, 2017. DOI: https://doi.org/10.1111/ijfs.13340.

MUKERJEE, R.; WU, C. F. J. *A Modern Theory of Factorial Designs*. Springer Series in Statistics. New York: Springer Science+Business Media, Inc, 2006.

MULUMBA, M.; KIGGUNDU, C.; NASSIMBWA, J.; NAKIBUUKA, N. M. Access to safe abortion in Uganda: Leveraging opportunities through the harm reduction model. *International Journal of Gynaecology and Obstetrics: the official organ of the International Federation of Gynaecology and Obstetrics*, v. 138, n. 2, p. 231-236, 2017. Disponível em: https://pubmed.ncbi.nlm.nih.gov/28455836/. DOI: https://doi.org/10.1002/ijgo.12190.

MUTZ, D. C.; REEVES, B. The New Videomalaise: Effects of Televised Incivility on Political Trust. *American Political Science Review*, v. 99, n. 1, p. 1-15, 2005.

MUTZ, D. C. *Population-Based Survey Experiments*. Princeton: Princeton University Press, 2011.

NETO, I. L.; IGLESIAS, F.; GÜNTHER, H. Uma medida de justificativas de motoristas para infrações de trânsito. *Psico*, v. 43, n. 1, 2012. Disponível em: https://revistaseletronicas.pucrs.br/index.php/revistapsico/article/view/11088. Acesso em: 19 jul. 2022.

NEUMARK, D.; BANK, R. J.; VAN NORT, K. D. Sex Discrimination in Restaurant Hiring: An Audit Study. *The Quarterly Journal of Economics*, v. 111, n. 3, p. 915-941, 1996.

NONNEMAKER, J.; KIM, A.; SHAFER, P.; LOOMIS, B.; HILL, E.; HOLLOWAY, J.; FARRELLY, M. Influence of point-of-sale tobacco displays and plain black and white cigarette packaging and advertisements on adults: Evidence from a virtual store experimental study. *Addictive Behaviors*, v. 56, p. 15-22, 2016.

NORMAN, R. B.; SINCLAIR, R. C. Estimating number of lifetime sexual partners: Men and women do it differently. *The Journal of Sex Research*, v. 36, n. 3, p. 292-297, 1999. DOI: 10.1080/00224499909551999.

NYHAN, B.; REIFLER, J. The Effect of Fact-Checking on Elites: A Field Experiment on U.S. State Legislators. *American Journal of Political Science*, v. 59, n. 3, p. 628-640, 2015. DOI: https://doi.org/10.1111/ajps.12162.

NYHAN, B; REIFLER, J.; RICHEY, S.; FREED, G. Effective Messages in Vaccine Promotion: A Randomized Trial Human Costs of War View Project. *Pediatrics*, v. 133, n. 4, p. 835-42, 2014.

O'KEEFE, D. J. Message properties, mediating states, and manipulation checks: Claims, evidence, and data analysis in experimental persuasive message effects research. *Communication Theory*, v. 13, n. 3, p. 251-274, 2003. DOI: https://doi.org/10.1111/j.1468-2885.2003.tb00292.

OAKLEY, A. Experimentation and Social Intervention: A Forgotten but Important History. *BMJ (Clinical research ed.)*, v. 317, n. 7167, p. 1239-1242. 1998. DOI: https://doi.org/10.1136/bmj.317.7167.1239.

OLIVEIRA, A.; MELO, M. F. de; RODRIGUES, Q. B. de; PEQUENO, M. Gênero e desigualdade na academia brasileira: uma análise a partir dos bolsistas de produtividade em pesquisa do CNPq. *Configurações [Online]*, n. 27, 2021. Disponível em: http://journals.openedition.org/configuracoes/11979. Acesso em: 30 mar. 2022. DOI: https://doi.org/10.4000/configuracoes.11979.

O'SULLIVAN, I., ORBELL, S., RAKOW, T., PARKER, R. Prospective research in health service settings: Health psychology, science and the 'Hawthorne' effect. *Journal of Health Psychology*, v. 9, n. 3, p. 355-359, 2004. DOI: 10.1177/1359105304042345.

OWENS, E. W.; BEHUN, R. J.; MANNING, J. C.; REID, R. C. The Impact of Internet Pornography on Adolescents: A Review of the Research. *Sexual Addiction & Compulsivity*, v. 19, n. 1-2, p. 99-122, 2012. DOI: 10.1080/10720162.2012.660431.

OZER, A. L.; WRIGHT, J. M. Partisan news versus party cues: The effect of cross--cutting party and partisan network cues on polarization and persuasion. *Research & Politics*, 2022. DOI: https://doi.org/10.1177/20531680221075455.

PAOLACCI, G.; CHANDLER, J.; IPEIROTIS, P. G. Running Experiments on Amazon Mechanical Turk. *Judgment and Decision Making*, v. 5, n. 5, p. 411-419, 24 jun. 2010. Disponível em: https://ssrn.com/abstract=1626226. Acesso em: 19 jul. 2022.

PEDUZZI, P. Mapa do Ensino Superior aponta maioria feminina e branca. *Agência Brasil*, Brasília, 21 maio 2020. Disponível em: https://agenciabrasil.ebc.com.br/educacao/noticia/2020-05/mapa-do-ensino-superior-aponta-para-maioria-feminina-e-branca.

PERUGINI, M.; GALLUCCI, M.; COSTANTINI, G.; COHEN, J. A Practical Primer To Power Analysis for Simple Experimental Designs. *Internacional Review of Social Psychology*, v. 31, n. 1, p. 1-23, 2018.

PHUA, J.; TINKHAM, S. Authenticity in Obesity Public Service Announcements: Influence of Spokesperson Type, Viewer Weight, and Source Credibility on Diet, Exercise, Information Seeking, and Electronic Word-of-Mouth Intentions. *Journal of Health Communication*, v. 21, n. 3, 2016.

PNAD Educação 2019: Mais da metade das pessoas de 25 anos ou mais não completaram o ensino médio. *Agência IBGE de Notícias*, 15 jul. 2020. Disponível em: https://agenciadenoticias.ibge.gov.br/agencia-sala-de-imprensa/2013-agencia-de-noticias/releases/28285-pnad-educacao-2019-mais-da-metade-das-pessoas-de-25-anos-ou-mais-nao-completaram-o-ensino-medio#:~:text=No%20Brasil%2C%20a%20propor%C3%A7%C3%A3o%20de,4%25%20entre%202018%20e%202019. Acesso em: 15 mar. 2022.

PNIEWSKI, T.; MILCZAREK, M.; WOJAS-TUREK, J.; PAJTASZ-PIASECKA, E.; WIETRZYK, J.; CZY, M. Plant lyophilisate carrying S-HBsAg as an oral booster vaccine against HBV. *Vaccine*, v. 36, n. 41, p. 6070-6076, 2018. ISSN: 0264-410X. DOI: https://doi.org/10.1016/j.vaccine.2018.09.006.

PORNHUB. *2021 Year in Review*. 2021. Disponível em: https://www.pornhub.com/insights/yir-2021. Acesso em: 15 mar. 2022.

POSNER, M. I.; PETERSEN, S. E. The attention system of the human brain. *Annual Review of Neuroscience*, v. 13, p. 25-42, 1990. DOI: https://doi.org/10.1146/annurev.ne.13.030190.000325.

PRIOR, M. *Post-Broadcast Democracy. How Media Choice Increases Inequality in Political Involvement and Polarizes Elections*. Cambridge, NY: Cambridge University Press, 2007.

QUINN, S. C.; THOMAS, S. B. Presidential Apology for the Study at Tuskegee. *Encyclopedia Britannica*, 17 ago. 2001. Disponível em: https://www.britannica.com/topic/Presidential-Apology-for-the-Study-at-Tuskegee-1369625. Acesso em: 25 mar. 2022.

RAMALHO, J. A. O triste retrato da mortalidade de motociclistas no Brasil. *O Estado de S. Paulo*, 11 ago. 2021. Disponível em: https://mobilidade.estadao.com.br/meios-de-transporte/o-cenario-da-mortalidade-de-motociclistas-no-brasil/. Acesso em 15 mar 2022.

RAO, A. *et al.* Social Desirability Bias and Prevalence of Sexual HIV Risk Behaviors Among People Who Use Drugs in Baltimore, Maryland: Implications for Identifying Individuals Prone to Underreporting Sexual Risk Behaviors. *AIDS Behav*, v. 21, p. 2207-2214, 2017. DOI: https://doi.org/10.1007/s10461-017-1792-8.

RASINSKI, K. A.; VISSER, P. S.; ZAGATSKY, M.; RICKETT, E. M. Using implicit goal priming to improve the quality of self-report data. *Journal of Experimental Social Psychology*, v. 41, n. 321-27, 2005.

RASMUSSEN, K. R.; GRUBBS, J. B.; PARGAMENT, K. I.; EXLINE, J. J. Social Desirability Bias in Pornography-Related Self-Reports: The Role of Religion. *The Journal of Sex Research*, v. 55, n. 3, p. 381-394, 2018. DOI: 10.1080/00224499.2017.1399196.

REHREN, P.; SINNOTT-ARMSTRONG, W. Moral framing effects within subjects. *Philosophical Psychology*, v. 34, n. 5, p. 611-636, 2021.

REIPS, U.-D. The web experiment method: Advantages, disadvantages, and solutions. In: BIRNBAUM, M. H. (ed.). *Psychological experiments on the Internet*. Elsevier, 2000. p. 89-117. DOI: https://doi.org/10.1016/B978-012099980-4/50005-8.

REITER, P. L.; PENNELL, M. L.; KATZ, M. L. Acceptability of a COVID-19 vaccine among adults in the United States: How many people would get vaccinated? *Vaccine*, v. 38, n. 42, p. 6500-6507, 2020. DOI: https://doi.org/10.1016/j.vaccine.2020.08.043.

RETTINGER, D. A.; JORDAN, A. E.; PESCHIERA, F. Evaluating the motivation of other students to cheat: A vignette experiment. *Research in Higher Education*, v. 45, n. 8, p. 873-890, 2004. DOI: https://doi.org/10.1007/s11162-004-5952-0.

RIGHETTI, S.; GAMBA, E. Na pós-graduação, mulheres são maioria entre estudantes mas minoria entre docentes. *Folha de S.Paulo*, 12 mar. 2021. Disponível em: https://www1.folha.uol.com.br/educacao/2021/03/na-pos-graduacao-mulheres-sao-maioria-entre-estudantes-mas-minoria-entre-docentes.shtml. Acesso em: 19 jul. 2022.

RODRIGUEZ, M. A.; GARCÍA, R. First, do no harm: the US sexually transmitted disease experiments in Guatemala. *American Journal of Public Health*, v. 103, n. 12, p. 2122-2126, 2013. DOI: https://doi.org/10.2105/AJPH.2013.301520.

ROSENBERG, B. D.; JASON, T. S. The Effect of Inconsistency Appeals on the Influence of Direct-to-Consumer Prescription Drug Advertisements: An Application of Goal Disruption Theory. *Journal of Health Communication*, v. 21, n. 2, p. 217-227, 2016.

ROSENFELD, B.; IMAI, K.; SHAPIRO, J. N.; CANDIDATE, P. D.; SHAPIRO, J.; THANK, W.; BLAIR, G.; GLYNN, A.; SHIRAITO, Y.; ZHOU, Y.-Y. An Empirical Validation Study of Popular Survey Methodologies for Sensitive Questions. *American Journal of Political Science*, v. 60, n. 3, p. 783-802, 2013. DOI: https://doi.org/10.7910/DVN/29911.

SALSBURG, D. *The lady tasting tea: How statistics revolutionized science in the twentieth century*. New York: W.H. Freeman, 2001.

SALUR, E.; ASLAN, A.; KUNTOGLU, M.; GUNES, A.; SAHIN, O. S. Experimental study and analysis of machinability characteristics of metal matrix composites during drilling, Composites Part B. *Engineering*, v. 166, p. 401-413, 2019. ISSN: 1359-8368. DOI: https://doi.org/10.1016/j.compositesb.2019.02.023.

SARAÇ, M.; KOÇ, İ. Increasing misreporting levels of induced abortion in Turkey: Is this due to social desirability bias? *Journal of Biosocial Science*, v. 52, n. 2, p. 213-229, 2020. DOI:10.1017/S0021932019000397.

SCHERER, C.; EMBERGER-KLEIN, A.; MENRAD, K. Consumer preferences for outdoor sporting equipment made of bio-based plastics: Results of a choice-based-conjoint experiment in Germany. *Journal of Cleaner Production*, v. 203, p. 1085-1094, 2018.

SCHULTZ, P. W. *et al*. The Constructive, Destructive, and Reconstructive Power of Social Norms. *Psychological Science,* v. 18, n. 5, p. 429-34, 2007.

SCHULTZ, P. W. *et al*. Personalized Normative Feedback and the Moderating Role of Personal Norms: A Field Experiment to Reduce Residential Water Consumption. *Environment and Behavior*, v. 48, n. 5, p. 686-710, 2014.

SEARS, D.; PEPLAU, A. (eds.). *Readings in Social Psychology*. Englewood Cliffs: Prentice-Hall, 1985.

SEYRANIAN, V.; SINATRA, G. M.; POLIKOFF, M. S. Comparing Communication Strategies for Reducing Residential Water Consumption. *Journal of Environmental Psychology*, v. 41, p. 81-90, 2015.

SHADISH, W. R.; COOK, T. D.; CAMPBELL, D. T. *Experimental and quasi--experimental designs for generalized causal inference*. Houghton, Mifflin and Company, 2002.

SHAKER, L. Dead Newspapers and Citizens' Civic Engagement. *Political Communication*, v. 31, n. 1, p. 131-48, 2014.

SHANTO, I. Experimental Designs for Political Communication Research: From Shopping Malls to the Internet. In *Workshop in Mass Media Economics Department of Political Science London School of Economics*, London, 2002. p. 31.

SHUSTER, E. Fifty Years Later: The Significance of The Nuremberg Code. *The New England Journal of Medicine*, v. 337, n. 20, p. 1436-1440, 1997. DOI: https://doi.org/10.1542/peds.28.6.1011.

SIMMONS, J. P.; D. NELSON, L.; SIMONSOHN, U. Pre-registration: Why and How. *Journal of Consumer Psychology*, v. 31, n. 1, p. 151-162, 2021. DOI: https://doi.org/10.1002/jcpy.1208.

SIMONSOHN, U.; NELSON, L. D.; SIMMONS, J. P. P-curve: A key to the file--drawer. *Journal of Experimental Psychology: General*, v. 143, n. 2, p. 534-547, 2014. DOI: https://doi.org/10.1037/a0033242.

SINCLAIR, B.; MCCONNELL, M; GREEN, D. P. Detecting Spillover Effects: Design and Analysis of Multilevel Experiments. *American Journal of Political Science*, v. 56, n. 4, p. 1055-69, 2012.

SMITH, B.; CLIFFORD, S.; JERIT, J. TRENDS: How internet search undermines the validity of political knowledge measures. *Political Research Quarterly*, v. 73, n. 1, p. 141-155, 2020.

SMITH, R. G.; GROSS, K. L.; ROBERTSON, G. P. Effects of Crop Diversity on Agroecosystem Function: Crop Yield Response. *Ecosystems*, v. 11, p. 355-366, 2008. DOI: https://doi.org/10.1007/s10021-008-9124-5.

SMITH, T. W. Discrepancies between men and women in reporting number of sexual partners: A summary from four countries. *Social Biology*, v. 39, n. 3-4, p. 203-211, 1992. DOI: 10.1080/19485565.1992.9988817.

SSENKAABA, S. Uganda: Violence against women unabated despite laws and policies. *United Nations*, s.d. Disponível em: https://www.un.org/africarenewal/news/uganda-violence-against-women-unabated-despite-laws-and-policies.

STANLEY, J. C. The Influence of Fisher's 'The Design of Experiments' on Educational Research Thirty Years Later. *American Educational Research Journal*, v. 3, n. 3, p. 223-229, 1966. Disponível em: www.jstor.org/stable/1161806. Acesso em: 15 abr. 2020.

STATISTA. *Alcoholic Drinks*. Disponível em: https://www.statista.com/outlook/cmo/alcoholic-drinks/worldwide#revenue. Acesso em: 28 mar. 2022.

SUNDAR, S. S. Effect of Source Attribution on Perception of Online News Stories. *Journalism and Mass Communication Quaterly,* v. 75, n. 1, p. 55-68, 1998. DOI: https://doi.org/10.1177/107769909807500108.

TENENTE, L. Em 10 anos, aumenta quase 5 vezes número de alunos que entram em cursos à distância do ensino superior, diz Inep. *G1*, 23 out. 2020. Disponível em: https://g1.globo.com/educacao/noticia/2020/10/23/em-10-anos-quase-quadruplica-numero-de-alunos-que-entram-no-ensino-superior-e-optam-pela-educacao-a-distancia-diz-inep.ghtml. Acesso em: 15 mar 2022.

THE Prize in Economic Sciences 2019. *NobelPrize.org.*, 13 abr. 2020. Disponível em: https://www.nobelprize.org/prizes/economic-sciences/2019/press-release/. Acesso em: 20 jul. 2022.

THOMAS, S. B.; QUINN, S. C. The Tuskegee Syphilis Study, 1932 to 1972: Implications for HIV education and AIDS risk education programs in the black community. *American Journal of Public Health*, v. 81, n. 11, p. 1498-1504, 1991. DOI: https://doi.org/10.2105/ajph.81.11.1498.

THOMPSON, E. A. Fisher's contributions to genetical statistics. *Biometrics*, v. 46, p. 905-914, 1990

THORSON, E.; WICKS, R. H.; LESHNER, G. Experimental Methodology in Journalism and Mass Communication Research. *Journalism & Mass Communication Quarterly*, v. 89, n. 1, p. 112-24, 2012.

TRACEY, I. Getting the pain you expect: Mechanisms of placebo, nocebo and reappraisal effects in humans. *Nature Medicine*, v. 16, n. 11, p. 1277-1283, 2010. DOI: https://doi.org/10.1038/nm.2229.

TURGEON, M.; CHAVES, B. S. A.; WIVES, W. W. Políticas de Ação Afirmativa e o Experimento de Listas: O Caso Das Cotas Raciais Na Universidade Brasileira. *Opinião Pública*, v. 20, n. 3, p. 363-76, 2014.

VAN DER VAART, W.; ONGENA, Y.; HOOGENDOORN, A.; DIJKSTRA, W. Do Interviewers' Voice Characteristics Influence Cooperation Rates in Telephone Surveys? *International Journal of Public Opinion Research*, v. 18, n. 4, p. 488-99, 2005.

VASILJEVIC, M.; PETRESCU, D. C.; MARTEAU, T. M. Impact of advertisements promoting candy-like flavoured e-cigarettes on appeal of tobacco smoking among children: an experimental study. *Tobacco Control*, v. 25, n. 2, p. 107-112, 2016.

VAZQUEZ, J. J.; CHIANG, E. P.; SARMIENTO-BARBIERI, I. Can we stay one step ahead of cheaters? A field experiment in proctoring online open book exams. *Journal of Behavioral and Experimental Economics*, v. 90, 2021. DOI: https://doi.org/10.1016/j.socec.2020.101653.

VINGILIS, E. *et al.* Experimental Examination of the Effects of Televised Motor Vehicle Commercials on Risk-Positive Attitudes, Emotions and Risky Driving Inclinations. *Accident Analysis and Prevention*, v. 75, p. 86-92, 2015. DOI: http://dx.doi.org/10.1016/j.aap.2014.11.008.

WAGENMAKERS, E. J.; WETZELS, R.; BORSBOOM, D.; VAN DER MAAS, H. L. Why psychologists must change the way they analyze their data: the case of psi: comment on Bem. *Journal of Personality and Social Psychology*, v. 100, n. 3, p. 426-32, 2011. DOI: 10.1037/a0022790. PMID: 21280965.

WHITNEY, C. (ed.). *Mass Communication Review Yearbook*. Beverly Hills: Sage Publications, 1984.

WICKSTRÖM, G.; BENDIX, T. The "Hawthorne effect": what did the original Hawthorne studies actually show? *Scandinavian Journal of Work, Environment & Health*, v. 26, n. 4, p. 363-367, 2000.

WILD, J.; CLARK, D. M.; EHLERS, A.; MCMANUS, F. Perception of arousal in social anxiety: Effects of false feedback during a social interaction. *Journal of Behavior Therapy and Experimental Psychiatry*, v. 39, n. 2, p. 102-116, 2008. DOI: https://doi.org/10.1016/j.jbtep.2006.11.003.

WILKE, A. M.; GREEN, D. P.; COOPER, J. A placebo design to detect spillovers from an education–entertainment experiment in Uganda. *Journal of the Royal Statistical Society. Series A: Statistics in Society*, v. 183, n. 3, p. 1075-1096, 2020. DOI: https://doi.org/10.1111/rssa.12571.

WOOLDRIDGE, J. M. *Econometric analysis of cross section and panel data*. Cambridge: MIT press, 2010.

WORLD HEALTH ORGANIZATION. *Global status report on road safety 2018: Summary.* 2018. Disponível em: https://www.who.int/publications/i/item/WHO-NMH-NVI-18.20. Acesso em: 15 mar. 2022.

WRIGHT-HUGHES, A.; WILLIS, T. A.; WILSON, S.; WELLER, A.; LORENCATTO, F.; ALTHAF, M.; SEYMOUR, V. *et al.* A randomised fractional factorial screening experiment to predict effective features of audit and feedback. *Implementation Science*, v, 17, n. 1, p. 1-18, 2022.

YATES, F. The influence of statistical methods for research workers on the development of the science of statistics. *Journal of the American Statistical Association*, v. 46, p. 19-34, 1951. DOI:10.2307/2280090.

YATES, F. Sir Ronald Fisher and the Design of Experiments. *Biometrics*, v. 20, n. 2, p. 307-21, 1964.

YULIATI, R.; SARWONO, B. K.; AHSAN, A.; WIBHISONO, I. G. L. A. K.; KUSUMA, D. Effect of message approach and image size on pictorial health warning effectiveness on cigarette pack in Indonesia: A mixed factorial experiment. *International Journal of Environmental Research and Public Health*, v. 18, n. 13, 2021. DOI: https://doi.org/10.3390/ijerph18136854.